浙江省高职院校“十四五”重点立项建设教材

跨境电商 B2C 数据运营 1+X 证书制度系列教材

跨境电商B2C数据运营实训
（初级）

浙江中渤教育科技有限公司 组 编
廖润东 覃 凯 曹春雷 主 编
沈 宁 张瑞夫 韩 英 副主编

電子工業出版社
Publishing House of Electronics Industry
北京 · BEIJING

内 容 简 介

本教材是教育部第四批“1+X”职业技能等级证书《跨境电商 B2C 数据运营》系列配套教材之一，依据《跨境电商 B2C 数据运营职业技能等级标准（初级）》编写，配套开发《跨境电商 B2C 数据运营实训（初级）》，主要包含店铺注册（速卖通、亚马逊）、店铺视觉设计（速卖通、亚马逊）、商品运营管理（速卖通、亚马逊）、线上交易处理（速卖通、亚马逊）和数据分析概述等工作领域对应的工作任务。本教材以工作过程为主线，采用工学结合、任务驱动、项目教学等模式编写，注重以学生为主体、以培养学生数字素养和数字技能为核心，以真实项目为载体，集“岗课赛证”于一体，以创新思维构建跨境电商 B2C 数据运营的核心知识和关键技能体系。

本教材配有课件、习题答案、教学设计和微课等数字资源。本教材既可以作为中职院校、高职院校和应用型本科学校跨境电子商务、国际经济与贸易、国际商务、商务英语、电子商务等专业学生为获取跨境电商 B2C 数据运营职业技能等级证书的培训教材，又可以作为相关专业实施“课证融合”的配套教材，还可以供跨境电商相关从业者和社会人士使用。

图书在版编目（CIP）数据

跨境电商 B2C 数据运营实训：初级 / 浙江中渤教育科技有限公司组编. —北京：电子工业出版社，2024.1
ISBN 978-7-121-47177-3

Ⅰ.①跨…　Ⅱ.①浙…　Ⅲ.①电子商务—运营管理—教材　Ⅳ.①F713.365.1

中国国家版本馆 CIP 数据核字（2024）第 021412 号

责任编辑：贺志洪
文字编辑：杜　皎
印　　刷：中煤（北京）印务有限公司
装　　订：中煤（北京）印务有限公司
出版发行：电子工业出版社
　　　　　北京市海淀区万寿路 173 信箱　邮编 100036
开　　本：787×1092　1/16　　印张：12.75　　字数：323.2 千字
版　　次：2024 年 1 月第 1 版
印　　次：2024 年 1 月第 1 次印刷
定　　价：49.00 元

凡所购买电子工业出版社图书有缺损问题，请向购买书店调换。若书店售缺，请与本社发行部联系，联系及邮购电话：（010）88254888，88258888。

质量投诉请发邮件至 zlts@phei.com.cn，盗版侵权举报请发邮件至 dbqq@phei.com.cn。

本书咨询联系方式：（010）88254609 或 hzh@phei.com.cn。

跨境电商 B2C 数据运营 1+X 证书制度系列教材
编委会名单（初级）

前　言

“1+X”证书制度是贯彻落实《国家职业教育改革实施方案》的重要改革部署和重大创新。“1+X”证书制度试点坚持以学生为中心，深化复合型技术技能人才培养培训模式和评价模式改革，提高人才培养质量，畅通人才成长通道，拓展就业创业本领，不断增强职业教育的适应性。

为积极推动“1+X”证书制度试点，进一步完善行业技术技能标准体系，为跨境电商B2C数据运营技术技能人才培养培训提供科学、规范的依据，阿里巴巴（中国）网络技术有限公司联合浙江中渤教育科技有限公司，组织跨境电商行业、企业、院校等有关专家研发了《跨境电商B2C数据运营职业技能等级标准（初级）》，该标准紧扣跨境电商产业链发展前沿和国家对跨境电商发展的最新要求，对标跨境电商人才链最新需求，内容和要求先进、可操作性强，与跨境电商B2C数据运营岗位（群）精准匹配，是衔接跨境电商教育链、创新链、产业链和人才链的有效载体，契合行业、企业发展需求，能有效服务跨境电商专业技术技能人才培养。

本教材依据《跨境电商B2C数据运营职业技能等级标准（初级）》，采用理实一体、任务驱动、项目教学模式编写。注重以学生为主体，以培养学生数字素养和数字技能为核心，以真实工作项目为载体，集“岗课赛证”于一体，以创新思维构建跨境电商B2C数据运营的核心知识和技能体系，为中职院校、高职院校和应用型本科学校跨境电商类专业“书证融通”人才培养模式改革和“课证融合”教学模式创新提供重要的载体。

本书由廖润东老师（浙江大学，浙江机电职业技术学院）牵头编写，得到了评价组织阿里巴巴（中国）网络技术有限公司、浙江机电职业技术学院、常州纺织服装职业技术学院、苏州信息职业技术学院、义乌工商职业技术学院等院校的大力支持和电子工业出版社的悉心指导，对各位专家、老师卓有成效的工作表示衷心感谢！

由于跨境电商数据运营所涉及的知识和技能具有先进性和实效性，加之编写团队水平有限，书中难免存在不足之处，真诚欢迎各界人士批评指正，以便再版时予以修正，使其日臻完善。

浙江中渤教育科技有限公司

2023年5月29日

目　录

工作领域一　店铺注册

工作任务一　店铺注册准备

【任务目标】

1. 能够顺利找到跨境电商平台规则、禁限售规则和知识产权规则所在页面。
2. 熟悉跨境电商平台禁限售规则、知识产权规则的具体内容。

【任务导图】

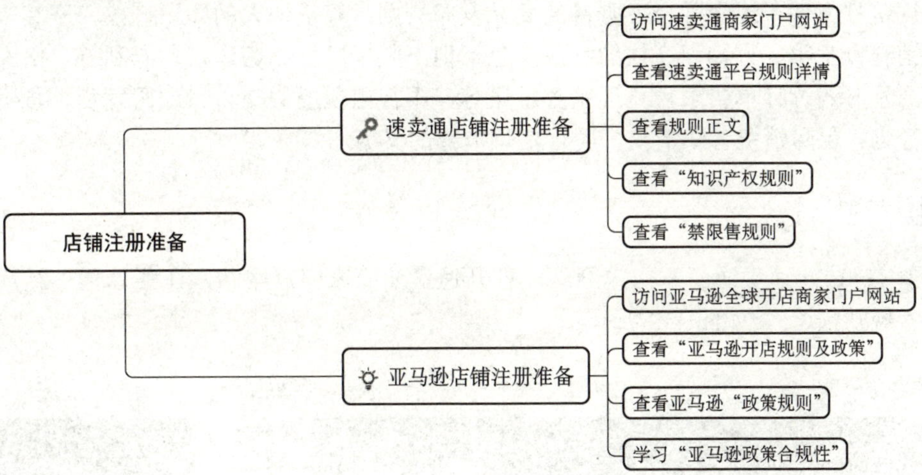

【知识回顾】

1. 在开始跨境电商店铺注册工作之前，跨境电商商家必须了解不同跨境电商平台的规则，遵守跨境电商平台发布的各项规定，遵守法律及政策规定。

2. 全球速卖通（以下简称“速卖通”）平台规则，又称为卖家规则，主要包括基础规则、知识产权规则、禁限售规则、营销规则、招商规则、物流规则、社区守则（中文版）、卖家保护政策、搜索规则、特定国家规则等内容。

3. 在上架商品前，跨境电商商家必须明确自家商品是否满足当地法律法规及亚马逊平台的政策或要求。因此，亚马逊平台上的分类、商品和商品限制要求，主要包括商品合规性要求、安全和贴标要求、内容和商品信息要求等内容。所有跨境电商商家在亚马逊平台都必须遵守销售政策和卖家行为准则。亚马逊平台要求商家遵循公平、诚实的行事原则，以确保买卖双方有安全的购买及销售体验。

工作子任务一　速卖通店铺注册准备

【任务目标】

1. 能够顺利找到速卖通平台规则、禁限售规则和知识产权规则所在页面。
2. 能够掌握各种平台规则，为后续的商品发布把好规则关。

【任务背景】

速卖通平台就如在线的全球市场，平台上有各种各样的商品，买卖双方可以通过平台达成交易。但是，并非所有的商品都能上架销售，买卖双方只有遵守平台相应的规则，才能顺利地完成交易。因此，在注册店铺前，商家必须熟悉平台设定的规则，避免在经营过程中发生违法违规行为。

【任务分析】

跨境电商商家在平台的任何行为都应遵守中国及其他国家可适用的法律、规章、政令、判决等规范性文件。遵守平台各类目的商品发布规则；尊重他人的知识产权，严禁未经授权发布、销售侵犯第三方知识产权的商品，包括但不限于商标、著作权、专利等；恪守诚信经营原则，及时履行订单要求，兑现服务承诺等，不得出现虚假交易、虚假发货、货不对版等不诚信行为；保障消费者知情权，履行信息披露的义务。

【任务操作】

步骤1：访问速卖通商家门户网站。打开速卖通商家门户网站，在菜单栏“经营支持”下选择“规则频道”，如图1-1所示。

图1-1　速卖通商家门户网站首页

步骤 2：查看速卖通平台规则详情。选择“规则详情”，在该页面可以了解并学习速卖通平台的重要规则，包括基础规则、招商规则、禁限售规则、知识产权规则及行业标准等内容，如图 1-2 所示。速卖通网站将商家称为卖家。

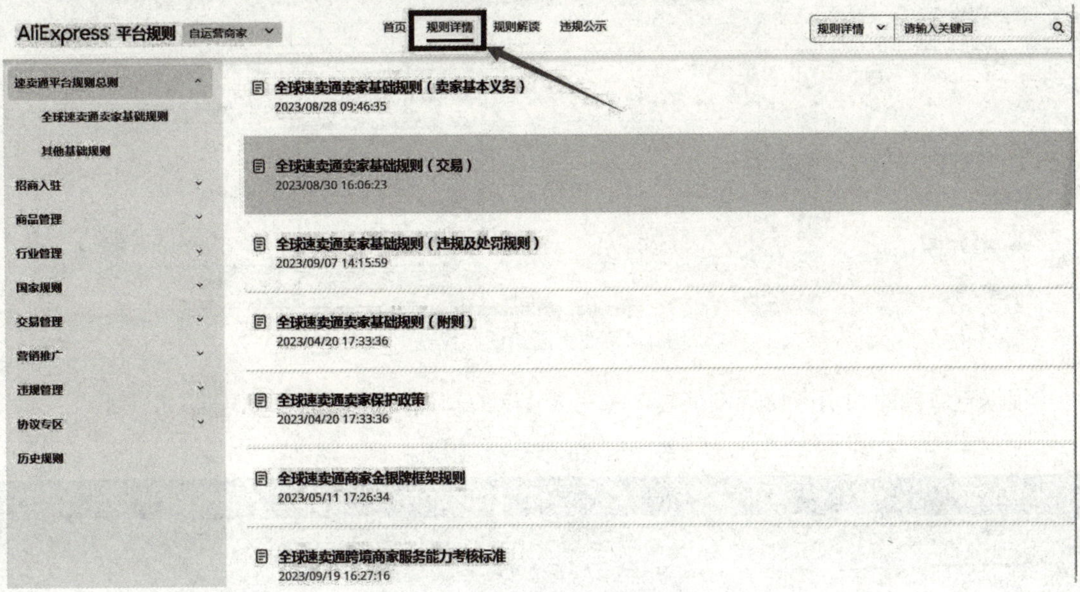

图 1-2 速卖通平台规则详情

步骤 3：查看规则正文。在“规则详情”页面可以进一步学习与掌握速卖通平台规则。速卖通平台规则（卖家规则），即速卖通基础规则，包括卖家基本义务、交易、违规及处罚规则、附则四章内容，如图 1-3 所示。

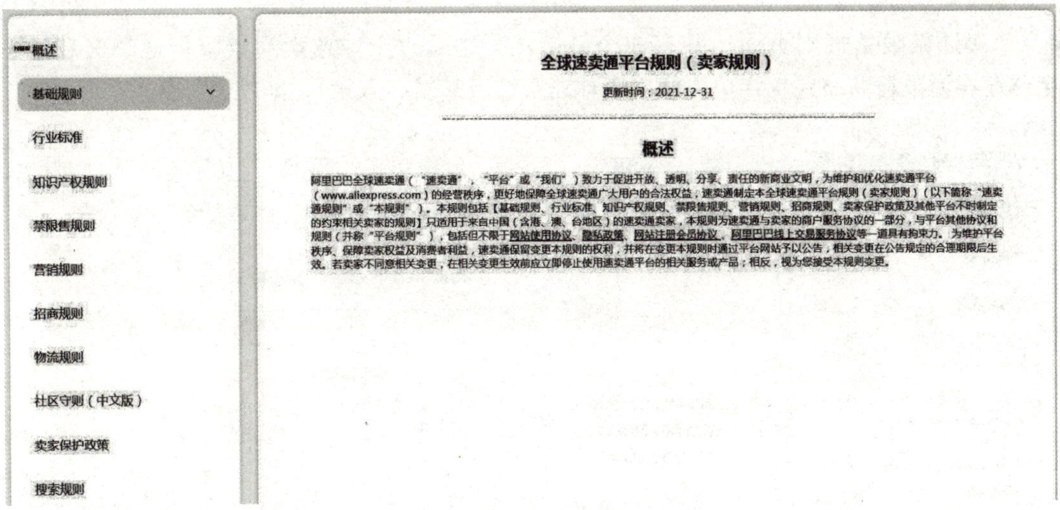

图 1-3 速卖通平台规则（卖家规则）

步骤 4：查看“知识产权规则”。在“知识产权规则”页面可以了解并学习速卖通的知识产权规则。速卖通严禁商家未经授权发布、销售涉嫌侵犯第三方知识产权的商品或发布涉嫌侵犯第三方知识产权的信息，商家一旦违规，将会受到平台的处罚，如图 1-4 所示。

1

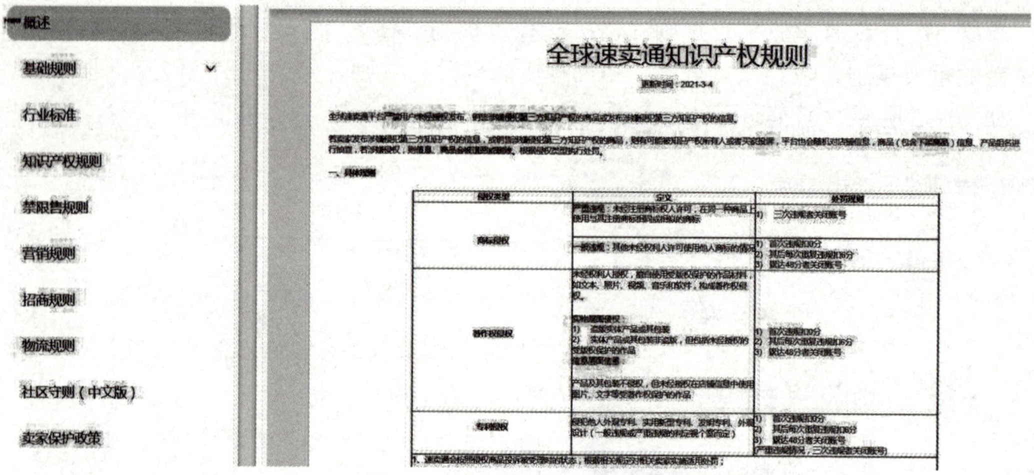

图 1-4　速卖通知识产权规则

根据查看到的知识产权规则信息，填写表 1-1 的知识产权处罚规则。

表 1-1　知识产权处罚规则

侵权类型	定　义	处罚规则
商标侵权	一般违规	
	严重违规	
著作权侵权	未经权利人授权，擅自使用受版权保护的作品材料，如文本、照片、视频、音乐和软件，构成著作权侵权	
专利侵权	侵犯他人外观专利、实用新型专利、发明专利、外观设计（一般违规或严重违规的判定视个案而定）	

步骤 5：查看“禁限售规则”。在“禁限售规则”页面可以了解并学习速卖通禁限售规则。速卖通禁限售规则页面一共有 3 个链接，分别是“全球速卖通禁限售违禁信息列表”“全球速卖通限售商品要求详单”和“全球速卖通产品发布政策”，如图 1-5 所示。

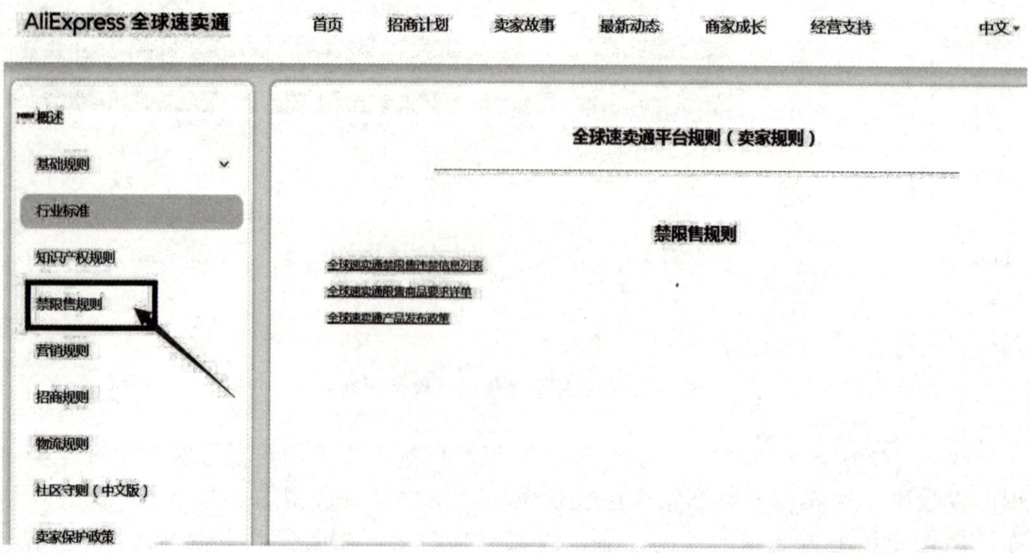

图 1-5　速卖通禁限售规则

根据查看到的知识产权规则信息，填写表 1-2 的速卖通禁限售处罚规则。

表 1-2　速卖通禁限售处罚规则

速卖通禁限售违禁信息列表	对应违规处理
帮助走私、存储、贩卖、运输、制造毒品的工具	（　　　）违规，每次扣（　　）分
烟花爆竹及配件	（　　　）违规，每次扣（　　）分
大规模杀伤性武器、真枪、弹药、军用设备及相关器材	（　　　）违规，每次扣（　　）分
含违禁成分的减肥药、保健品	（　　　）违规，每次扣（　　）分
宣传血腥、暴力及不文明用语	（　　　）违规，每次扣（　　）分
用于监听、窃取隐私或机密的软件及设备	（　　　）违规，每次扣（　　）分
虚拟货币（如比特币）	（　　　）违规，每次扣（　　）分
宣传国家分裂及其他各国禁止传播发布的敏感信息	（　　　）违规，每次扣（　　）分
成品烟及烟草制品	（　　　）违规，每次扣（　　）分

【任务思考】

跨境电商作为我国发展速度最快、潜力最大、带动作用最强的外贸新业态，已经成为外贸发展的新动能和转型升级的新渠道。党的二十大报告指出，要推动货物贸易优化升级，创新服务贸易发展机制。实现数字化合规，合理规避经营风险，帮助企业快速适应新时代商贸发展新格局成为跨境电商企业的目标之一。请思考以下问题：

入驻跨境电商平台，除了要关注跨境电商平台规则，还要关注哪些规则？

工作子任务二　亚马逊店铺注册准备

【任务目标】

1. 能够顺利找到亚马逊平台规则、禁限售规则和知识产权规则所在页面。
2. 能够掌握各种平台规则，为后续的商品发布把好规则关。

【任务背景】

亚马逊重视消费者的购物体验，为了保证消费者的购物体验，同时为了保证商家的利益，亚马逊制定了一系列规定。商家要在平台开展经营活动，就必须遵守平台规则，否则会受到平台的处罚。

【任务分析】

亚马逊平台规则条文较多，而且处于不断更新的过程中，要全面了解是一件不容易的事情。如何才能及时了解亚马逊平台规则和规则变化呢？这要求我们时刻关注亚马逊发布的“政策规则”。

【任务操作】

步骤 1：访问亚马逊全球开店商家门户网站。打开亚马逊全球开店商家门户网站，可以在该网站查看亚马逊全球开店相关的信息及要求，如图 1-6 所示。在该网站，商家被称为卖家。

图 1-6　亚马逊全球开店商家门户网站首页

步骤 2：查看在亚马逊开店的规则及相关政策。在菜单栏“我要开店”下选择“开店注册指导”标签，找到“开店前准备”，单击【查看更多】按钮可以查看亚马逊相关的政策规则，如图 1-7 所示。在该页面，可以查看卖家行为准则、卖家资质审核、违规侵权相关政策、商品合规政策、亚马逊欧洲增值税政策等内容。

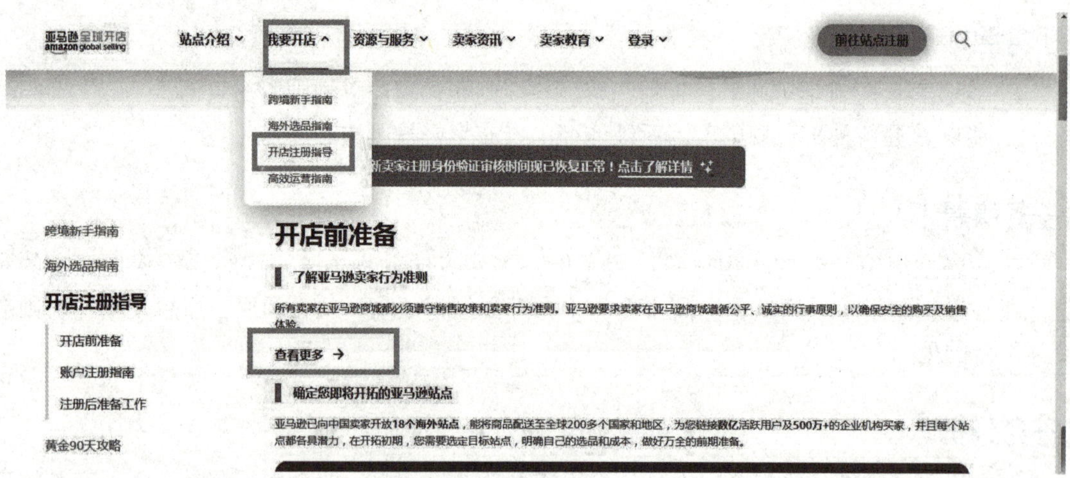

图 1-7　亚马逊开店政策规则

步骤 3：查看亚马逊“政策规则”。在“卖家资讯”菜单下选择“政策规则”，可以了解并学习在亚马逊开店的重要规则，实时追踪亚马逊 18 个站点最新政策规则变化，以及开店服务动态与全面官方资讯，如图 1-8 所示。

图 1-8　在亚马逊开店的政策规则

步骤 4：学习“亚马逊政策合规性”。在菜单栏“卖家教育”下选择“未开店企业”。在打开的页面中找到“合规”标签并单击，在该页面可以学习了解在亚马逊开店的各类政策及合规问题，如图 1-9 所示。

图 1-9　亚马逊政策合规性

商家只有及时了解亚马逊政策，才能确保上架的商品安全合规，这也是拓展广阔蓝海的重要前提。“亚马逊政策合规性”包括知识产权政策、商品真实性、违反危险关系政策、商品状况买家（消费者）投诉、上架政策违规、违反受限商品政策等具体内容，商家应该详细了解以便保持商品合规，避免销售受限。

亚马逊知识产权政策主要涵盖对版权、专利权及商标权的保护。亚马逊非常重视知识产权侵权问题，即使商家在不知情的情况下侵犯了他人的知识产权，亚马逊仍然会采取措施，商家账户可能受到警告或被暂停。当商家的商品受到知识产权侵权举报时，亚马逊会在核实举报信息之后采取相应的措施，可能导致商家的商品下架和账户被暂停。

如图 1-10 所示，Pinzon 品牌所有者拍摄了图中所示的床单图片，拥有这些床单图片的版权。某商家打算将这些图片复制到其他商品详情页，用于销售自己的商品，那么他就会侵犯 Pinzon 床单图片的权利所有者的版权。

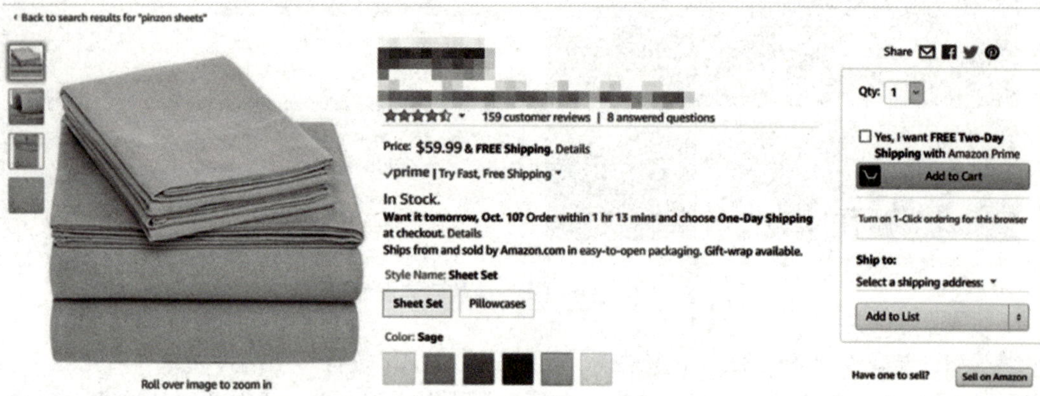

图 1-10　Pinzon 品牌拥有版权的图片

【任务思考】

在跨境电商蓬勃发展的同时，发生在跨境电商领域的纠纷和突发事件也在增多。无论是速卖通还是亚马逊，平台规则时刻都在发生变化，商家一定要及时跟进了解，以免出现经营方面的差错。跨境电商企业需要在寻求发展的同时，逐步培养与增强合规意识，而跨境电商合规化是整个行业的发展趋势。跨境电商是我国当前发展速度最快、潜力最大、带动作用最强的外贸新业态。跨境电商企业的发展需要做好合规工作，加速跨境电商从规模化发展向高质量发展转变。我们要坚持以推动高质量发展为主体，提升国际循环质量和水平，推动经济实现质的有效提升和量的合理增长。

跨境电商商家了解亚马逊关于限制商品、危险品运输仓储，以及商品安全和合规性的指导方针是很重要的。这有助于避免由于商品不合规而导致的限制销售问题。请你根据亚马逊政策合规性找出下列商品中哪些属于违禁商品，哪些属于受限商品。

<table>
<tr><td>
1</td><td>
2</td><td>
3</td><td>
4</td></tr>
<tr><td>违禁商品</td><td colspan="3"></td></tr>
<tr><td>受限商品</td><td colspan="3"></td></tr>
</table>

工作任务二　店铺注册流程

【任务目标】

1. 能够整理店铺注册需要的资料，完成店铺注册。
2. 熟悉店铺注册流程，能够准确填写注册流程需要的信息。

【任务导图】

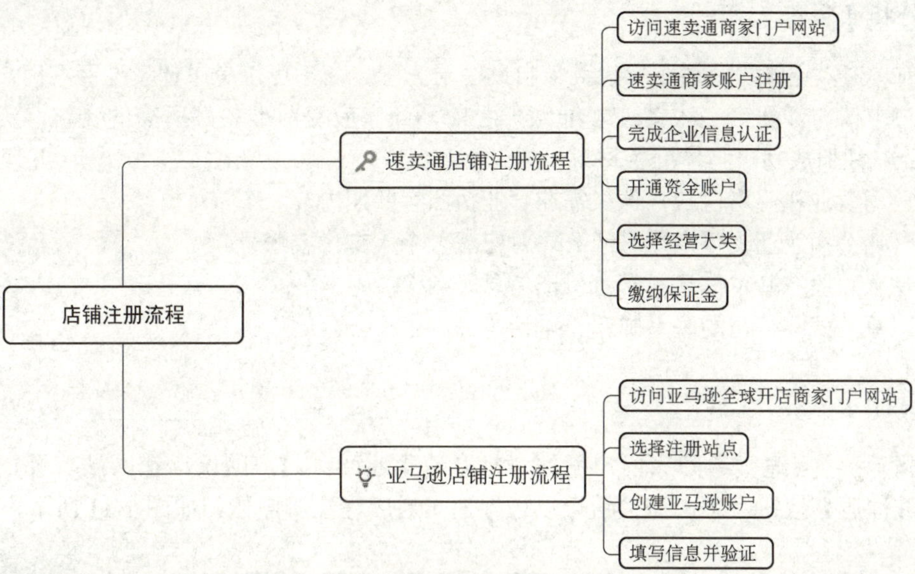

【知识回顾】

1. 速卖通是阿里巴巴集团旗下的跨境电商平台，经过多年发展，已经成功跻身全球跨境电商出口平台前列。由于其具有操作简单、用户数量多等优势，许多中国企业优先选择将速卖通作为跨境电商业务的起点。

2. 亚马逊已开放 18 个海外站点：北美站（美国站、加拿大站、墨西哥站）、欧洲站（英国站、法国站、德国站、意大利站、西班牙站、荷兰站、瑞典站、波兰站、比利时站）、日本站、澳大利亚站、新加坡站、中东站[阿拉伯联合酋长国站（简称“阿联酋站”）、沙特阿拉伯站（简称“沙特站”）]、印度站。亚马逊能将商品配送至全球 200 多个国家和地区，为跨境商家连接数亿个活跃用户及超过 500 万个企业机构用户，并且每个站点都各具潜力。

3. 在开始注册账户前，跨境商家应提前准备好必备资料，资料不完整、不真实，将无法注册成功。

工作子任务一　速卖通店铺注册流程

【任务目标】

1. 掌握速卖通店铺注册账户流程。
2. 熟知速卖通针对商家账户的规定。

【任务背景】

商家在速卖通开展经营活动，只有具备一定的资质，才能保证经营活动合法合规，做到有序经营。

【任务分析】

目前，速卖通账户注册主要以商家自助注册为主。商家可以登录速卖通商家门户网站，进行账户申请与注册。在申请速卖通账户之前，商家应提前准备好所需的资料，资料不完整，将无法注册成功。具体准备材料包括：

1. 公司营业执照彩色扫描件（需在营业执照有效期内）。
2. 开店公司企业支付宝账号或公司对应法人个人支付宝账号。
3. 法人、股东基本信息（含身份证信息）。
4. 联系方式（公司的联系邮箱、电话等）。

【任务操作】

步骤 1：访问速卖通商家门户网站。打开速卖通商家门户网站，在网站首页找到页面右侧的【注册】按钮，单击该按钮可以进行速卖通店铺注册操作，如图 1-11 所示。

图 1-11　速卖通商家门户网站首页

步骤 2：速卖通账户注册。下面以开通速卖通自运营店铺为例进行说明。

单击【注册】按钮，进入速卖通商家账户注册页面。

（1）速卖通商家账户注册须填写公司注册地所在国家。中国商家选中国大陆，注册后国家不可更改，如图 1-12 所示。

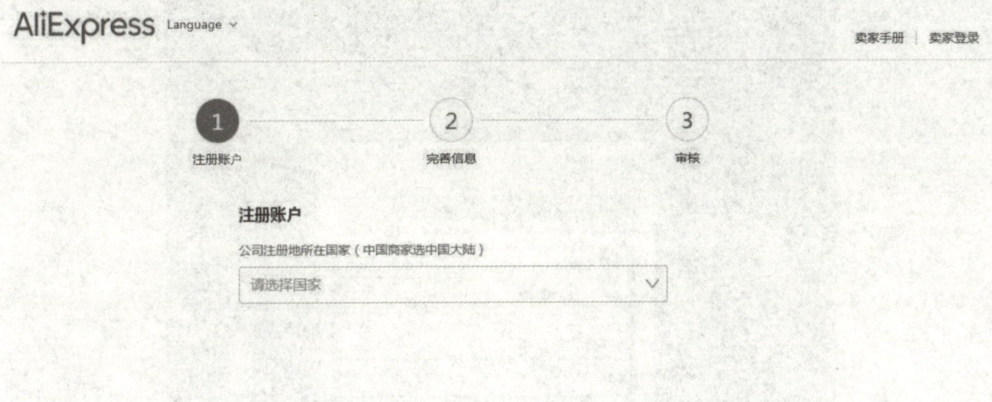

图 1-12　速卖通商家账户注册——选择公司注册地所在国家

（2）将“邮箱”作为登录名，获取邮箱验证码并填写。注意，申请企业账户的邮箱中不能出现 aliexpress、taobao 或 alibaba 这样的文字，若出现则不会注册成功，如 Aliexpress01@ABC.com。另外，目前一个邮箱注册阿里巴巴集团旗下平台的账户数量是有一定限制的，为避免重复过多地注册，建议使用一个新的邮箱来注册速卖通商家账户。

之后，填写“登录密码”并完成“密码确认”信息填写。账户密码一般选用 6～20 个字符，密码不能是相同的用户名；密码组成只能包含字母、数字及标点符号（除空格外）；密码中的字母、数字和标点符号至少包含 2 种，如图 1-13 所示。同意并勾选已阅读并同意相关的规定和协议。完成上述操作后，单击【立即注册】按钮就可以进入下一步操作。

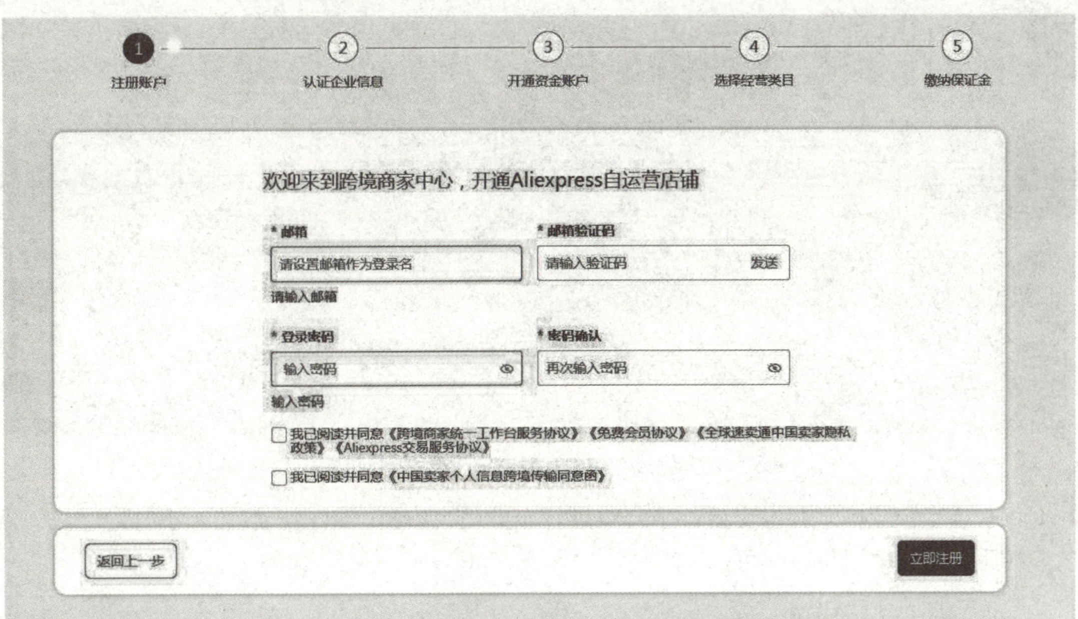

图 1-13　速卖通商家账户注册——填写邮箱及密码

（3）绑定“手机号码”。单击【立即注册】按钮，平台会要求商家绑定手机号码，如图 1-14 所示。速卖通会将手机验证码发送给商家注册时填写的手机号码，商家只需将收到的验证码填写到指定位置即可。

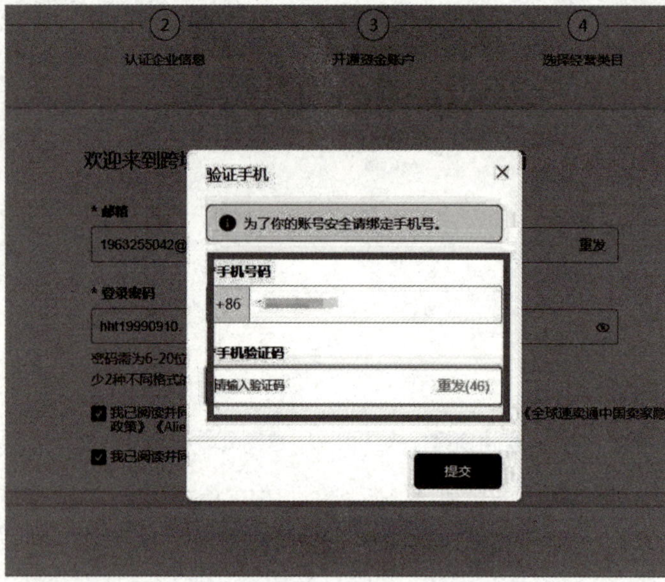

图 1-14　速卖通商家账号注册——绑定手机号码

步骤 3：完成企业信息认证。

企业信息认证有两种方式：一种方式是通过企业支付宝授权进行认证，另一种方式是企业自行填报入驻信息并通过企业法人授权进行认证（除了使用的支付宝账户不同，两种方式对其他材料的要求都是一致的）。商家可以根据自身情况需要选择入驻方式，如图 1-15 所示。

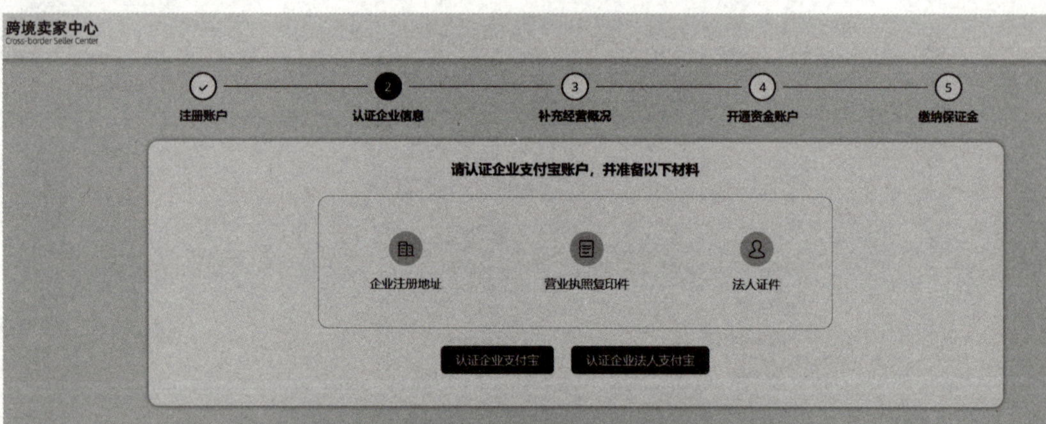

图 1-15　完成企业信息认证——选择认证方式

商家填写企业信息并提交后，平台将进行企业信息审核，审核一般在 1 小时内完成。通过审核后，继续填写材料即可。

步骤 4：开通资金账户。

为了保证店铺正常经营，在完成企业信息认证后，商家需要开通资金账户，如图 1-16 所示。资金账户指的是国际支付宝账户，是商家用来收款的账户，如交易订单的结算资金。目前，平台收款币种默认为人民币。商家开通资金账户，国际支付宝审核大约需要 2～3 天。

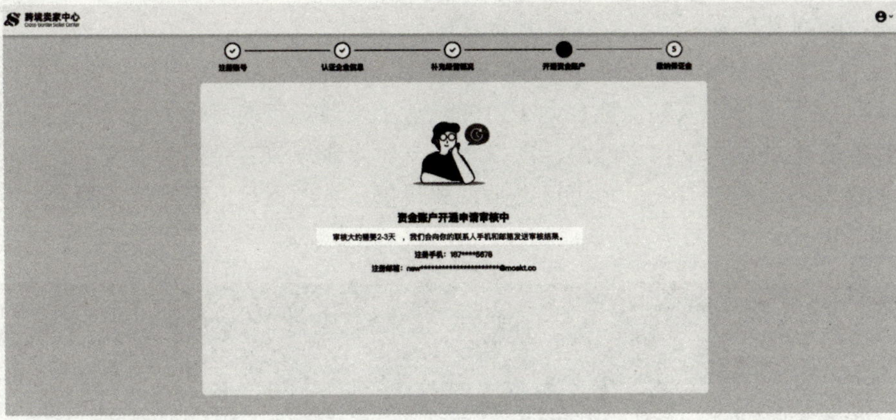

图 1-16　开通资金账户

步骤 5：选择经营大类。

注册完成之后，商家需要根据经营方向，申请经营大类，如图 1-17 所示。不同经营大类对应的平台保证金有所不同。单店只能选择一个经营范围，第 9 个和第 10 个经营范围下存在多个经营大类，可以同时申请经营，但平台对单店只收取一笔保证金（就高收取）。

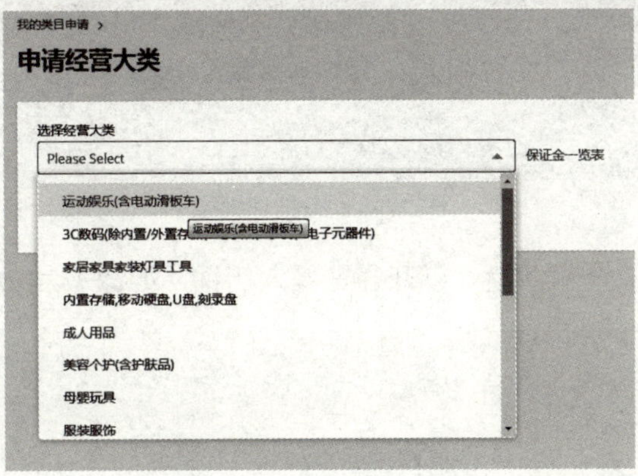

图 1-17　申请经营大类

申请经营大类时，如果出现需要额外勾选的类目，那么证明这些类目是需要额外提供资质的，如图 1-18 所示。

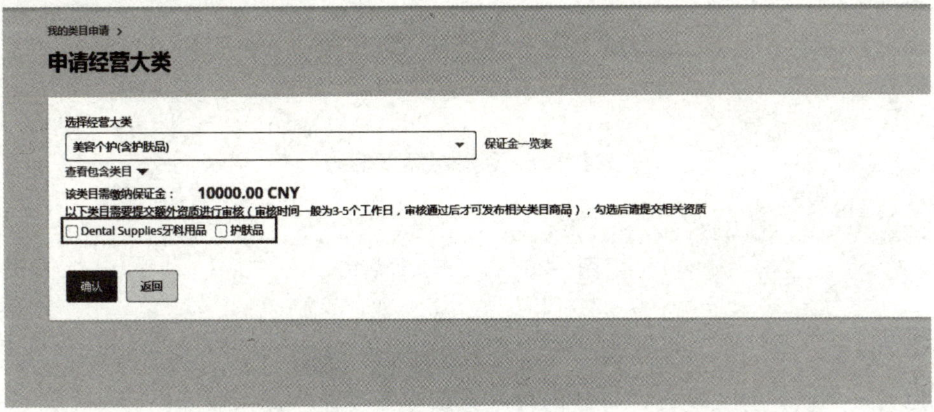

图 1-18　需要提供额外资质

步骤6：缴纳保证金。

国际支付宝的资金账户开通后，商家可以跳转到支付宝缴纳保证金，如图1-19所示。商家缴纳的店铺保证金，入驻保证金为1万元，除了平台规定的特殊类目，不限制店铺商品类目。缴纳保证金的国内支付宝账户，支持个人支付宝账户或者企业支付宝账户。注意，国内支付宝的余额必须有1万元，才可以缴纳，如果提示余额不足，商家就需要先充值，之后刷新页面重新缴纳。

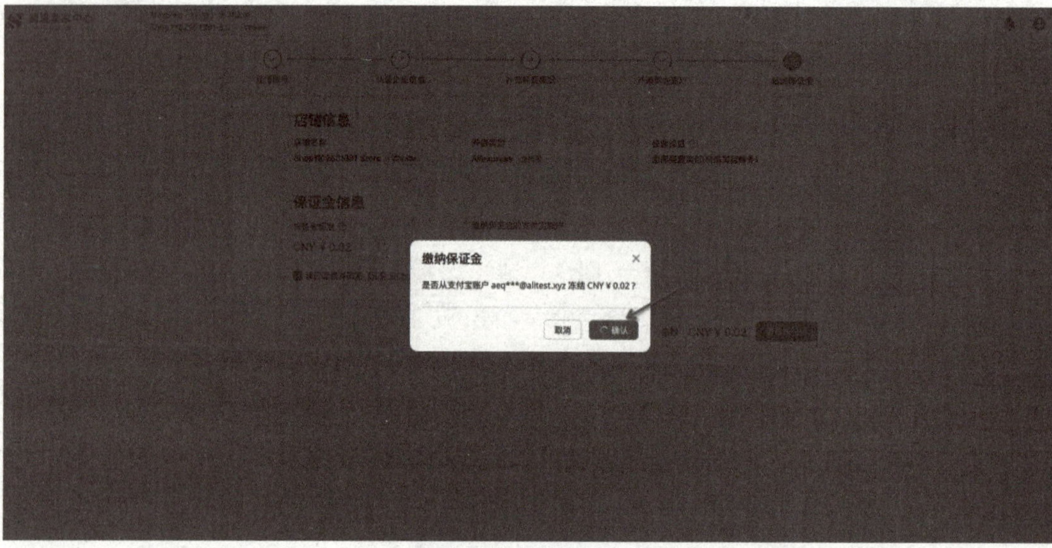

图1-19 缴纳保证金

商家在成功缴纳保证金后，就可以开通速卖通店铺，如图1-20所示。

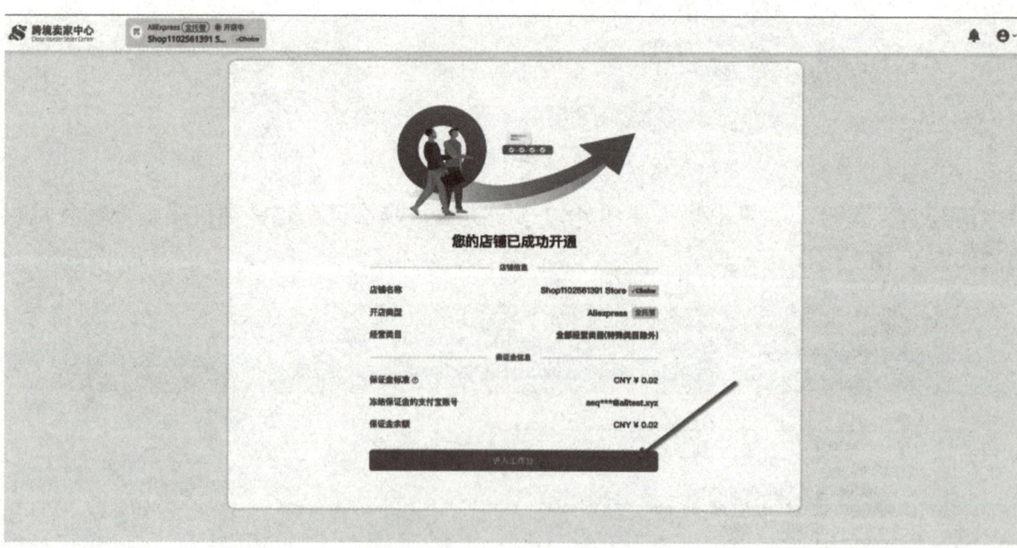

图1-20 开通速卖通店铺

【任务思考】

速卖通账户认证必须是真实有效的，平台新手要先熟悉速卖通商家后台操作。首先在

“帮助中心”了解作为跨境电商商家需要掌握的信息；“最新公告”栏中的新闻信息是非常重要的，商家应时刻关注速卖通平台发布的通知，避免违规操作。如果商家违规，速卖通就会根据具体情况给予处罚，严重违规者将被关闭账户。

工作子任务二　亚马逊店铺注册流程

【任务目标】

1. 熟悉亚马逊店铺注册账户流程。
2. 熟知亚马逊针对商家账户的规定。

【任务背景】

目前亚马逊平台的账户注册分为两种方式，分别是商家自注册和招商经理注册。无论是商家自注册还是招商经理注册，都需要登录亚马逊全球开店官网。商家按照网页指引，填写相关注册信息。在注册亚马逊账户前，商家需要先按照要求准备好以下资料。

1. 公司营业执照彩色扫描件：这些材料必须由中国大陆、中国香港、中国台湾出具，且距离过期日期应超过 45 天。

（1）中国大陆企业：营业执照。

（2）中国香港企业：公司注册证明书和商业登记条例。

（3）中国台湾企业：有限公司设立登记表、股份有限公司设立登记表、有限公司变更登记表、股份有限公司变更登记表、独资商业登记核准函、合伙商业登记核准函、有限合伙设立/变更登记表、无限公司设立/变更登记表、两合公司设立/变更登记表、闭锁型股份有限公司设立/变更登记表。

2. 法人身份证彩色扫描件：这些材料必须由中国大陆、中国香港、中国台湾出具。

（1）身份证上的姓名必须与营业执照上法人的姓名一致。

（2）身份证上的姓名应与注册的亚马逊账户上的姓名完全匹配。

3. 可进行国际付款的信用卡：VISA 卡或者 MasterCard 卡，首选 VISA 卡。

4. 准确且最新的联系方式：联系人的邮箱地址、电话号码（建议填写法人的联系电话），公司的地址、联系电话。

5. 银行账户：用于收付款的银行账户，可以是国内银行账户，直接用人民币收款；使用参加“支付服务商计划”的第三方支付服务商提供的银行账户；海外/中国香港地区的银行账户。

亚马逊平台账户注册过程不可逆，但可以中断，也就是可以离开一段时间回来用正确的注册邮箱和设置好的密码登录继续注册。

【任务分析】

商家要完成亚马逊账户注册，需要了解账户注册前的各种准备工作、账户注册的注意事项，以及掌握详细的账户注册流程。在注册过程中，网站会有页面指引，帮助商家完成注册流程。商家根据指引页面要求，填入或选择相应的内容。

1

【任务操作】

下面以亚马逊北美站点账户注册为例进行说明。

步骤1：访问亚马逊全球开店官网。打开亚马逊全球开店官网，单击右上角的【前往站点注册】按钮，如图1-21所示。

图1-21　访问亚马逊全球开店官网

步骤2：选择注册站点。在这里，选择注册站点为北美站，如图1-22所示。

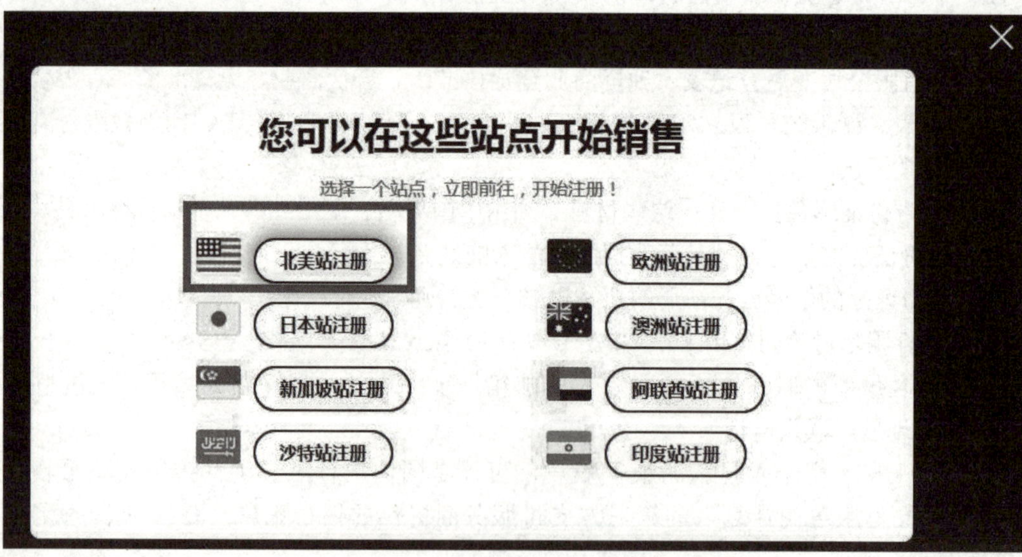

图1-22　选择注册站点

步骤3：创建亚马逊账户。在新出现的画面中，单击下方的【创建您的亚马逊账户】按钮，如图1-23所示。

（1）输入姓名和邮箱地址。分别输入姓名的拼音（建议填写法人姓名的拼音）、联系用的邮箱，以及密码。之后，单击【下一步】按钮，亚马逊将向这个邮箱发送包含验证码的邮件，如图1-24所示。

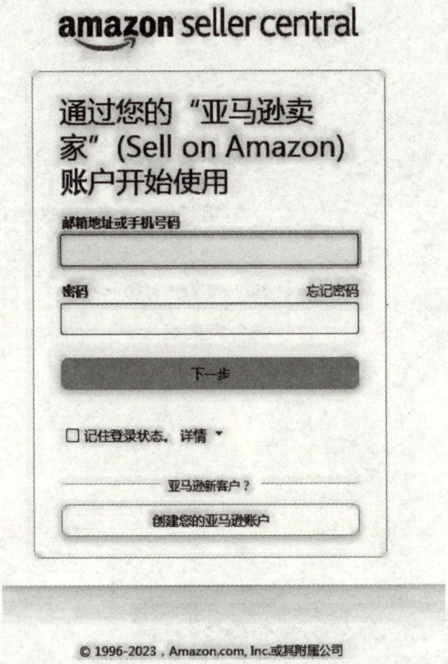

图 1-23　创建亚马逊账户

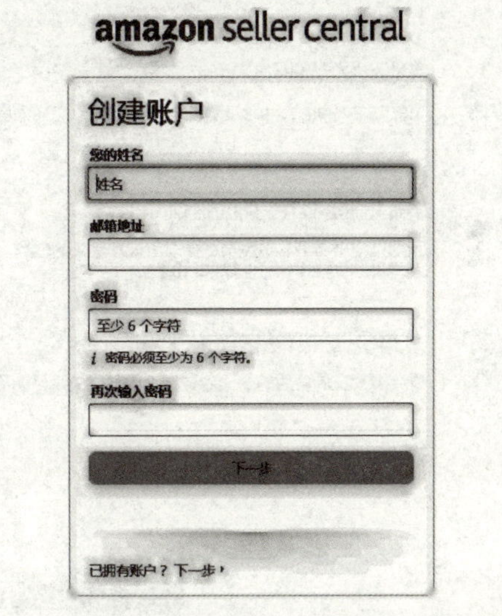

图 1-24　输入姓名和邮箱地址

（2）验证邮箱。邮箱一般会收到一封来自亚马逊的邮件，里面包含有 6 位数字的验证码。获取验证码并填写，然后单击【创建您的亚马逊账户】按钮，如图 1-25 所示。如果没有收到验证邮件，就先去邮箱的垃圾邮件中看看是否被邮箱归类到垃圾邮件里了。如果还是没有，那么稍等片刻后单击画面中的【重新发送验证码】按钮。

图 1-25　输入验证码

步骤 4：填写信息并验证。在新页面单击【开始】按钮，如图 1-26 所示。之后可以上传信息并验证。

（1）设置公司所在地、业务类型和名称。先在“公司地址”下拉列表中选择自己所在的国家或地区（中国大陆商家就选“中国”），根据自己公司的实际情况选择业务类型，然后用拼音填写公司法定名称（营业执照上公司名字的拼音），并勾选“我确认我的营业地点和类型正确无误，同时我也了解此信息以后无法更改”，之后单击【同意并继续】按钮，如图 1-27

所示。

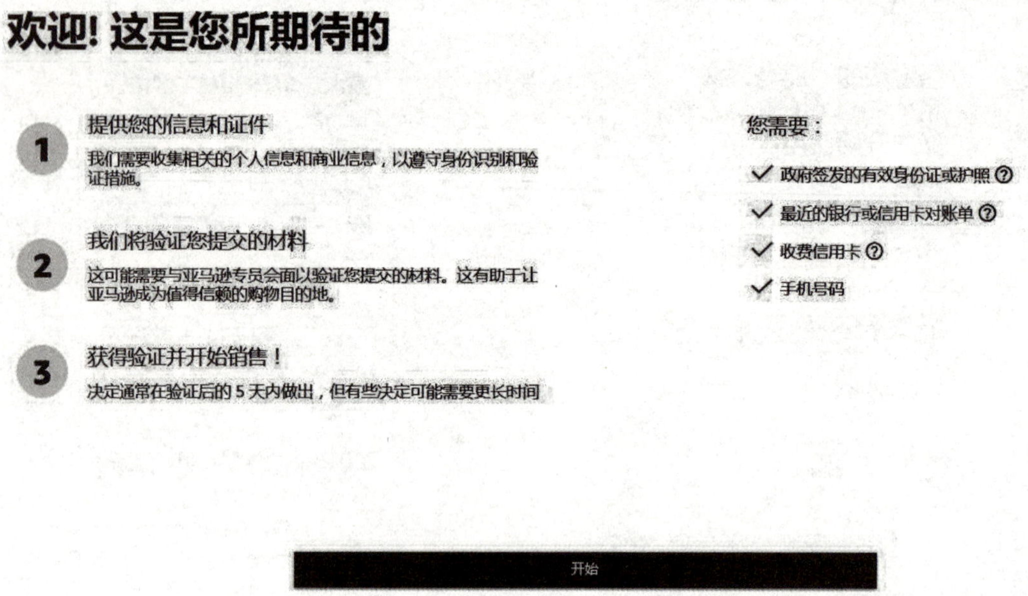

图 1-26　开始填写信息

注意，如果平台提示法定名称过长，建议拼音全部小写，不要有空格；如果超出最大输入限制，就尽量填写公司名称的主要部分。

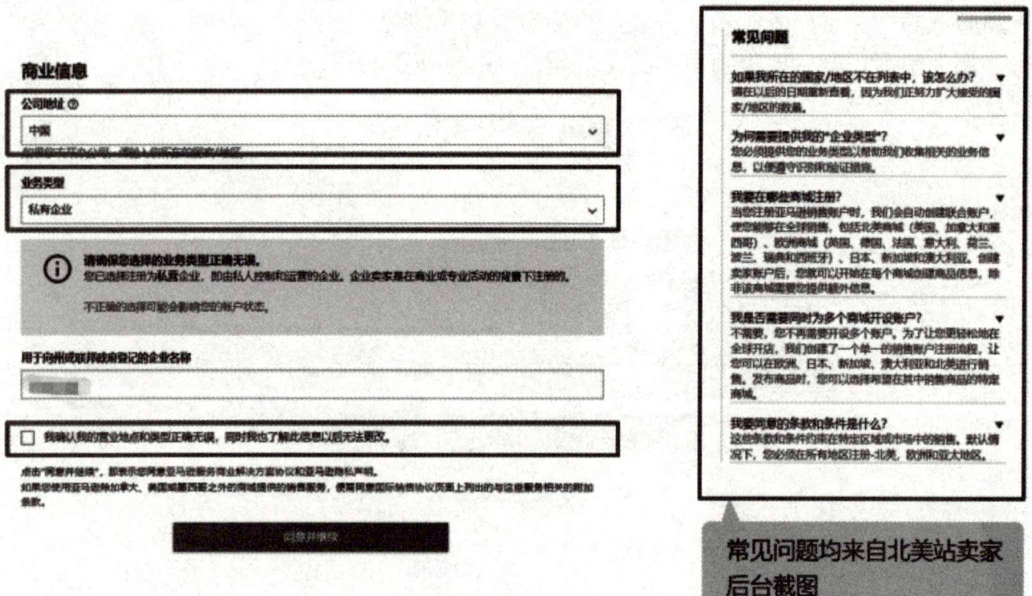

图 1-27　设置公司所在地、业务类型和名称

（2）填写公司信息。依次输入公司的相关信息（公司英文名已默认存在）。

填写公司信息的时候需要注意以下几点。

① 请填写营业执照上公司的中文名称。

② 公司注册号码需要和营业执照上的相同。

③ 在地址填写栏可以填写公司营业执照上的地址或者公司的实际运营地址，地址需要详细到门牌号，在填写时使用中文。请注意，在完成地址验证之前不能更改此信息。

④ PIN（个人身份识别码）接收方式是指用哪种方式进行验证，可以选择短信或者电话。输入电话号码时，需要在电话号码旁边的下拉框中选择所在的国家或地区（中国大陆的电话号码前选择国家号码“+86”）。

⑤ 如果选择的是短信验证，就会收到短信验证码，输入短信验证码即可。如果选择电话验证，就会接到平台自动打过来的语音电话，需要接电话，把网页中显示的 4 位数字输入手机进行验证，若验证码正确，网页会显示认证成功。当系统验证出错时，请尝试用其他语言进行验证或者进行短信验证，3 次验证不成功则需等候 1 小时，1 小时后才可以重新验证。

所有信息输入完毕，并且通过短信或者电话验证成功后，单击【下一步】按钮，如图 1-28 所示。

注意：一旦验证完成，将无法再退回至本步骤修改信息，所以一定要在短信或电话验证前仔细检查本页内容是否正确。

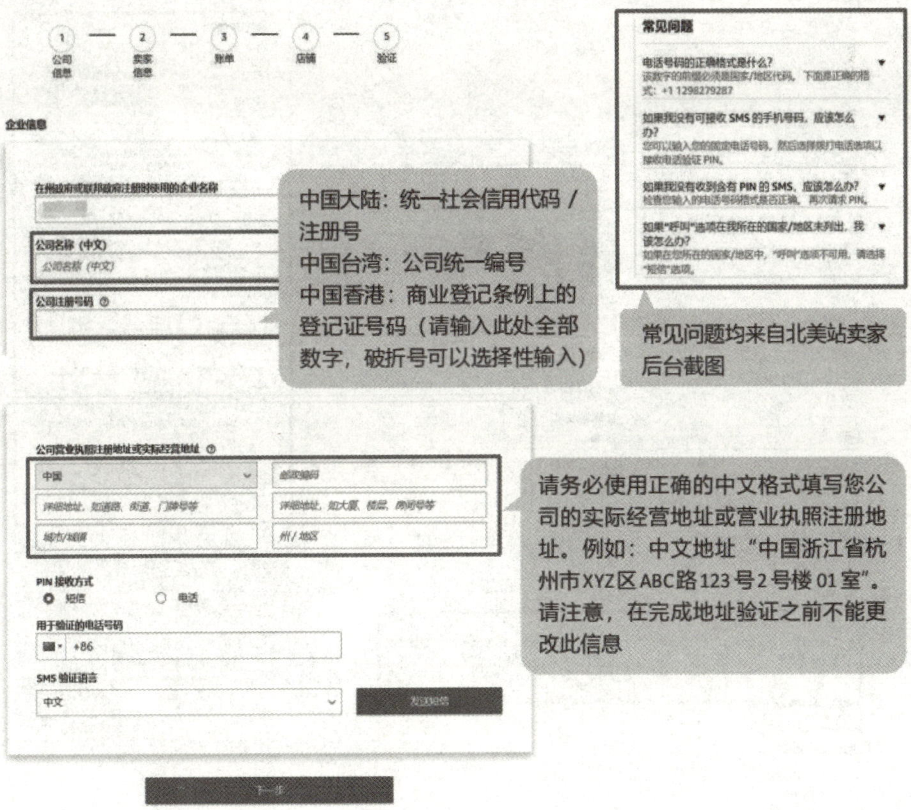

图 1-28　填写公司信息

（3）填写商家个人信息。在个人信息页面，需要进一步完善账户所在公司法人的个人信息，如图 1-29 所示。

① 对于主要联系人姓名，请填写公司法人姓名的拼音，中间名可不写，填写名字和姓氏即可。

② 选择国籍后（中国大陆商家选择“中国”），再依次输入或者选择出生地、出生日期、中文名、中文姓、身份证明（默认为身份证）、签发国家/地区（中国大陆商家选择“中

国”）、身份证号码和有效期（对于长期有效身份证，请填写可选范围内的最远日期）。

③ 居住地址如果和页面上默认的公司办公地址不一样，可以单击【添加新地址】按钮，添加新的地址，平台后续可能对该地址进行验证，请务必填写真实的法人居住地址。

④ 用于验证的电话号码需为法人的手机号码，如果和页面上默认的电话号码不一样，也可以单击【添加新的手机号码】按钮，添加新的手机号码。需要注意的是，新添加的手机号码也需要通过短信或者电话进行验证。

⑤ 受益人：受益人必须是公司所有人或管理者，即直接或间接拥有公司25%及以上股份，或对业务发展有决定权，或以其他形式对公司行使管理权的自然人或者公司。受益人人数必须与实际情况相符，其信息有可能需要进行验证。

⑥ 确认主要联系人的身份。需要根据实际情况勾选“是企业的受益所有人”和“是企业的法人代表”（如果主要联系人是公司法人，同时是公司受益人，则两项都要勾选）。

⑦ 如果公司受益人只有法人一个，就在“我已添加该公司的全部受益所有人”下选择“是”，否则选择“否”。如果选择“否”，就可能需要补充其他公司受益人的信息。

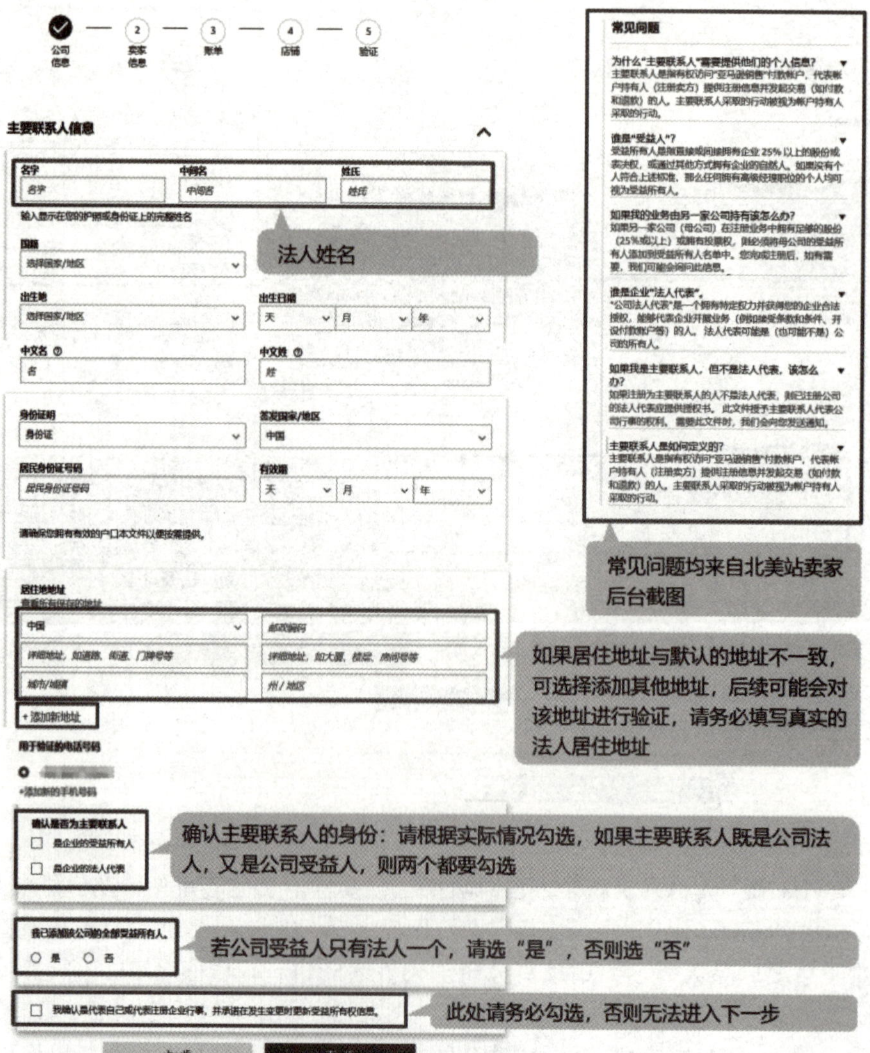

图 1-29　填写商家个人信息

（4）填写商家银行存款账户信息。在本页面，需要填写账户持有人的银行存款账户信息，如图 1-30 所示。

① 使用亚马逊全球收款，用人民币接收全球付款并直接存入国内银行账户，银行地址选择中国。

② 使用海外或中国香港地区的有效银行账户，用当地货币接收亚马逊销售款。这种方式需要选择银行地址为账户所属国家和地区，并填写银行账户信息。

③ 使用参加“支付服务商计划”的第三方支付服务商提供的银行账户，在此种情形下需要选择银行地址为支付服务商开立的银行账户所在国家，并填入银行账户信息。

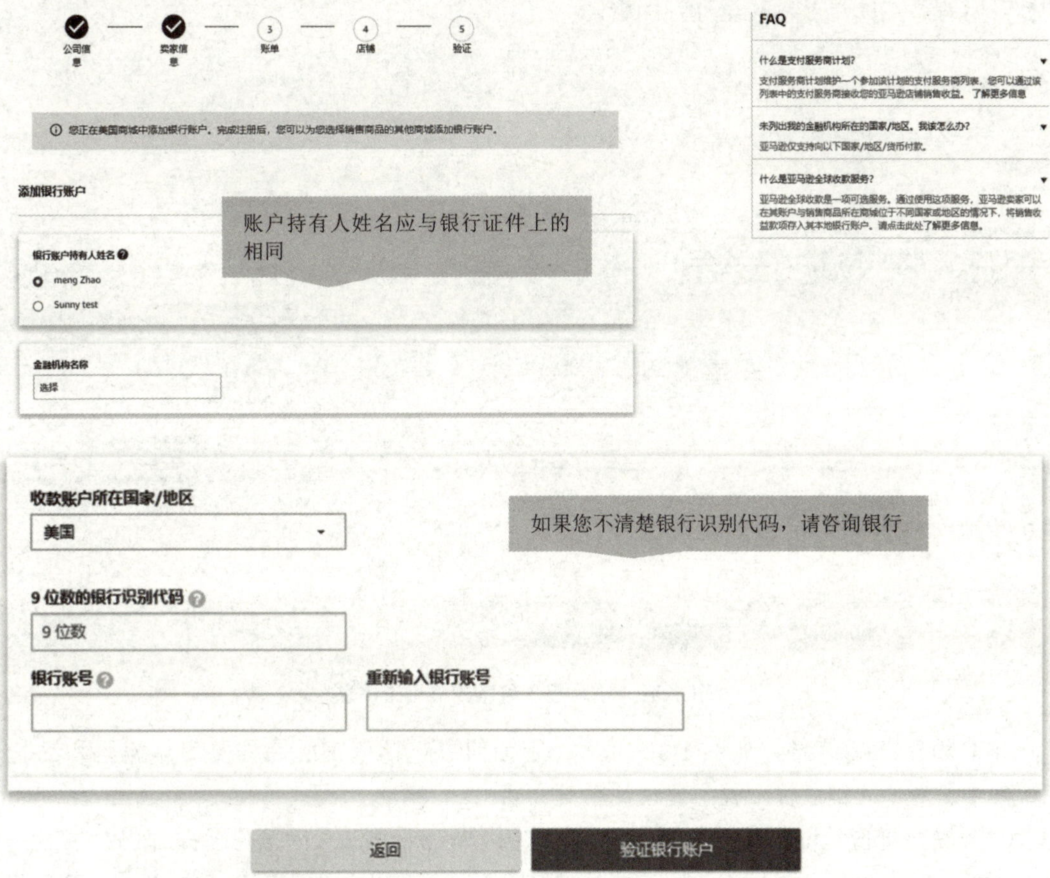

图 1-30　填写银行存款账户信息

（5）填写付款的信用卡信息。在本页面，商家需要填写信用卡卡号、有效期、持卡人姓名、账单地址，如图 1-31 所示。

① 请使用可以国际付款的信用卡（VISA 卡、MasterCard 卡均可，推荐 VISA 卡），否则会提示不符合要求。

② 检查默认地址信息是否与信用卡账单地址相同。如不同，需要单击【添加新地址】按钮，然后使用英文或者拼音填写新的地址信息。注意，如果填写的信用卡账单地址与持卡人在银行填写的账单寄送地址不一致，就可能导致账户注册失败。

③ 信用卡持卡人与账户注册人无须为同一人。公司账户也可以使用个人信用卡（对于欧

洲信用卡信息，建议使用法人/受益人所属信用卡）。

④ 在注册完成及账户运营过程中，商家可以随时更改信用卡信息，但频繁更改可能触发账户审核，建议在更改前向平台的“商家支持”咨询。

⑤ 在账户结算时，商家账户余额不足以抵扣相关款项，亚马逊会从这张信用卡中扣除每月月费或其他销售费用，如亚马逊物流费用。

⑥ 第一个月，商家需要支付 39.99 美元的专业销售计划月服务费。从第二个月开始，如果商家当月没有在售商品，则该月无须支付此费用；从有可售商品的月份起，每月都会收取此费用。如果商家将销售拓展至其他区域，则需要支付总计约为 39.99 美元（或等值货币）的针对所有站点的专业销售全球订阅费。

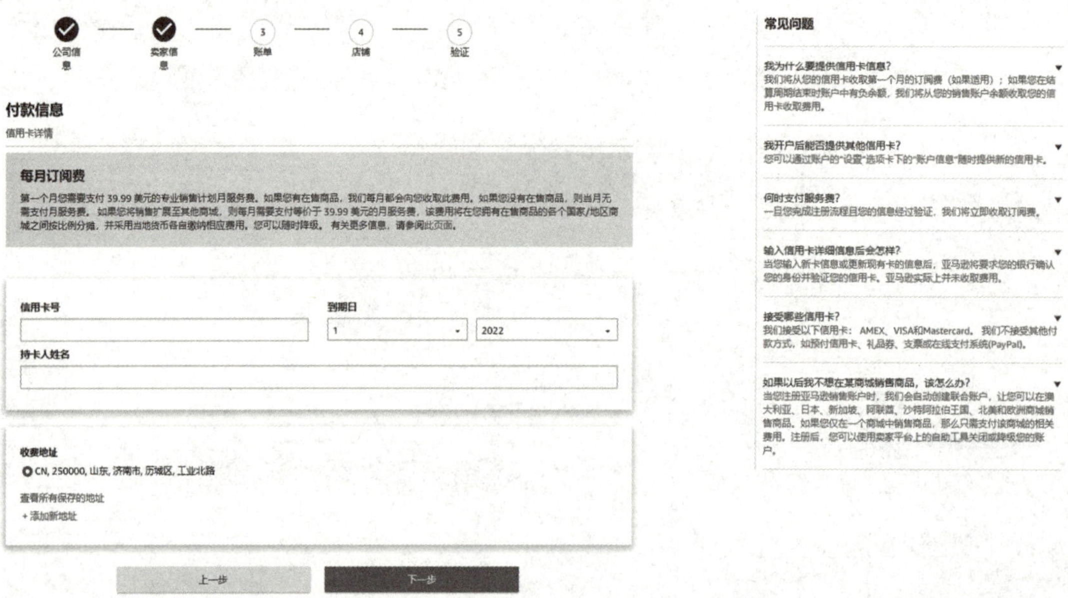

图 1-31　填写用于付款的信用卡信息

（6）填写店铺信息，如图 1-32 所示。店铺信息包括店铺的名称及商品编码和品牌信息。其中，对于店铺名称，强烈建议使用英文填写。

（7）提交身份验证信息，如图 1-33 所示。因为企业和法人的信息前面都已经填过，所以在这里只需要上传公司营业执照的照片及法人身份证的正反面扫描件就可以了（单击【上传文件】按钮可以看到具体要求）。请注意，身份信息必须和营业执照上的法人身份信息一致。上传照片可能需要一点时间，等上传成功后单击最下方的【下一步】按钮，看到“感谢您分享您的信息”后就可以关闭此页面。

基础身份信息通过验证后，商家会收到提示，亚马逊可能邮寄一张包含地址验证码的明信片至商家填写的地址。在收到明信片后，商家输入明信片上的验证码进行地址验证，如图 1-34 所示。

除了地址验证，还可以选择视频验证。目前有两种视频验证的办法，“即时视频通话”和“预约视频通话”。选择视频验证后，单击【下一步】按钮，如图 1-35 所示。

1

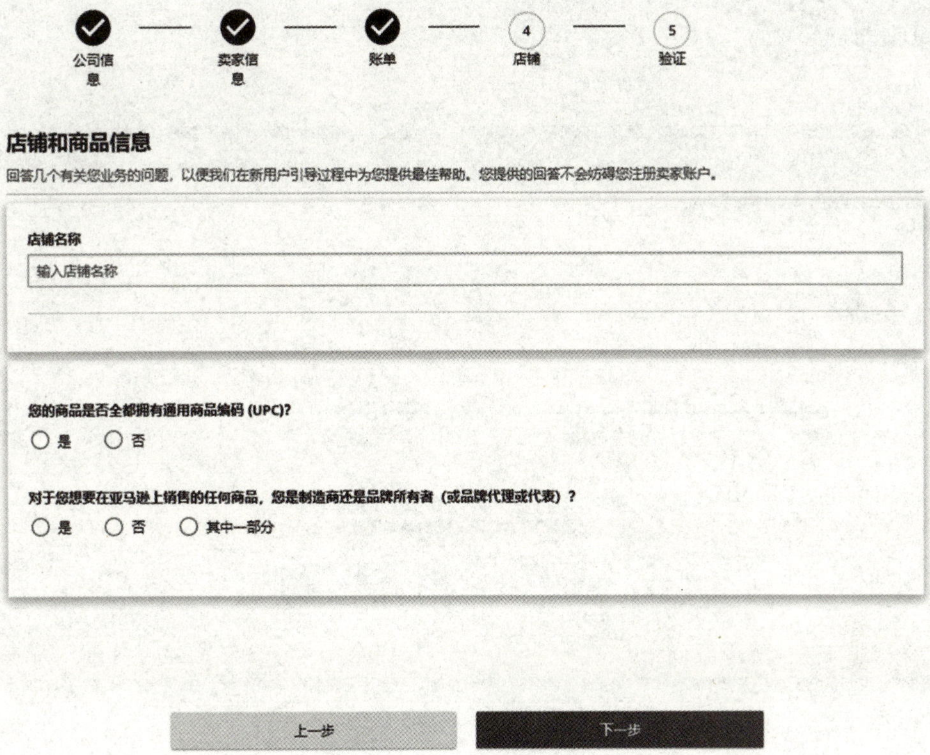

图 1-32　填写店铺信息

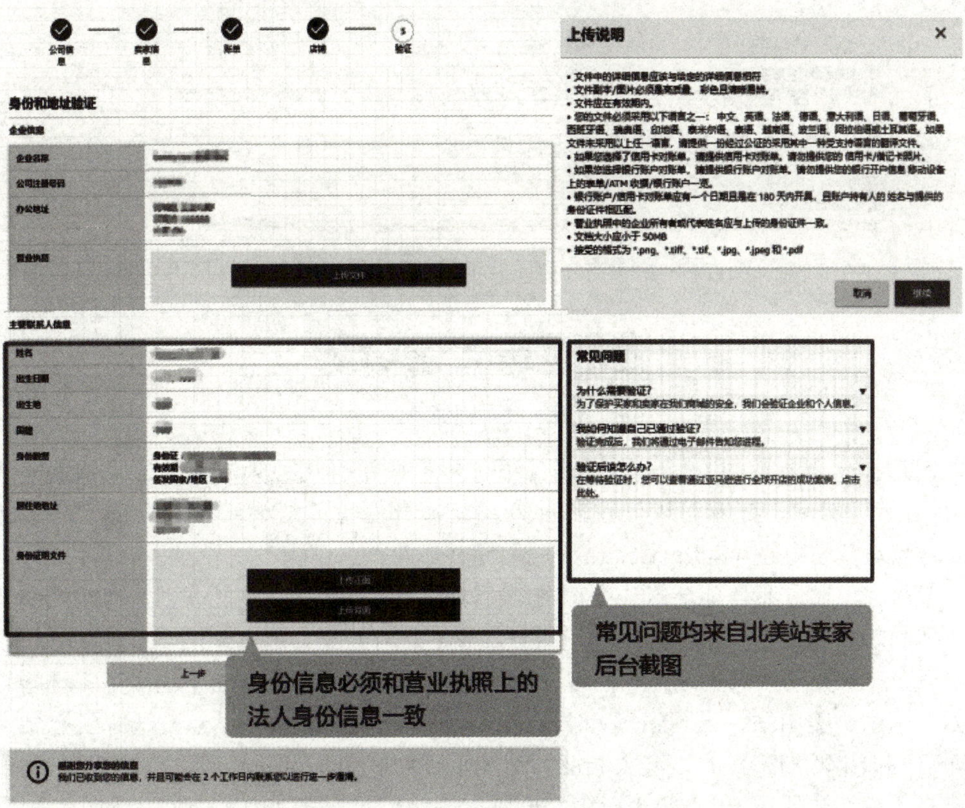

图 1-33　提交身份验证信息

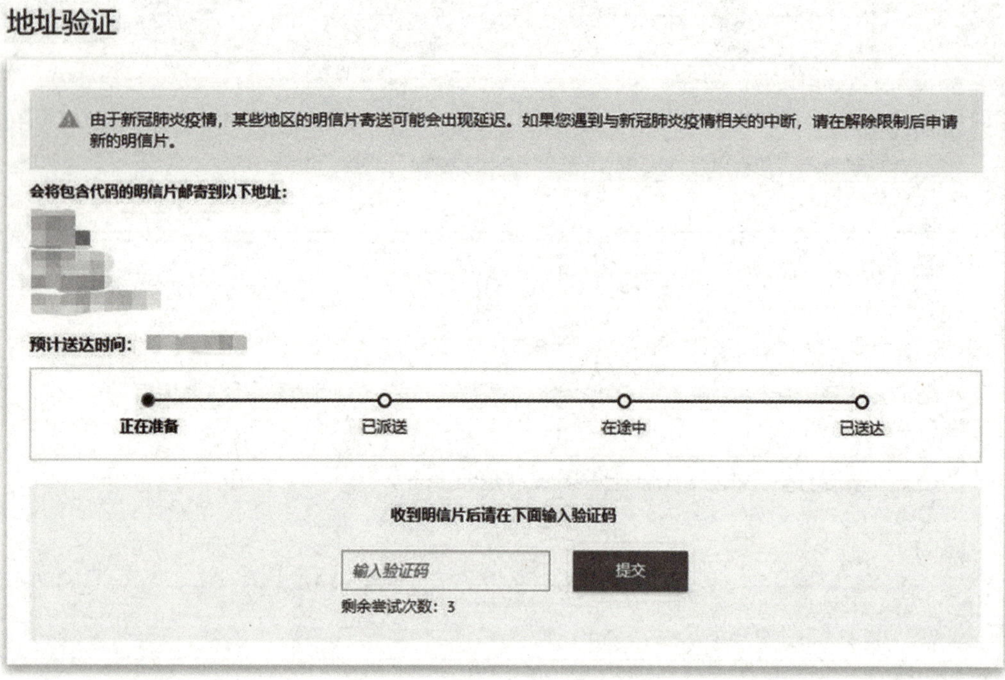

图 1-34　地址验证

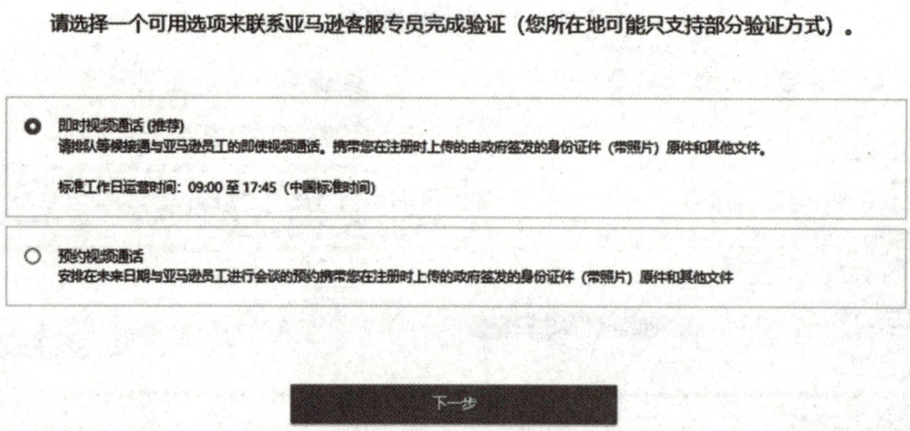

图 1-35　视频验证

之后选择一个日期和时间，并单击【下一步】按钮确认视频通话验证预约的时间，如图 1-36 所示。然后，商家可以通过两种方式获知身份验证结果：一是等待亚马逊邮件告知，二是登录商家中心（Seller Central）查看审核结果。

一般而言，通过亚马孙全球开店官网进行注册，如果北美、欧洲、日本、澳大利亚、新加坡、阿联酋站点均为“注册完成”的状态，说明此时的亚马逊海外站点已在商家平台中。在商家后台，如要切换其他站点，可以在右上角的站点选择框中单击下拉菜单并选择目标站点（如法国站、美国站、日本站等）。一个商家后台可以管理多个站点，选择目标站点直接进入即可。如果欧洲、日本、澳大利亚、新加坡、阿联酋站点仍显示“待注册”，就进入注册页选择“继续注册”，在“开始销售”页单击【转至欧洲/日本/澳大利亚/新加坡/阿联酋商城】按钮以完成北美站外其他站点的注册。

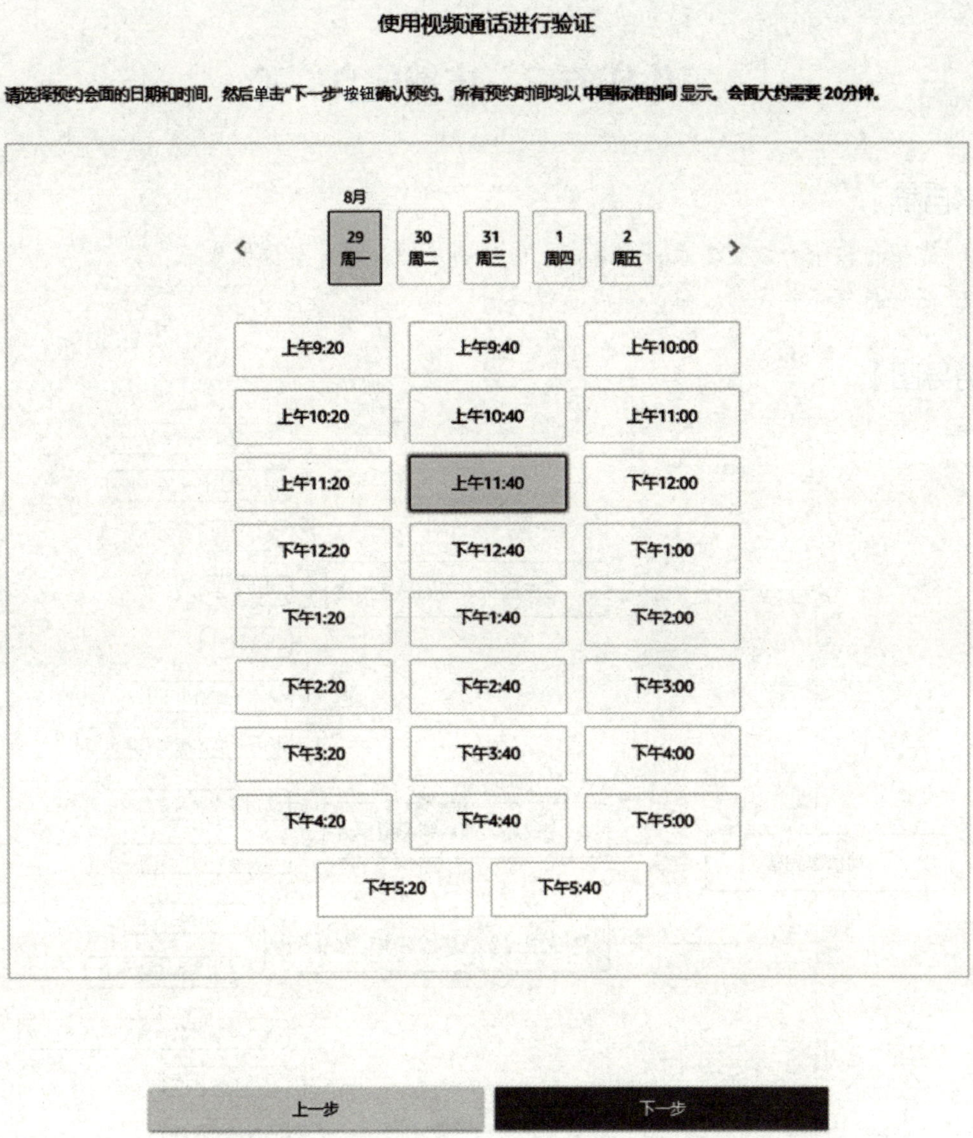

图 1-36　选择视频通话验证预约时间

完成上述步骤之后，可以在亚马逊全球开店商家门户网站的首页通过右上角下拉列表查看所有站点，可选择登录想要经营的站点创建商品信息，并准备上架商品。

【任务思考】

亚马逊站点分布广，地域、文化和政策差异造成各站点的要求和规范也不一样，商家在注册不同站点的时候，要仔细研究国家差异，按照要求完善平台信息。值得注意的是，商家在注册前准备好上述提到的所有材料，否则会卡在中间的某一步骤不能继续。此外，注册过程可以中断，即可暂时离开注册页面，之后再用正确的注册邮箱和设置好的密码登录，接着上一次的操作继续注册。

在注册其他站点时，需要提交的资料及操作步骤与注册美国站是否完全一致呢？

工作任务三　店铺信息完善

【任务目标】

1. 能够根据平台政策要求，完善商家中心的店铺信息、商标信息等。
2. 能够根据品牌注册流程，完成品牌注册。

【任务导图】

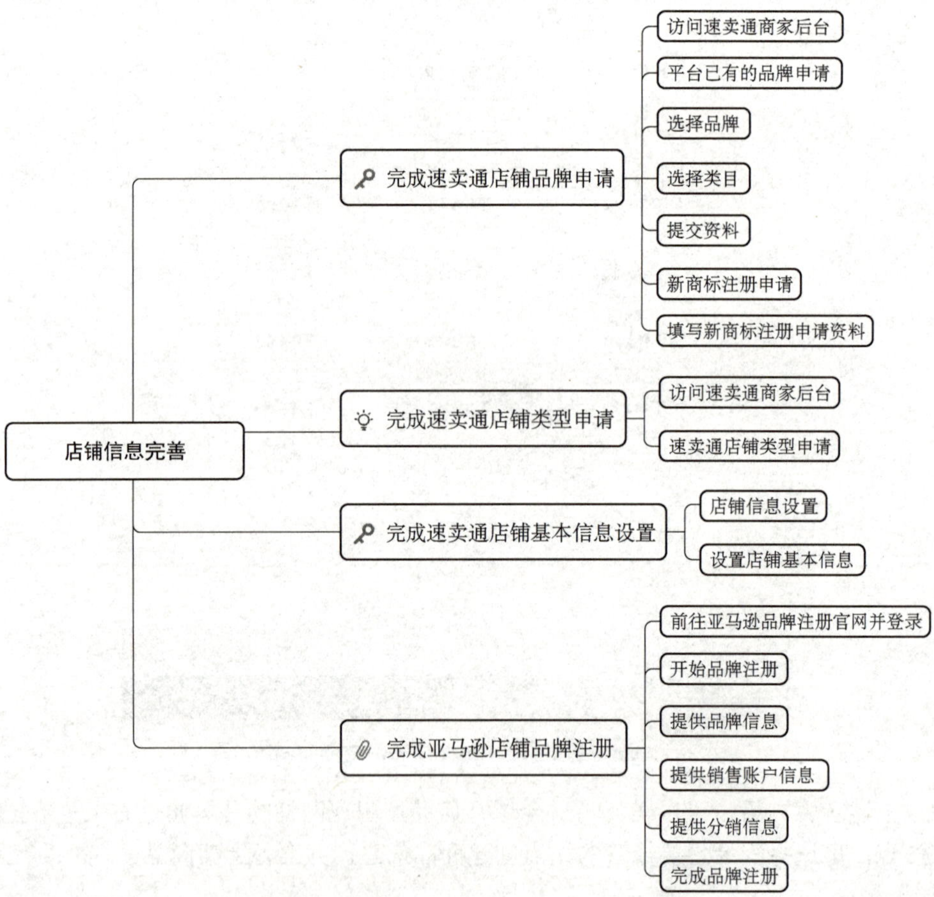

【知识回顾】

1. 如果跨境电商商家在速卖通平台上没有自己的品牌，那么很难竞争过实力雄厚的跨境电商商家。因此，在完成店铺注册工作后申请品牌就显得特别重要。一般来说，跨境电商商家若拥有或代理品牌，可以根据品牌资质，选择经营品牌官方店、专卖店或专营店。品牌官方店是商家以自有品牌或由权利人独占性授权（仅商标为R标且非中文商标）入驻速卖通开设的店铺；品牌专卖店是商家以自有品牌（商标为R或TM状态且非中文商标），或者持他人品牌授权文件在速卖通开设的店铺；品牌专营店是经营1个及以上他人或自有品牌（商标为 R 或 TM 状态）商品的店铺。

2. 在亚马逊平台进行品牌备案即可获得一套旨在帮助跨境电商商家保护自有品牌并提供差异化的工具，其中包括自动保护和强大的搜索工具，用于查找和举报违规行为。品牌备案适用于制造或销售自有品牌商品的跨境电商商家。

工作子任务一　完成速卖通店铺品牌申请

【任务目标】

1. 能够完成速卖通店铺已有品牌申请。
2. 能够完成速卖通店铺新商标注册申请。

【任务背景】

店铺注册完成，并不能保证经营活动顺利进行。平台上有海量的相同或类似的商品，为了使自己的商品有别于他人的商品，在销售相同或类似商品的过程中，不受他人影响，或不侵权，企业必须给商品添加身份证。

【任务分析】

店铺类型申请、店铺基本信息设置、品牌申请等操作应在速卖通店铺开展经营活动之前完成。在选择店铺类型之前，跨境电商商家需要做好商标申请工作，只有完成至少一项商标资质申请，才可通过该流程获得该商标的品牌官方店、专卖店或专营店开店许可。速卖通商家可以申请平台已有的品牌或者进行新商标注册申请。

【任务操作】

步骤 1：访问速卖通商家后台。利用注册完成的速卖通商家账户进入速卖通商家后台“账号及认证”板块，选择“我的申请”，就可以进行平台已有的品牌申请，如图 1-37 所示。

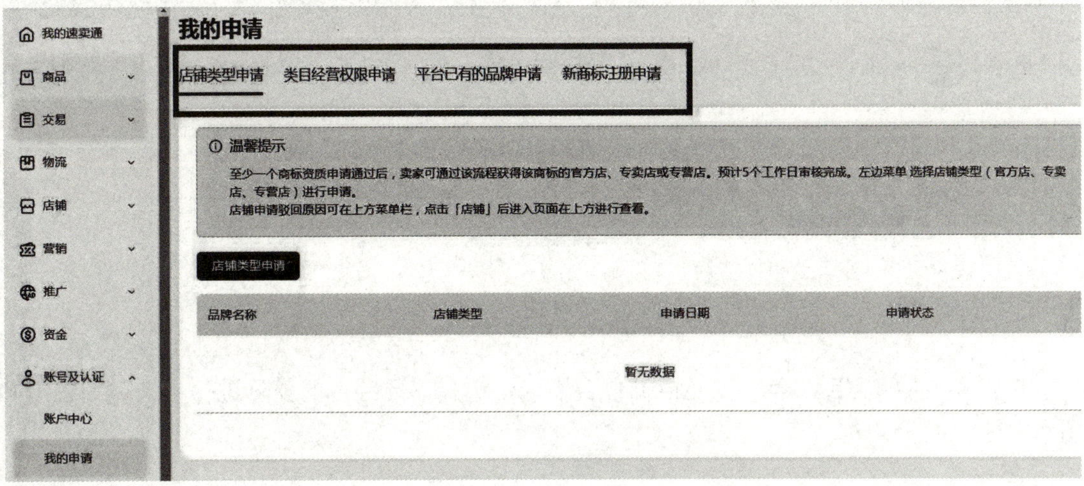

图 1-37　“我的申请”页面

步骤 2：平台已有的品牌申请。先选择“平台已有的品牌申请”选项，再单击【申请新品牌】按钮，就可以进行品牌申请，如图 1-38 所示。这里的“新品牌”指已经被平台收录的品牌，跨境电商商家可以直接申请该品牌的经营权限。

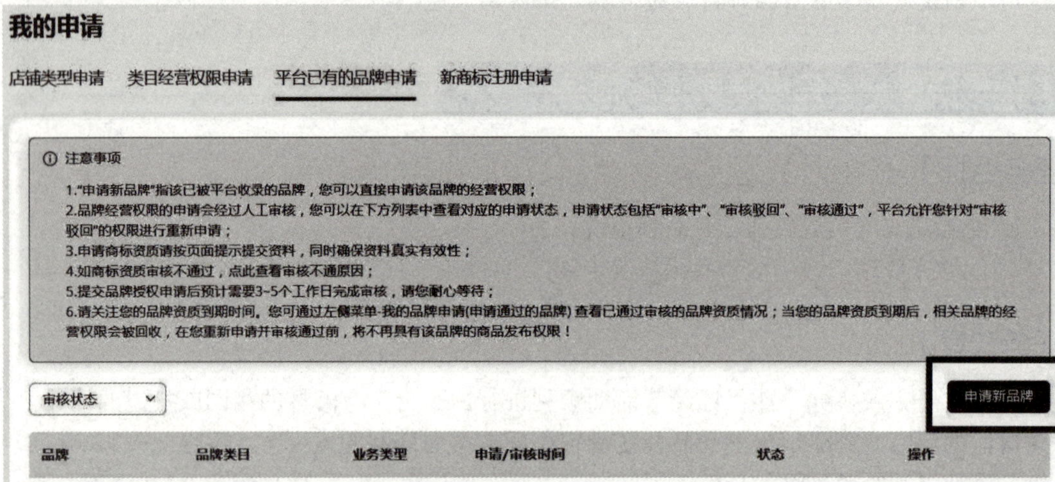

图 1-38　平台已有的品牌申请

步骤 3：选择品牌。商家可以输入品牌名称进行搜索，然后选择自己需要的品牌进行申请，如图 1-39 所示。

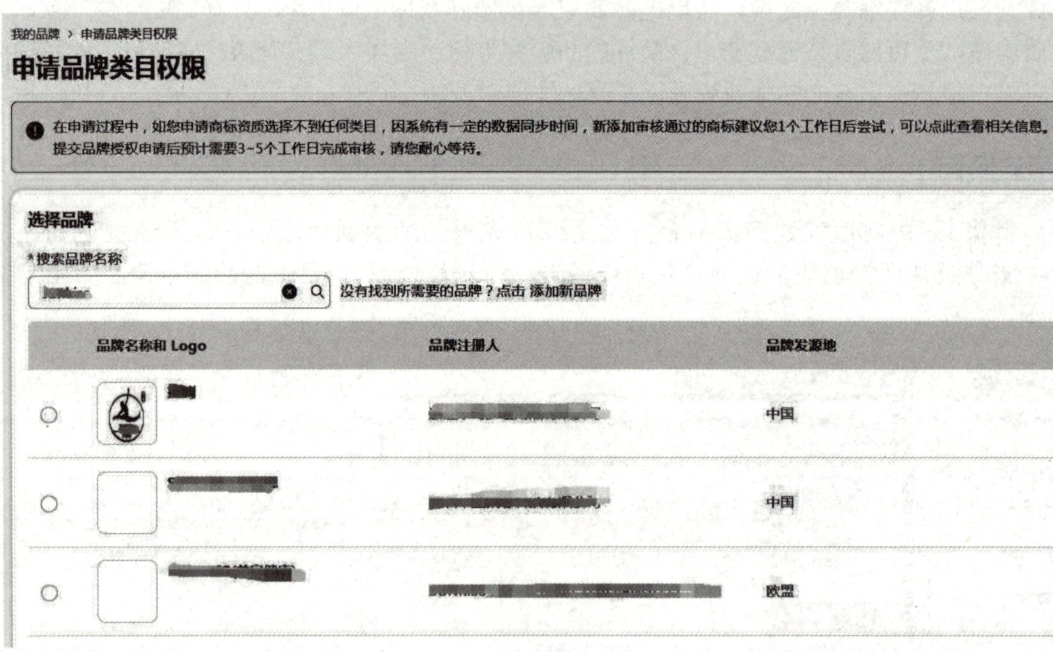

图 1-39　选择品牌

步骤 4：选择类目。商家需要根据自身需求，选择需要经营的类目进行申请，如图 1-40 所示。

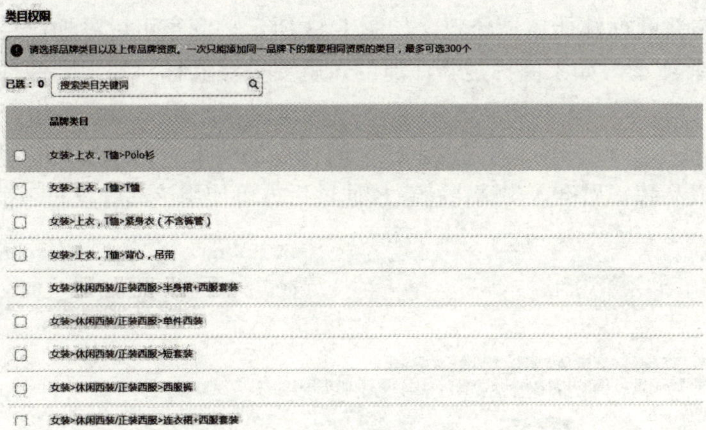

图 1-40　选择类目

步骤 5：提交资料。选择申请的类目后，商家需要提交该品牌商品的进货发票（仅限机打发票）、品牌授权书、商标受理通知书、商标注册证书（照片）之一，供平台审核，如图 1-41 所示。

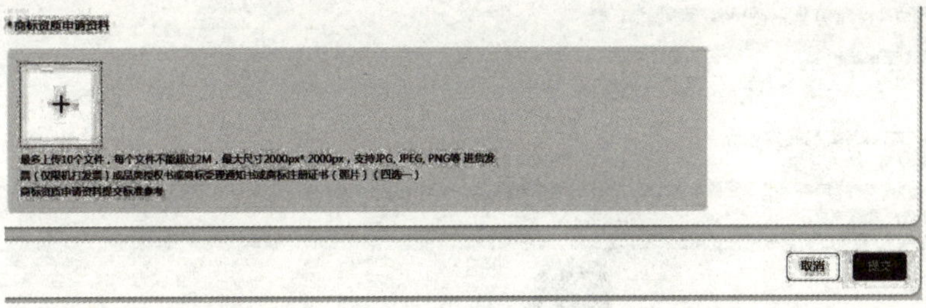

图 1-41　提交资料

品牌经营权限的申请会经过人工审核，商家可以在下方列表中查看对应的申请状态，申请状态包括“审核中”“审核驳回”和“审核通过”三种。若商标资质审核没通过，可以查看审核没通过的原因，之后重新进行申请，因为平台允许商家针对“审核驳回”的权限重新进行申请。跨境电商商家还需关注品牌资质到期时间，可通过左侧菜单中的“我的品牌申请”（申请通过的品牌）查看已经通过审核的品牌资质情况。当品牌资质到期时，相关品牌的经营权限会被收回，在商家重新申请并经审核通过前，将不再具有该品牌的商品发布权限。

步骤 6：新商标注册申请。如果商家的商标还未被速卖通收录，就需要单击【新商标注册申请】按钮将该商标添加至速卖通平台，如图 1-42 所示。

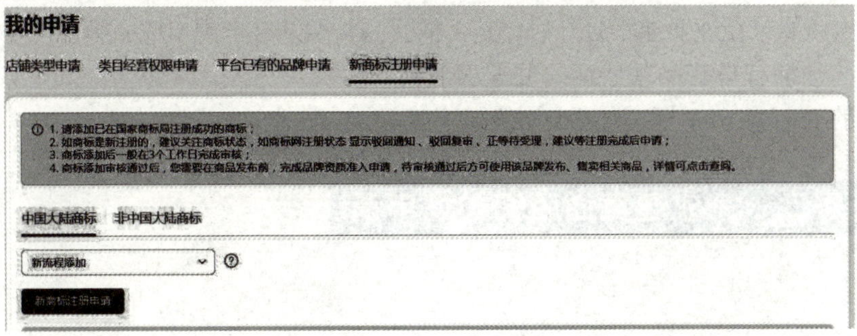

图 1-42　新商标注册申请

步骤7：填写新商标注册申请资料，如图1-43所示。商家可以添加已经在国家商标局注册成功的商标。要注意，如果商标是新注册的，就要关注商标状态，若商标网注册状态显示“驳回通知”“驳回复审”和“正等待受理”，一般建议等注册完成后再进行申请。商家添加商标后，平台一般在3个工作日内完成审核。商标添加经审核通过后，跨境电商商家需要在商品发布前，完成品牌资质准入申请，待审核通过后方可使用该品牌发布、销售相关商品。

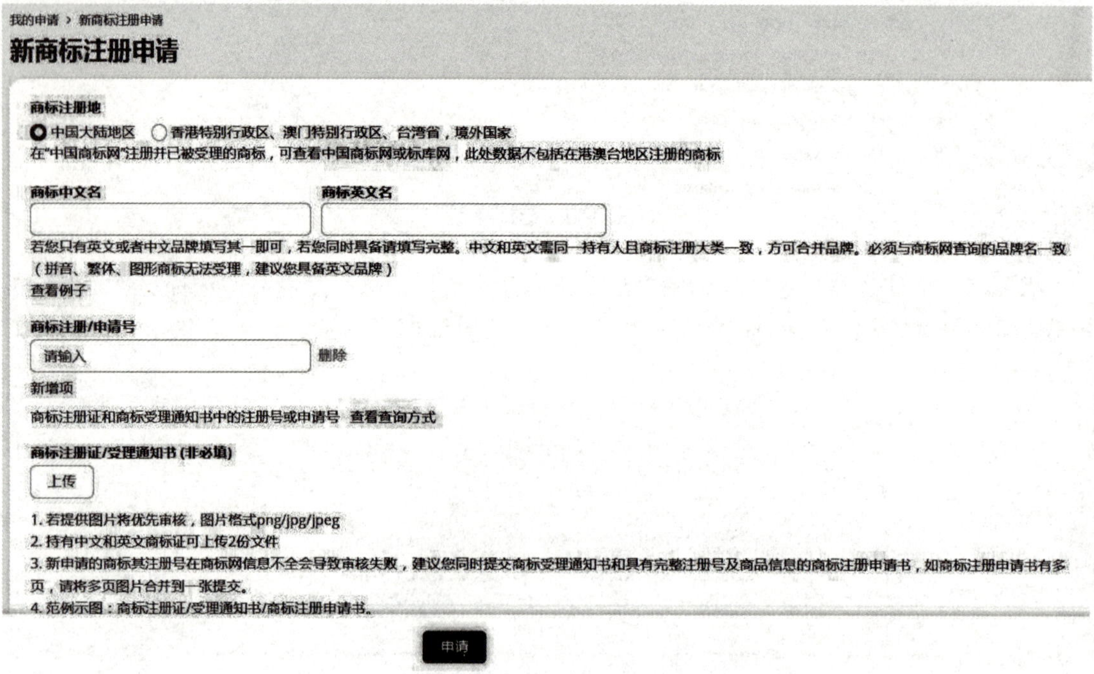

图1-43 填写新商标注册申请资料

【任务思考】

在速卖通平台开店需要有品牌和商标。作为一个速卖通商家，要想开好速卖通店铺，拥有自己的品牌是关键。速卖通平台的所有商品在完成品牌化后，平台的所有大型活动只允许涉及品牌的商家参加，速卖通平台也将推广我国乃至全球的名牌产品。近年来，我国品牌建设取得长足进步，越来越多的我国产品成为知名品牌。品牌建设既是承载者，也是助推器，推动我国经济朝高质量阶段发展。企业要重视产品创新、品牌建设，在激烈的市场竞争中，只有不断推出适应国家战略需求和人民日常需要的新产品，才能持续提升品牌竞争力。请思考以下问题：

1. 跨境电商商家在速卖通平台开店，是否需要为长期发展考虑申请品牌认证？
2. 商家必须拥有自有品牌才能入驻速卖通吗？
3. 商标的R标和TM标有什么区别？

工作子任务二　完成速卖通店铺类型申请

1

【任务目标】

1. 能够明确速卖通不同类型店铺的要求及享受的权益。

2. 能够根据跨境电商商家店铺的实际情况完成速卖通品牌官方店、专卖店和专营店的申请。

【任务背景】

速卖通店铺主要有品牌官方店、专卖店和专营店三种类型，不同类型的店铺申请的条件不一样，能够享受的权益也不一样。速卖通商家要根据自身的经营状况及需求选择合适的店铺类型进行申请。某女装店铺在速卖通开通了商家账户并完成了品牌申请，负责运营的小王想完成店铺类型申请，请帮助小王完成该操作。

【任务分析】

在选择店铺类型之前，跨境电商商家需要做好商标的申请工作，只有在完成至少一项商标资质申请并通过后，才可以通过该流程获得该品牌的官方店、专卖店或专营店开店许可。目前店铺已经完成了商标申请，小王可以直接进行店铺类型申请。在申请店铺之前，他需要先明确商标类型及店铺需求，才能正确申请店铺类型。

【任务操作】

步骤 1：访问速卖通商家后台。利用注册完成的速卖通商家账户进入速卖通商家后台“账号及认证”板块，单击【我的申请】按钮，就可以进行店铺类型申请，如图 1-44 所示。

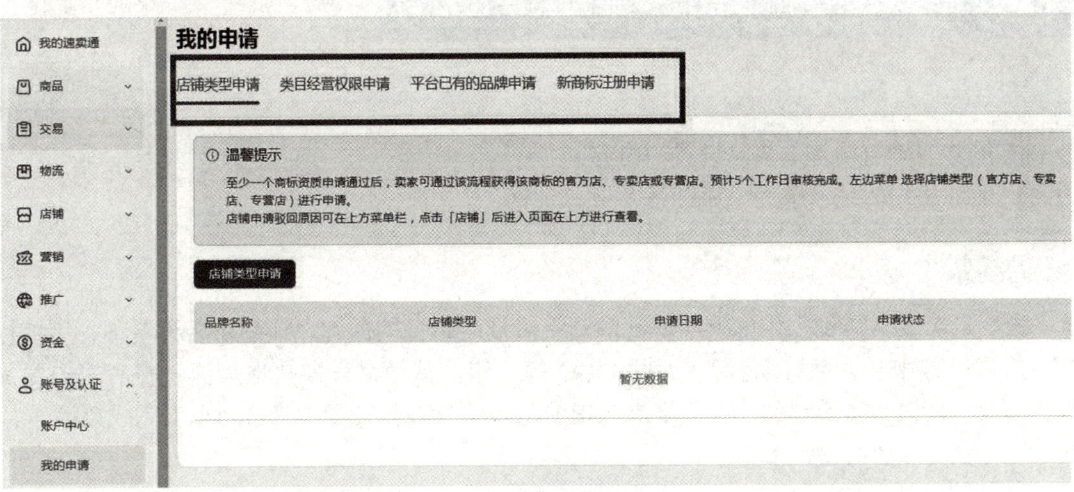

图 1-44　“我的申请”页面

步骤 2：速卖通店铺类型申请。速卖通店铺类型主要有品牌官方店、专卖店、专营店三种，根据不同的店铺类型享有的权益及需要提交的资料选择适合自己的店铺类型，如图 1-45 所示。速卖通规定，商家每 30 天可以变更一次店铺类型。其中，单店可以申请的品牌数量为品牌官方店 1 个、品牌专卖店 1 个、品牌专营店多个。商家要根据实际经营情况及需求，选择符合条件的店铺类型进行申请，并上传所需资料。

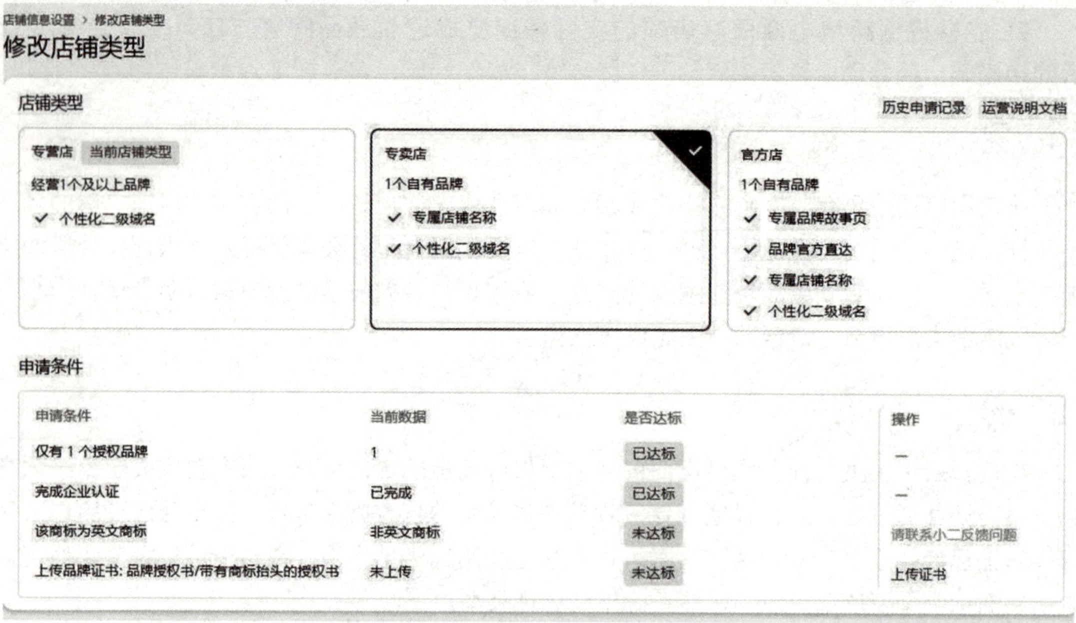

图 1-45　店铺类型、申请条件及店铺权益

【任务思考】

不同的店铺类型申请条件有什么不同？

工作子任务三　完成速卖通店铺基本信息设置

【任务目标】

1. 能够明确店铺基本信息设置的内容。
2. 能够根据店铺需求完成店铺基本信息设置。

【任务背景】

速卖通某女装店铺为了能够更好地向消费者展现自己的品牌，计划在店铺名称、店铺标志及店铺链接中加入品牌名称及品牌 LOGO 等元素，从而潜移默化地加深消费者对自身品牌的印象，所以负责运营的小王需要对店铺的基本信息进行设置。请帮助小王完成该操作。

【任务分析】

店铺基本信息包括店铺名称、店铺标志、店铺类型、店铺链接及店铺品牌，其中店铺名称受到店铺类型的影响，店铺名称只有在店铺类型变更后才能修改，而店铺类型每 30 天可以修改一次，所以在设置店铺名称时需要关注店铺类型。平台对店铺标志及店铺链接的设置都有一定的要求，需要按照平台的要求完成设置。

【任务操作】

步骤 1：店铺信息设置。利用注册完成的速卖通商家账户进入速卖通商家后台，进入“店铺”板块，选择“店铺信息设置”选项，就可以进行店铺基本信息设置，如图 1-46 所示。

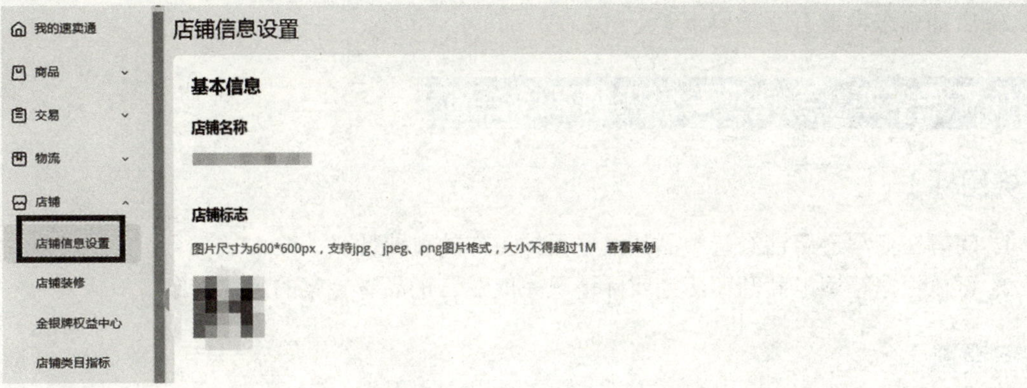

图 1-46　店铺信息设置

步骤 2：设置店铺基本信息，如图 1-47 所示。店铺基本信息包括店铺名称、店铺标志、店铺类型、店铺链接及店铺品牌。对于店铺名称，可以根据店铺经营品牌及已经申请的店铺类型相关权益进行设置。店铺标志即店铺头像，可以根据主营商品及品牌进行设置。平台要求上传的图片尺寸为 600 像素×600 像素，格式为 jpg、jpeg、png，大小不得超过 1MB[①]。店铺链接即设置店铺的二级域名。构成二级域名的字符数应当大于或等于 4，小于或等于 32，且只能包含“英文字母（a～z）”“阿拉伯数字（0～9）”和“-”，并且“-”不能出现在二级域名的首部或尾部。注意，平台不支持使用非注册敏感词汇，以及非品牌官方店或者品牌专卖店的品牌词作为二级域名的内容。

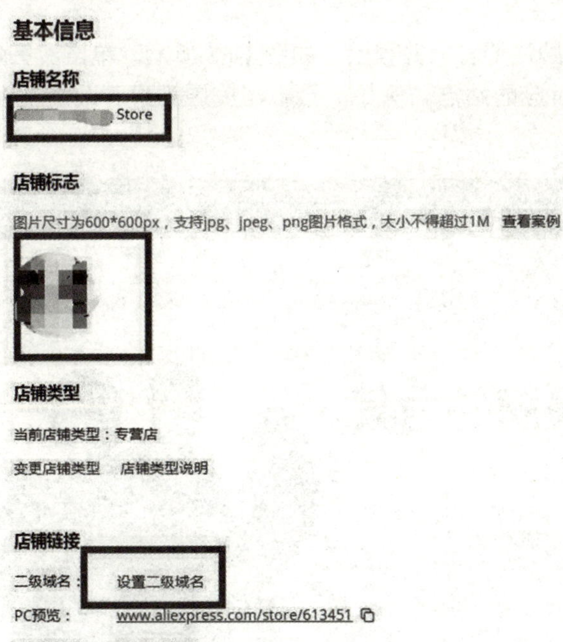

图 1-47　设置店铺基本信息

① 图中图片尺寸显示为 600*600px，大小为 1M，并不是规范用法，这里不作修改。余同。

【任务思考】

1. 店铺二级域名设置需要注意哪些问题？
2. 店铺标志设置有哪些要求？

工作子任务四　完成亚马逊店铺品牌注册

【任务目标】

1. 明确在亚马逊店铺经营中品牌注册保护工作的重要性。
2. 可以根据跨境电商商家店铺实际情况完成亚马逊品牌备案的申请工作。

【任务背景】

亚马逊虽然没有要求所有商家都注册商标，拥有自己的品牌，但拥有品牌可以加速新店出单，避免品牌名和商标被滥用，并在遇到侵权行为时，可以向亚马逊举报，享受到亚马逊提供的全方位品牌打造和保护服务。

【任务分析】

在亚马逊平台销售商品，最好在目标销售地进行商标注册。如果商家已经拥有了商标，就在后台添加；如果没有，就在“品牌注册”页面填写相关资格信息，提交申请表即自动生成“case”，最后注册邮箱收到回复邮件，表示已经注册成功。

【任务操作】

步骤1：前往亚马逊品牌注册官网并登录，如图1-48所示。单击右上角【登录】按钮，选择要注册的国家或地区对应的站点。例如，希望在美国站进行品牌注册，选择“美国”即可。

图1-48　亚马逊品牌注册官网

步骤 2：开始品牌注册。账户创建后，进入亚马逊品牌注册后台。如图 1-49 所示，单击左侧【注册新品牌】按钮，可以看到在注册过程中需要准备的资料清单。如果已经准备好所有资料，就单击【注册您的品牌】按钮，如图 1-50 所示。

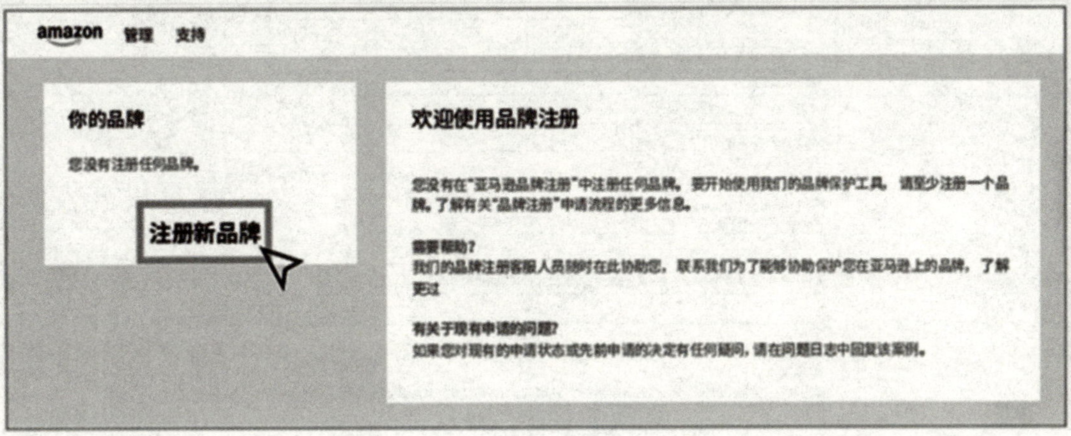

图 1-49　注册新品牌

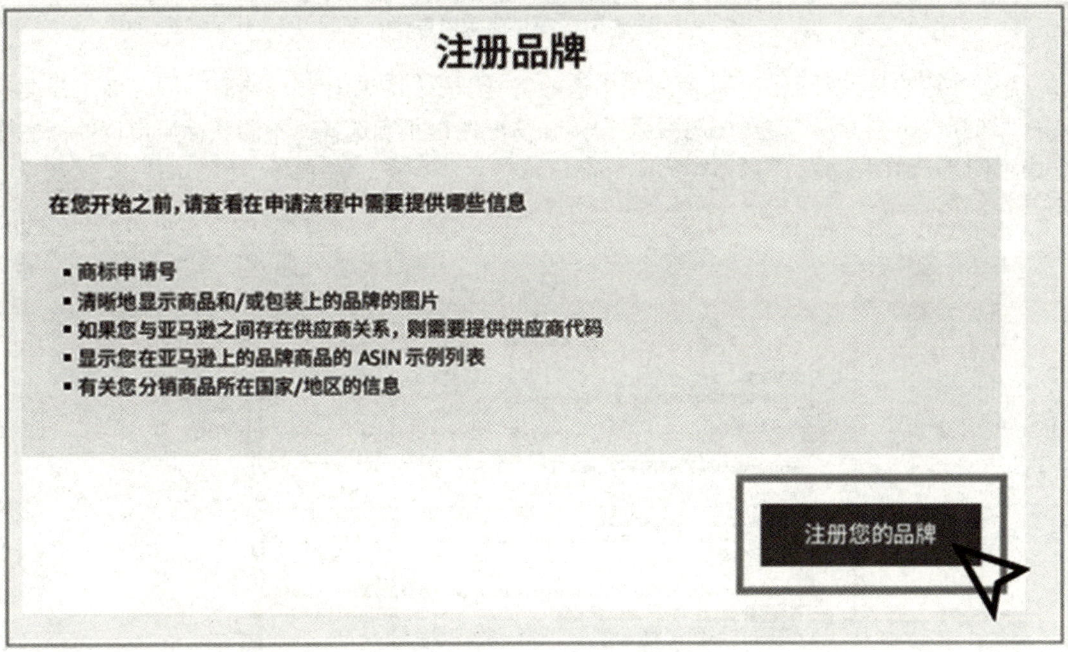

图 1-50　注册您的品牌

步骤 3：提供品牌信息。商家需要根据要求提供品牌名称、商标局、商标编号、商品信息等内容，如图 1-51 所示。

图 1-51 提供品牌信息

需要注意的是，对于在不同商标局申请的待受理商标，操作步骤略有不同，商家需要确保在“选择一个商标局”这个选项中根据实际情况做出正确选择。不同商标局申请的商标注册页面不同，如图 1-52、图 1-53 所示。

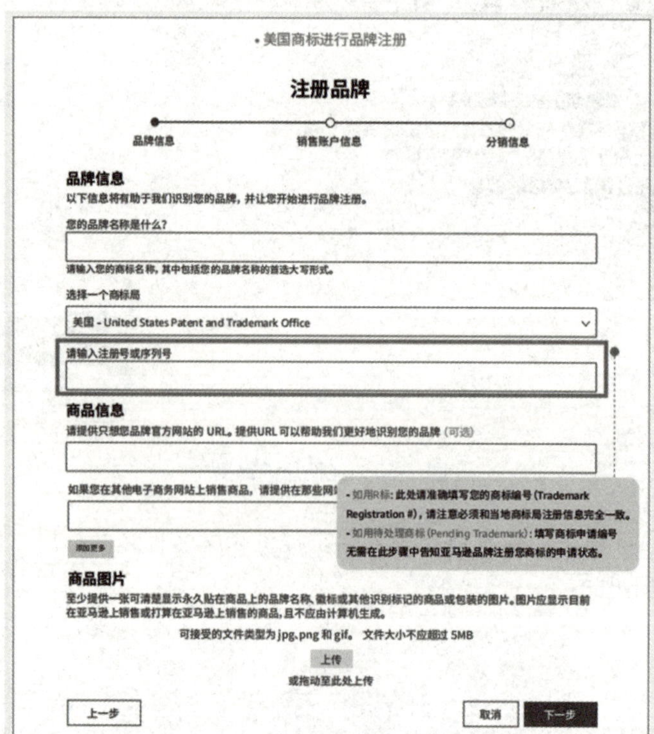

图 1-52 用美国商标进行品牌注册

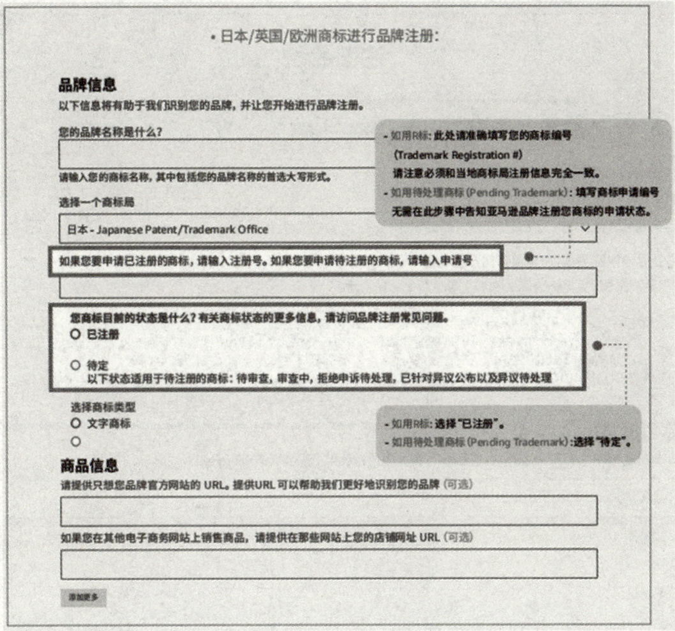

图 1-53　用日本、英国、欧洲商标进行品牌注册

步骤 4：提供销售账户信息。勾选“卖家”选项，并选择销售商家所申请品牌的所有商家账户，如图 1-54、图 1-55 所示。

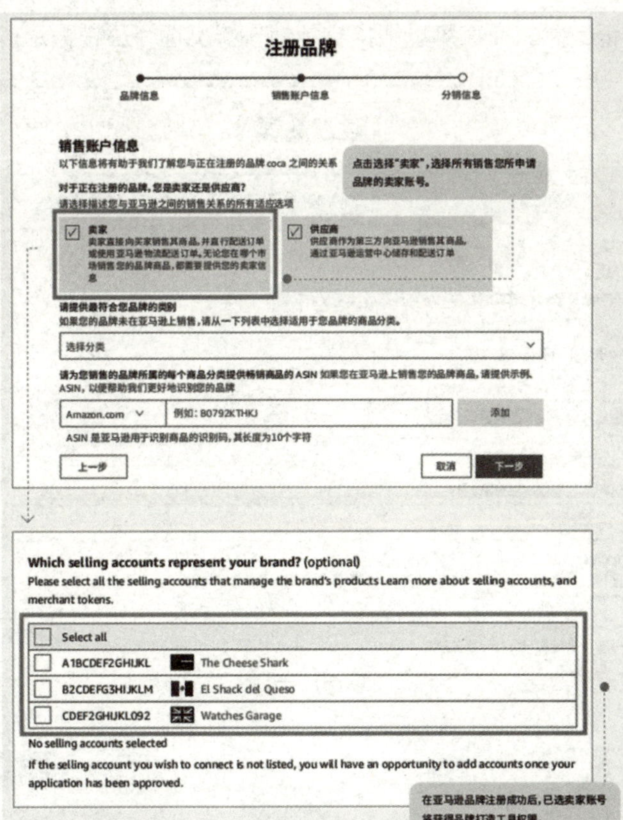

图 1-54　选择“卖家”

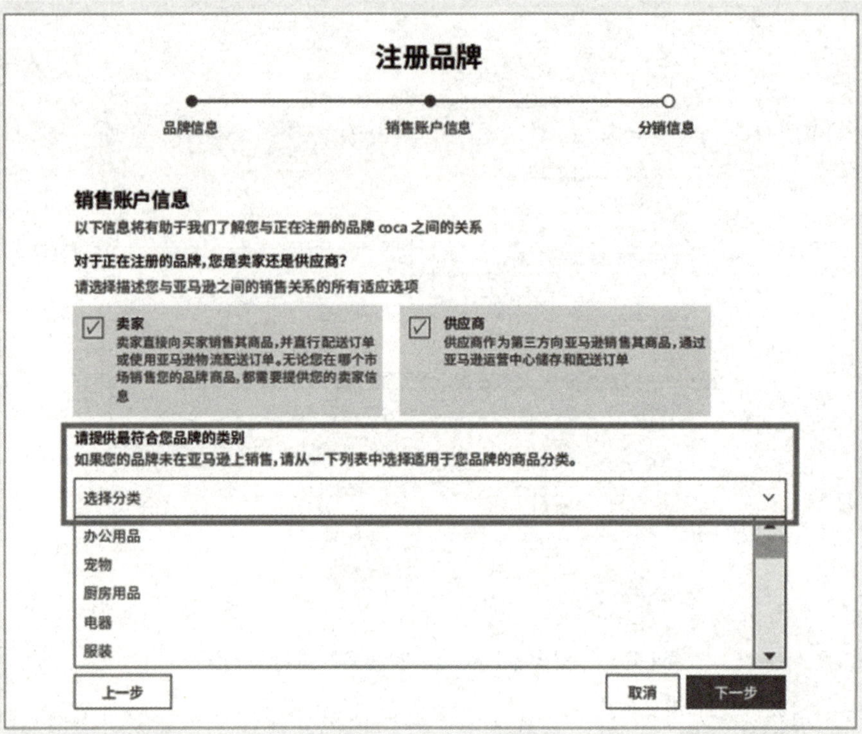

图 1-55　提供销售账户信息

步骤 5：提供分销信息。商家可以根据实际销售情况选择分销信息，如图 1-56 所示。

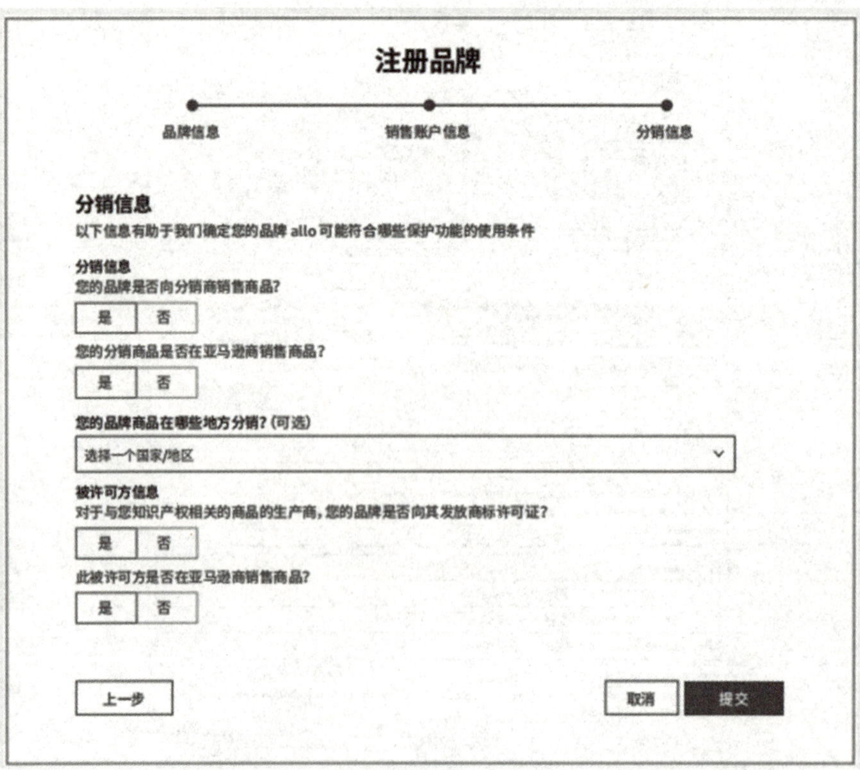

图 1-56　提供分销信息

1

步骤 6：完成品牌注册。以上关键步骤完成后，只需按照页面指示，提交申请即可，如图 1-57 所示。

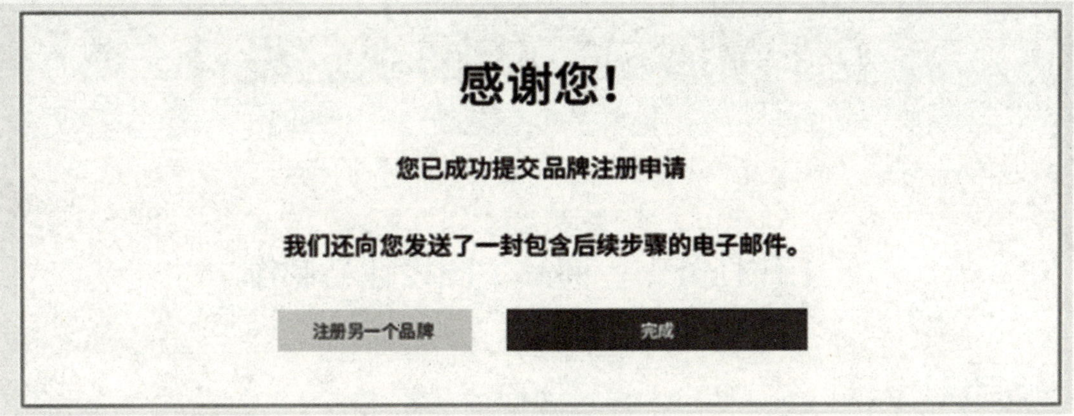

图 1-57　完成品牌注册

请注意，请确保在接收验证码邮件后的 14 天内回传验证码；提交完毕后，请持续关注来自亚马逊平台的邮件通知。

【任务思考】

亚马逊是一个十分重视产品和品牌的平台，商家只有注册自己的品牌，才是发展的长久之计，最好尽快安排商标注册和品牌备案。如果商家注册的是中国商标，那么在亚马逊平台销售商品，能对商品起到保护作用吗？如果不行，那么商家应该怎么做？

工作领域二　店铺视觉设计

工作任务一　商品主图设计与制作

【任务目标】

1. 了解商品图片拍摄的方法及商品陈列构图的重要性。
2. 学会选择优质的商品主图。
3. 学会根据消费者心理选择合适的商品图片。

【任务导图】

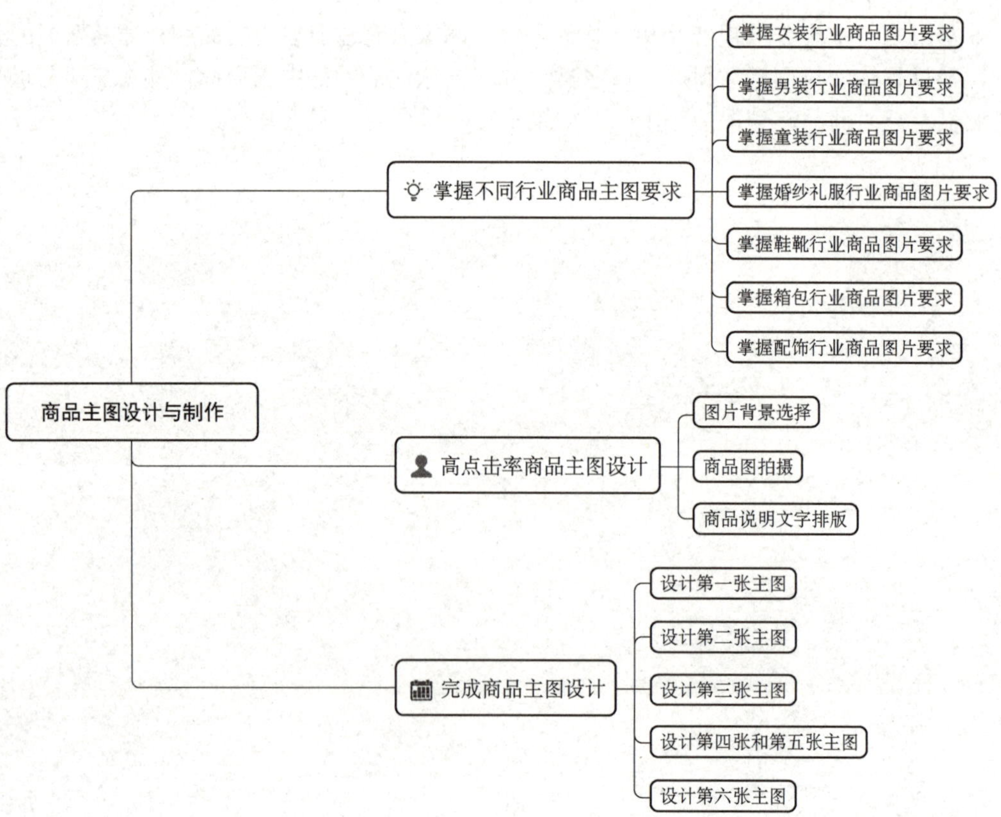

【知识回顾】

1. 商品图片是吸引消费者的关键，不仅要重视拍摄技巧，还要重视商品的摆放。如果图片是作为商品主图，那么尽量展示商品的正面效果，让消费者有更直观的体验。但是，切记不能盗用他人的图片，以免受到违规处罚。

2. 对于商品图片的要求：①商品的正面图、侧面图、背面图、细节图都应该有。②图片像素不低于 800 像素×800 像素，无边框和水印，不允许拼图。③背景色为白色或者纯色，长宽比例在 1∶1 与 1∶1.3 之间。④如果添加 LOGO，就统一放在图片的左上角。⑤不要对图片过分修饰。

3. 可以借助单反相机、三脚架、灯光设备、摄影棚等器材和设施拍出高质量的商品图片。

工作子任务一　掌握不同行业商品主图要求

【任务背景】

对于速卖通店铺商家来说，销量永远是店铺运营的核心，而店铺运营的中间环节，商品主图和商品详情页的设计，是影响消费者购买导向和订单转化率的重要因素。不同行业不同商品对于商品主图的要求是不一样的，如果想设计出优秀的商品主图，那么一定要掌握不同行业对于商品主图的不同要求。请你帮助店铺运营人员明确不同行业对于商品主图的具体要求。

【任务分析】

商品主图最高可转化 0.96%的订单。速卖通要求店铺商品主图的长宽比例为 1∶1，不低于 800 像素×800 像素。速卖通对于图片规格做出要求是为了迎合消费者的浏览习惯，国外消费者不习惯图片忽大忽小、错位的情况，要求图片规格清晰、统一。随着速卖通小程序的下载量与日俱增，移动端用户数量日益增加，所以速卖通在原有图片规格的基础上增加了新的要求，商家可以上传长宽比例为 3∶4、不低于 750 像素×1000 像素的长方形图片。但是，为了保证消费者有良好的视觉体验，平台要求一组图片的比例必须保持一致。这是速卖通对于图片的一般要求。但是，不同商品需要展示的内容不一样，所以速卖通对于不同的行业有更加具体的图片要求，商家可以根据自身商品的特点做出不同的图片设计。

【任务操作】

步骤 1：掌握女装行业商品图片要求。女装行业商品图片如图 2-1 所示，具体有以下要求。

（1）无杂乱背景，统一背景色，最好背景色是白色或者浅色（注：除了整个店铺的商品有定位，呈现出一定的调性，且有统一背景的品牌店铺）。

（2）除了英文 LOGO 统一放在左上角，图片中不允许放置尺码、促销、水印、文本等信息。

（3）图片主体占整张图片的 70%以上，禁止出现任何形式的拼图，尤其商品多色使用多宫格的展示方式（注：对于多 SKU 的商品，平台会通过另外的方式实现消费者端的展示）。

（4）建议上传 6 张商品图片，顺序依次为模特或实物正面图、背面图、侧面图、细节图等。

图 2-1　女装行业商品图片

步骤 2：掌握男装行业商品图片要求。男装行业商品图片如图 2-2 所示，具体有以下要求。

图 2-2　男装行业商品图片

（1）图片为正文形，必须大于 800 像素×800 像素。

（2）不允许拼图。

（3）建议上传 5～6 张商品图片，第一张为衣服（或模特）正面图，第二张为衣服背面图，第三张为侧面图（如有），再加一两张细节图和一张商品实拍图。

（4）可将品牌 LOGO 放置于图片左上角，大小为图片的 1/10。

（5）图片中不允许出现中文、水印、促销信息等内容。

步骤 3：掌握童装行业商品图片要求。童装行业商品图片如图 2-3 所示，具体有以下要求。

（1）图片为白底，或纯色背景，统一背景风格；模特居中展示，需要占图片的 70%以上；不允许有杂乱背景展示；不允许加边框和中文水印；将 LOGO 统一放在左上角。

（2）允许两张图片拼图，必须是左图模特右图实物的结构；不允许三张以上图片的拼图。

（3）实拍图可以是商品平铺实拍图片，但背景色和风格必须统一，且主图中只能出现一张主体图片。

（4）图片为正方形，至少 800 像素×800 像素；建议上传 6 张图片，第一张为正面图，第二张为侧面图，第三张为背面图，第四张与第五张为商品细节图，第六张为实物图。

图 2-3　童装行业商品图片

步骤 4：掌握婚纱礼服行业商品图片要求。婚纱礼服行业商品图片如图 2-4 所示，具体有以下要求。

（1）必须大于或等于 800 像素×800 像素。

（2）背景为浅色、纯色或白色。

（3）图片必须达到 6 张，第一张为正面全身图，第二张为背面全身图。细节图不少于 3 张。

（4）真人模特必须露出头和脸，禁止将头剪裁掉或在脸部出现马赛克。

（5）图片不得拼接；不得添加边框；不得出现除店铺编号外的水印（水印必须是浅色的）；不得包含促销、夸大描述等文字说明（该文字说明包括但不限于秒杀、限时折扣、包邮、×折、满×送×等）。将品牌 LOGO 放置于图片左上角。

（6）商品大小占图片比例为 80%以上，多色商品图片禁止出现九宫格。

图 2-4　婚纱礼服行业商品图片

步骤 5：掌握鞋靴行业商品图片要求。鞋靴行业商品图片如图 2-5 所示，具体有以下要求。

（1）图片背景简单（自然场景），或者使用纯白底，以不妨碍商品主体展示为主要原则；建议不用深色背景及光线较暗的实拍图片。

（2）重点展示单只或者一双鞋子（占据图片 60%以上）。

（3）将 LOGO 固定在图片左上角，且不宜过大，最好整店保持统一；鞋子上不能出现水印。

（4）图片中不能出现多余文字，严禁出现汉字，不能出现任何促销信息。

（5）不要自己为图片打图标或者加边框。

（6）图片像素为 800 像素×800 像素及以上；长宽比例保持在 1∶1；数量必须为 5 张以上。

（7）不要用拼接图片。

（8）可以进行多颜色展示（提醒：每张商品图片中只展示 1 种颜色的商品。跨境电商平台可以在商品页面展示 SKU，不需要在一张图片中展示多种颜色）。

图 2-5　鞋靴行业商品图片

步骤 6：掌握箱包行业商品图片要求。箱包行业商品图片如图 2-6 所示，具体有以下要求。

（1）图片像素大于或等于 800 像素×800 像素，以正方形为佳，背景清晰，以不妨碍商品主体为主要原则；推荐使用白色或纯色作为背景，避免出现杂乱的非商品实物、深色背景、其他类目商品背景等。

（2）图片中不得出现除品牌外的汉字，不得加水印，不得出现文字说明（SKU、款式、价格、尺寸）等。

（3）图片主体必须唯一，细节可观，不得出现九宫格、商品堆叠等情况；避免为图片添加边框；避免多图拼接。

（4）主体占图片整体的 2/4～3/4，居中摆放，以正面为佳。必须完整出现单一商品主体，避免主体过大或过偏而造成商品被折扣标或者 LOGO 遮挡的情况，以及主体过小或不完整而造成商品细节展示不全的情况。

（5）将品牌 LOGO 统一置于商品左上角。LOGO 不宜过大，以英文为佳。

（6）不建议选择模特图或背面图作为第一张图片，特别是无法展示商品整体的模特图。

（7）图片数量为 5 张以上，包括箱包的各面图（六面最佳，至少正反面）、外部细节图、内部细节图等。

图 2-6　箱包行业商品图片

步骤 7：掌握配饰行业商品图片要求。配饰行业商品图片如图 2-7 所示，具体有以下要求。

（1）必须大于 800 像素×800 像素，建议为正方形。

（2）不允许出现九宫格。

（3）图片不得少于 5 张，第一张为商品正面图，第二张为商品侧面图。

（4）商品主体清晰，数量不宜过多，不得为图片添加边框。因为造型需要在一张图片中出现多个商品是可以的，但不允许拼图。

（5）可将品牌 LOGO 置于图片左上角。

（6）图片中不允许出现汉字。

图 2-7　配饰行业商品图片

【任务思考】

不同电商平台对商品主图有不同的要求，不同电商平台的不同类目对商品主图的要求也不完全一样。为了能够更好地完成商品主图设计，商家应该明确平台及商品所属类目对商品主图的基本要求，只有在满足商品主图基本要求的基础上，才能设计出有价值的商品主图。

工作子任务二　高点击率商品主图设计

【任务背景】

一张高点击率商品主图意味着你的商品有比同行竞品更有优势的引流能力，能够给商品带来更多的流量，而流量直接影响商品的人气和销量。因此，制作高点击率商品主图是打造爆款商品的前提条件，也是运营工作的重要任务之一。所有为打造高点击率主图而付出的努力都会为店铺带来丰厚的回报。制作高点击率主图可以尝试按照以下思路：

首先，需要改变美工的陈旧观念。美工习惯从审美角度去制作漂亮的图片，但美图和好图还是有本质区别的，只有和自身的商品及商品背后主要的引导进店关键词（成交方向词）相匹配的图才是真正的好图，也就是我们常说的词一图一人的匹配。这就需要运营人员清晰地告诉美工商品的属性、特点、成交方向、关键词等信息，美工以此为基础进行创意，设计图片。

其次，还要充分考虑竞争环境中图片的差异化效果，尽量在商品呈现方式、构图、色调、文案等方面设计出与众不同的差异化图片，达到“万花丛中一点绿”的效果，以吸引消费者点击。

请你帮助运营人员设计一张高点击率商品主图。

【任务分析】

高点击率商品主图有以下 4 个关键要素。

1. 突出商品。商品主图要让消费者一眼就知道商家卖的是什么，千万别模棱两可。

2. 分析商品背后的人群，提炼消费者的痛点与需求。例如，商家销售的商品是小夜灯插座，而消费者对用电安全有很大的要求，所以在分析消费者痛点后，用“我，很安全”作为文案，加上滑盖设计，简洁有力地传达出商品卖点，打动消费者。

3. 一图一卖点。文案清晰、醒目、易懂，不要牛皮癣式地表达。商品卖点太多就等于没有卖点，只需提炼出最大的卖点，着重表达出来就行。

4. 图片和关键词匹配，和购物意图、成交方向一致。消费者搜索的每个关键词都是有目的性的，对于关键词成交方向也要细分，商家只需做部分精准人群的生意就可以了。例如，商品标题的主打词是新生儿婴儿晒衣架，商品主图文案要强调商品针对的人群。这样一来，只要直通车投放的关键词和标题、图片统一，匹配的流量必然相当精准，点击率和转化率都不会差，也能源源不断地拉动精准免费流量。

【任务操作】

步骤 1：图片背景选择。

（1）以纯色为宜，不与商品混色；需要实景氛围图的商品，背景也要干净或做虚化处理，以突出商品主体。

（2）背景色根据商品特征选择。例如，儿童商品选择暖色调传递活泼，数码商品选择冷色调突出商品质感，如图 2-8 所示。

图 2-8　儿童商品、数码商品背景色选择

（3）与竞品区别。在不影响商品信息传递的前提下，可以通过改变背景色和商品拍摄角

度，与竞品做差异化对比，以吸引消费者眼球，如图 2-9 所示。

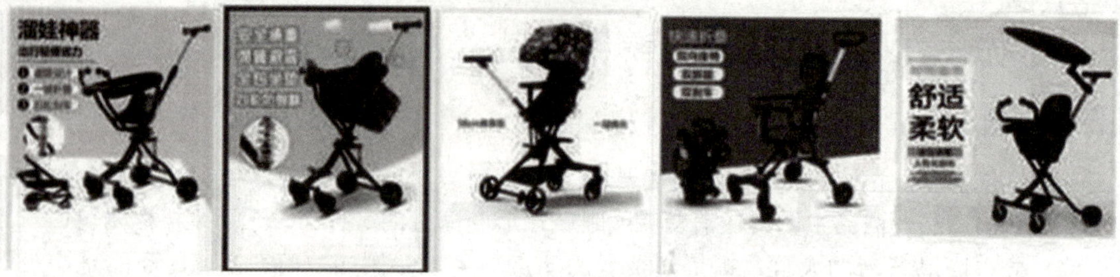

图 2-9　儿童手推车竞品背景色对比

步骤 2：商品图拍摄，如图 2-10 所示。

（1）微距拍摄。对需要使用场景拍摄的商品（如服装），应选择清爽的背景；若背景较杂乱，则采用微距拍摄，以虚化背景，突出商品主体。

（2）角度拍摄。对需要突出商品样式的商品（如鞋靴），可选择 45°角拍摄，尽可能展现商品样式。

（3）场景拍摄。对新奇商品，或需要展示使用效果的商品，建议拍摄商品使用场景，表明商品用途。

（4）创意拍摄。对风格定位明确的商品，可以使用创意拍摄，将商品卖点和风格融入拍摄中，用商品图的风格定位吸引目标人群。

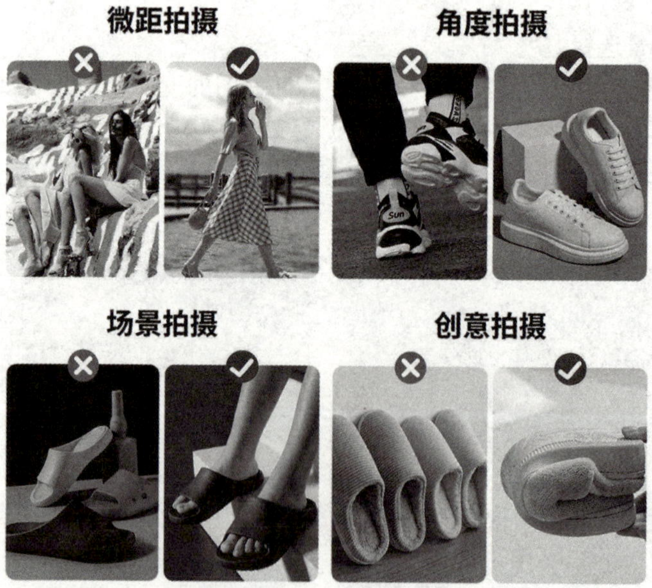

图 2-10　商品图拍摄

步骤 3：商品说明文字排版。

（1）选择容易阅读的字体，不要过分追求个性化。文字颜色尽量与商品主体颜色配合，不超过 3 种颜色。

（2）可以通过调整文字大小突出重点信息。要注意的是，文字不要过小，以免在手机端看不清。

【任务思考】

无论是跨境电商还是国内电商，制作商品图片及视频，在销售中都是重要的环节之一。按照电商的黄金转化公式[销售额=访客数×转化率（支付）×客单价]来看，访客数是影响销售额的重要因素之一，访客数=曝光量×点击率。因此，点击率也是影响店铺销售额的重要因素之一，而点击率会受到商品主图、商品价格、历史订单量、评价等因素的影响。为了提升商品点击率，优化商品主图设计成为非常重要的工作。

工作子任务三　完成商品主图设计

【任务背景】

某速卖通店铺在商品上架后一直没有很好的流量，在对比同行的商品主图后，运营人员发现自身商品主图有较大的改善空间。所以，运营人员计划让美工设计一套新的主图模板，来替换原有的商品主图。请你帮助运营人员完成商品主图模板的设计。

【任务操作】

速卖通商品主图可以上传 6 张图片。其中第一张叫封面图，商品展示是直接展示封面图。图片展示顺序依次为商品正面图、商品背面图、商品实拍图、商品侧面图、商品细节图 1、商品细节图 2，如图 2-11 所示。

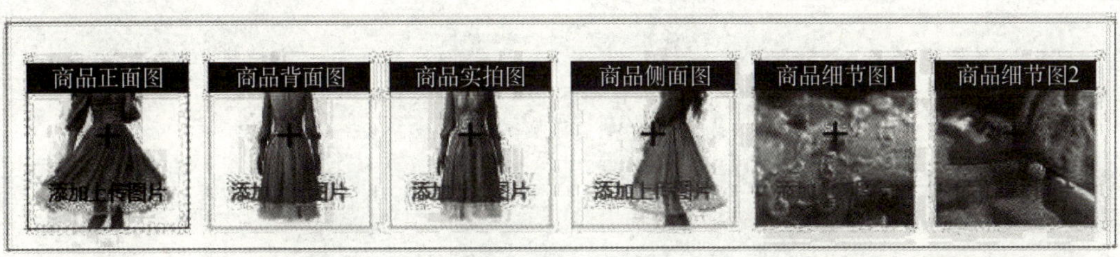

图 2-11　速卖通商品图片展示顺序

步骤 1：设计第一张主图。

第一张主图奠定了商品主图的基调，所以第一张主图尤为重要。在设计第一张主图时，需要先确定图片的背景色及图片尺寸，一般以白底或者浅色底为主，同组图片背景色保持一致。图片横向和纵向的比例为 1∶1 或 3∶4。大多数商品的第一张主图采取对角和对称形式摆放商品，以更全面地展示商品。同时，第一张主图像素一定要高，因为图片的光泽度和像素会影响商品的质感，有质感且精准传达商品有效信息的图片能够最有效地吸引消费者的注意力，提升商品点击率，并促进转化率的提升。第一张主图如图 2-12 所示。

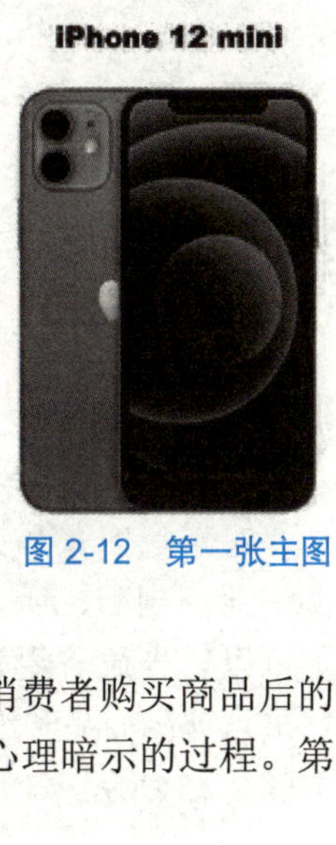

图 2-12　第一张主图

步骤 2：设计第二张主图。

第二张主图可以使用实物场景图或使用场景图，这部分要突出营造消费者购买商品后的想象空间，对于消费者进入商品的想象情景非常有效，这就是一个消费心理暗示的过程。第二张主图如图 2-13 所示。

图 2-13　第二张主图

步骤 3：设计第三张主图。

消费者看到第三张主图时，通常思路逐步趋向理性，建议在第三张主图中展示商品的不同角度，尤其是能够突出商品特征的角度。第三张主图可以使用白底图，也可以使用场景图，但一定要偏向于近景特写，而不是和第二张主图一样突出场景。商品主体部分要占到图片的 70%以上。第三张主图如图 2-14 所示。

图 2-14　第三张主图

步骤 4：设计第四张和第五张主图。

对于第四张和第五张主图，建议重点突出商品的一些卖点、细节和特征，加强消费者购买前的判断，所以一般放一些功能拆解或者描述商品细节的图片。同时，在这两张主图上可以适当放一些英文描述，补充说明商品卖点，效果会更好。例如，对于服装类商品，可以重点展示商品和细节；对于功能性商品，可以重点挖掘商品的功能。第四张和第五张主图如图 2-15 所示。

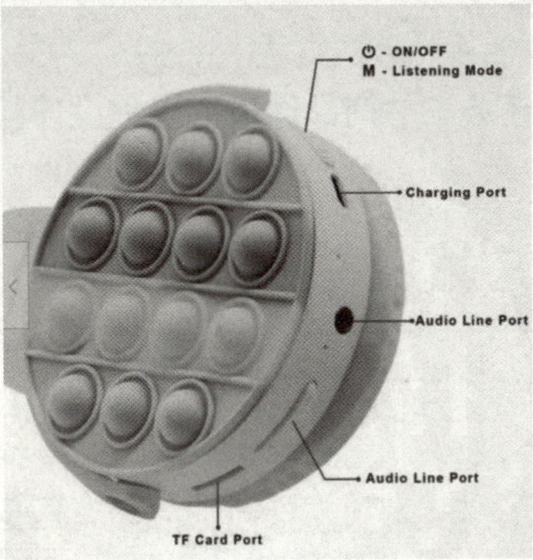

图 2-15　第四张和第五张主图

步骤 5：设计第六张主图。

对于第六张主图，建议以细节图、实拍图为主，以满足消费者想更真切地了解商品的需求。例如，对于服饰鞋包，可以上传细节做工图；对于家居生活用品，可以上传做工细节图和卖点细节图。第六张主图如图 2-16 所示。

图 2-16　第六张主图

【任务思考】

速卖通平台的商品主图可以上传 6 张图片，其中第一张叫封面图，商品展示一般是直接展示封面图。按照速卖通官方介绍，6 张图片的顺序依次为商品正面图、商品背面图、商品实拍图、商品侧面图、商品细节图 1、商品细节图 2。实际上，在进行商品主图设计时，不同类目的商品不一定完全符合这个顺序和要求，商家要根据自身商品的实际情况完成 6 张商品主图的设计。

1. 请你完成一个速卖通商品主图的设计方案。
2. 商品主图的展示顺序与内容应该如何选择？

工作任务二　商品详情页视觉设计与制作

【任务目标】

1. 掌握商品详情描述包含的内容，学会正确编辑商品详情描述。
2. 能够根据店铺运营需要，设计制作商品详情页。
3. 掌握商品详情页的一般格式，了解商品详情描述优化方法。

【任务导图】

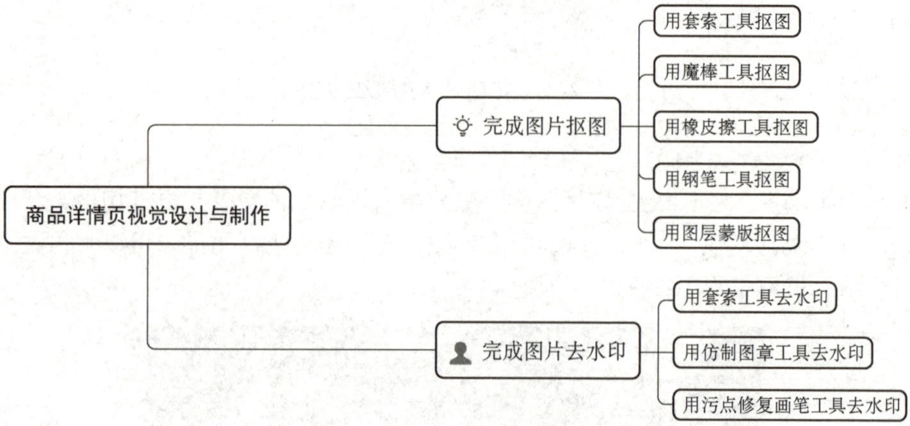

【知识回顾】

1. 商品详情描述一般包含商品参数信息、尺码对照表、商品图片、物流方式、付款方式、商品使用须知、服务说明及好评如潮图等内容，既能让消费者清楚地了解商品的相关信息，又能降低客服询盘的压力。

2. 商品详情描述包含的信息越多，越要注意整体效果；只有保证画面简洁、清晰、全面，消费者才有继续看下去的意愿。

3. 商品详情页可以分为广告区（关联营销、促销信息模块）、商品主图区（商品正面图、商品侧面图、商品细节图等）、与商品相关的图片区（如真假对比图、突出特点图、包装图及好评如潮图）、与商品不太相关的图片区（测量示意图、护理讲解图等），最后是与商品完全无关的图（物流图、付款示意图等）。

工作子任务一　完成图片抠图

【任务背景】

在图片后期处理中，抠图是最常见的设计手法。所谓抠图，是将图片中的某个要素沿着边缘进行剪裁，将其从图片中“抠”出来，得到背景透明的图片。抠图可以让图片中的主体更加鲜明，变得醒目突出。将经过抠图处理的图片与常规图片组合在一起，可以形成参差不齐的图片结构，打造富有趣味的独特版式效果。抠图在电商设计中运用非常广泛，如商品主图、商品详情页、横幅广告、店铺首页等的设计。例如，在电商横幅广告中，商品经常以堆品的形式出现，将经过抠图处理的商品图片组合在一起，可以让画面显得更加干净简约，整体性更强。横幅广告如图 2-17 所示。

图 2-17　横幅广告

单纯展示商品的抠图图片可能显得比较单调，可以给图片添加阴影，放在纯色的立体空间中，这样可以让画面更富有品质感和真实感。如图 2-18 所示，将经过抠图处理的键盘图片与商品主要功能及卖点相结合，就形成一张优秀的商品主图。

图 2-18　电商商品主图

【任务分析】

Photoshop 是 Adobe 公司旗下最出名的图像处理软件之一，可跨平台操作使用。Photoshop 主要用于图像处理，而不是图形创作。图像处理是对已有的位图图像进行编辑加工处理及添加一些特殊效果，其重点在于对图像的加工处理；而图形创作则是按照自己的构思进行创意设计。在跨境电商运营过程中，Photoshop 也是必不可少的网页图像处理软件。

【任务操作】

操作 1：用套索工具抠图。

Photoshop 软件中的套索工具有三种，分别是（一般）套索工具、多边形套索工具和磁性套索工具，如图 2-19 所示。运用这些套索工具可以快捷做出所需的不规则或多边形选区，方便选取及抠取图片中的实物。

图 2-19　套索工具

（1）用套索工具选取图形。套索工具可以沿着所需图形边缘选取图形，如图 2-20 所示。

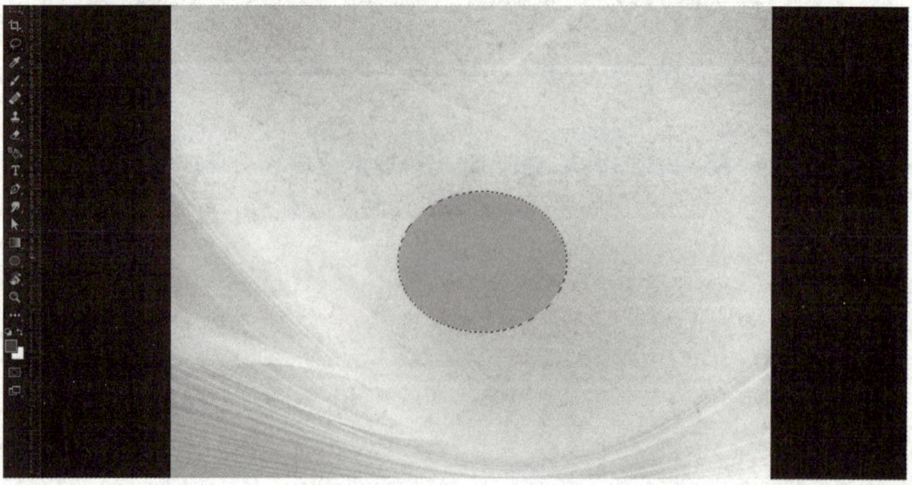

图 2-20　选取所需图形

（2）用多边形套索工具和磁性套索工具选取图形。使用多边形套索工具，每单击一下鼠标左键，就会确定一个顶点，然后将所需图形选中框起来，如图 2-21 所示。

磁性套索工具是将工具放到所需的图形边上工具就会自动进行选取。

图 2-21　框选图形

（3）完成抠图。当虚线框围绕要抠出来的物体完整地闭合时，单击回车键即可将选中的图像抠出来单独显示。

需要明确的是，使用套索工具抠图是用鼠标直接圈出对应目标的轮廓，操作难度大，实用性不强，所以多用于做选区。多边形套索工具适用于直线轮廓（多边形轮廓），含曲线的轮廓不能使用多边形套索工具。磁性套索工具适用于边缘轮廓较为清晰的目标。在抠图时，需要根据自身需求选取合适的工具。

操作 2：用魔棒工具抠图。

魔棒工具简单好用，用鼠标一点就能选中背景，然后删除即可。魔棒工具和快速选择工具是一组工具，快捷键为“W”，也可以通过鼠标直接选择，如图 2-22 所示。使用快速选择工具时，将其对准图片中想要的部分或者不想要的部分就行；可以使用键盘上的“[”或“]”来调节画笔大小；同时按住“Alt”键，则是将选中部分从选区中减去；同时按住“Shift”键，则是将选中部分添加到选区。魔棒工具也支持删除和增加选区。

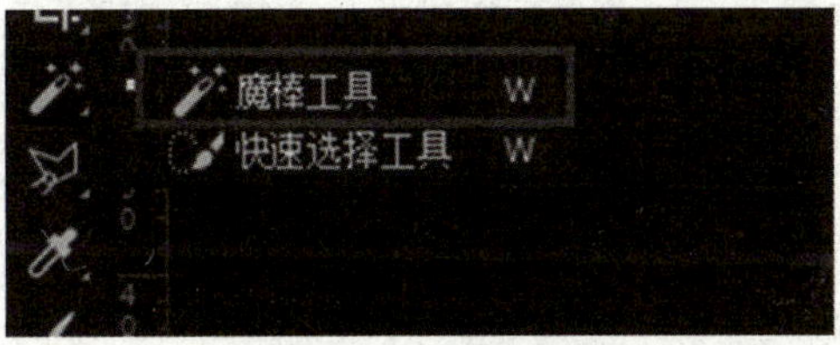

图 2-22　魔棒工具

魔棒工具最重要的属性是“容差”，容差就是颜色差异点数，所以主要用于设置选取的

2

颜色范围，其值为0～255。值越小，选取的颜色越接近；值越大，选取的颜色范围越大，如图2-23所示。一般魔棒工具默认容差值是32，如果魔棒点到白色区域的时候，周围有容差值小于32的颜色，就会被一起选上。

图2-23　魔棒工具容差值

操作3：用橡皮擦工具抠图。

橡皮擦工具有（基本）橡皮擦工具、背景橡皮擦工具和魔术橡皮擦工具三种，快捷键是字母键“E”，如图2-24所示。橡皮擦主要用于擦除图形图像。当然，橡皮擦工具用起来方便，缺点也很明显，很难做到精细化抠图，边缘处理比较粗糙，而且会破坏原图。不过，将橡皮擦工具与图层蒙版结合起来使用，可以有效提升抠图效果。

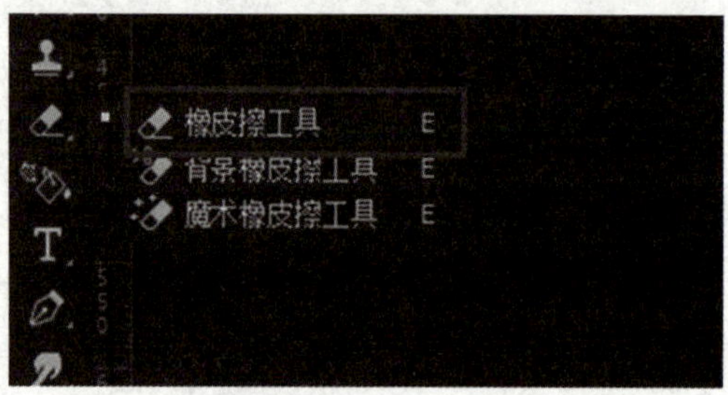

图2-24　橡皮擦工具

使用“Shift+E”组合键切换至“背景橡皮擦工具”，或者用鼠标直接选择工具栏中的“背景橡皮擦工具”，如图2-25所示。背景橡皮擦工具可以直接擦掉背景色，使图像的背景变成透明。

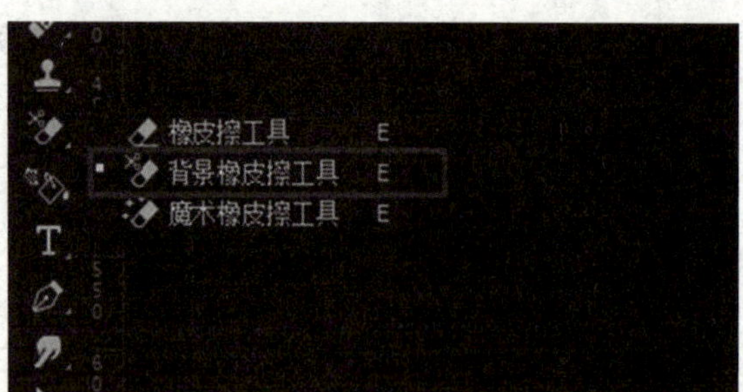

图2-25　背景橡皮擦工具

操作4：用钢笔工具抠图。

钢笔工具（快捷键“P”）经常被用于制作曲线和路径，具有可编辑性质，也常常用于勾选一些复杂的图形。用鼠标右键单击钢笔工具可以显示出钢笔工具包含的5个工具，使用这些工具可以完成路径的前期绘制工作，如图2-26所示。移动或者调节钢笔绘制的路径，可以使用钢笔工具，也可以使用路径选择工具或直接选择工具（快捷键“A”），用这两个工具结合前面讲的钢笔工具中的部分工具可以对绘制后的路径曲线进行编辑，完成路径曲线的后期调节工作。用钢笔工具抠图精度高，但操作难度高于其他工具，需要通过大量的练习来掌握。

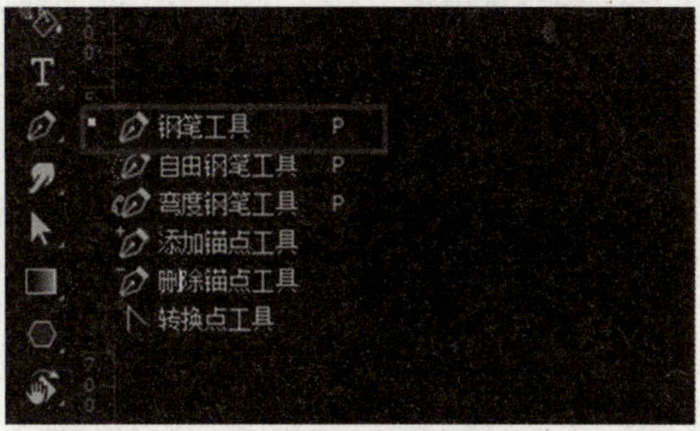

图 2-26　钢笔工具

（1）在菜单栏左侧“文件”下方的钢笔图标的右侧选择“路径”选项，如图 2-27 所示。

图 2-27　钢笔工具“路径”选择

（2）如同用磁性套索工具一样，用钢笔尖沿着主体边缘点击，选择边缘路线，遇到有弧面的地方，点击节点并按住滑动，就可以选出弧形，如图 2-28 所示。

（3）当所有地方全部选中并首尾连接时，还不会出现选取虚线，这时按住“Ctrl+Enter”组合键，就可以将选中区域载入选区，然后使用同样的方法，用“Ctrl+J”组合键复制出新图层，这样就可以抠出想要的图形，如图 2-29 所示。

图 2-28　用钢笔工具选择图形

图 2-29　抠出图形

抠图时将图片尽量放大，这样比较容易选取图形。如果抠出来的图片边缘不是很齐，就可以进行修理，调小橡皮擦工具的不透明度和流量。

操作 5：用图层蒙版抠图。

图层蒙版属于一种特殊的选区，一般使用黑色、白色来区分选区范围，如图 2-30 所示。用图层蒙版抠图最大的好处是可以尽可能地保留半透明的部分，过渡比通道细腻得多。这是因为在使用通道生成黑灰白的同时，已经损失了部分像素，而图层蒙版的黑灰白是直接覆盖图像。

2

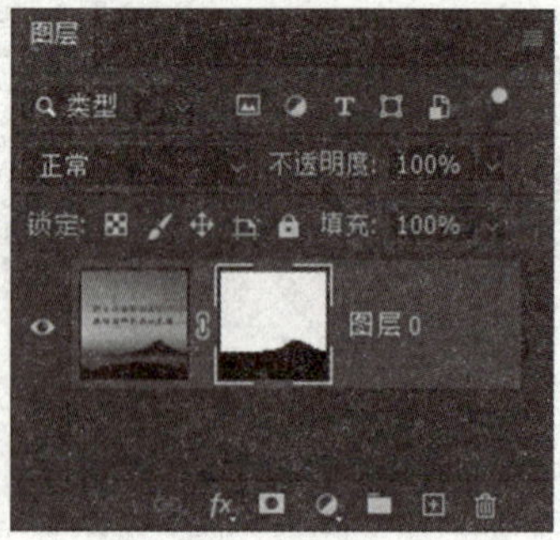

图 2-30　图层蒙版

（1）将图片导入 Photoshop，图层默认为锁定，双击鼠标左键，将图层解锁，如图 2-31 所示。

图 2-31　插入图片

（2）按“Ctrl+A”组合键，将图层全选，按“Ctrl+C”组合键复制图层，然后添加图层蒙版，如图 2-32 所示。

图 2-32　添加图层蒙版

（3）按住“Alt”键，用鼠标左键单击白色蒙版，进入图层蒙版编辑状态，如图 2-33 所示。

图 2-33　编辑图层蒙版

（4）按“Ctrl+V”组合键，把刚才复制的图层粘贴到图层蒙版中。现在可以看到图层蒙版中有了一个和原图层一样的图层，如图 2-34 所示。

图 2-34　将复制的图层粘贴到图层蒙版中

（5）现在处于图层蒙版编辑状态，可以另外使用钢笔工具抠出冰块外形，如图 2-35 所示。然后将路径转化为选区，反选，填充黑色（注意，填充是在蒙版中进行的，而不是在图层中）。

图 2-35　编辑蒙版

（6）用鼠标左键单击图层，可以看到图片已经被抠出来了，如图 2-36 所示。

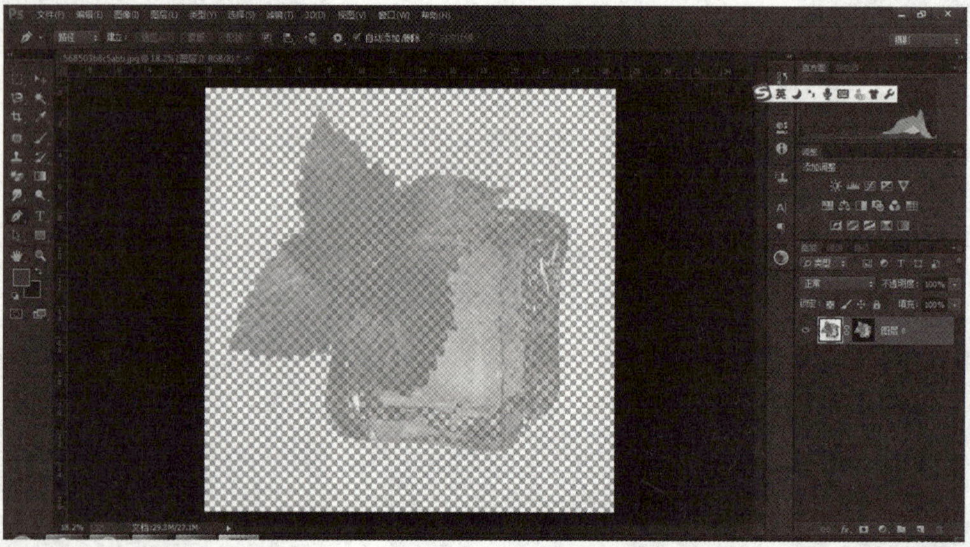

图 2-36　抠图效果

在所有抠图工具中，多边形套索工具和磁性套索工具不适用于有曲线边缘的抠图。另外，魔棒工具（快速选择工具）和橡皮擦工具（背景橡皮擦工具和魔术橡皮擦工具）在目标边缘与背景有比较明显对比时处理效果比较好，而且橡皮擦工具是直接擦掉一部分，有时会直接擦掉目标。所以，在所有的抠图工具中，钢笔工具的实用性最高。

另外，在抠图时最好使用图层蒙版，在图层蒙版内进行操作，可以留下修改的空间，以便后期对边缘处理不好的地方进行处理。

【任务思考】

抠图是在商品图片设计与处理过程中的必要手段之一，能够帮助商家提高商品图片的质量。

1. 选一张图片，分别用 3 种以上的方法完成抠图处理。
2. 试比较 5 种常用抠图方法的优点和缺点。

工作子任务二　完成图片去水印

【任务背景】

速卖通对于商品图片要求统一规范，图片无边框和水印。商家不得盗用别人的图片或者有任何图片侵权行为，如果违反就会受到处罚。速卖通规定盗用水印图是一种图片侵权行为，在商家个人中心有投诉入口。盗用水印图与盗用商家原创图片的处罚力度相同，扣分规则一致。速卖通某店铺主图有水印，现在需要将图片中的水印去除，请你帮助运营人员用不同的方法去除图片水印。

【任务分析】

在 Photoshop 中可以使用套索、仿制图章和污点修复画笔工具去除水印，以下是去除水印的具体操作步骤。

【任务操作】

操作 1：用套索工具去水印。

（1）打开水印图片。在菜单栏“文件”的下拉菜单中用鼠标左键单击“打开”，选择有水印的图片，如图 2-37 所示。

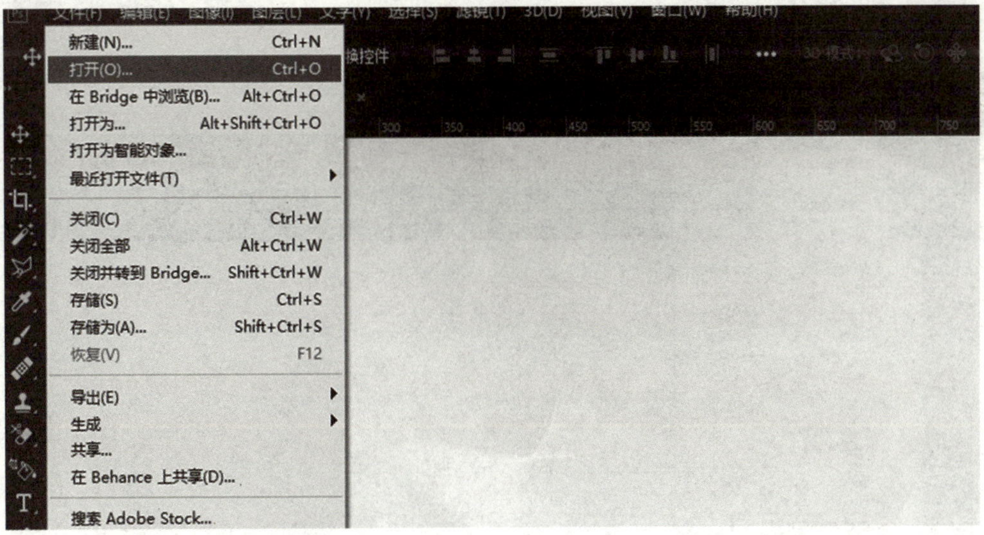

图 2-37　打开有水印的图片

（2）打开套索工具。在左侧的工具栏中选择套索工具，如图 2-38 所示。

（3）套选识别区域。使用套索工具，按住鼠标左键将图片中的水印框选起来，如图 2-39 所示。

（4）选择内容识别。在菜单栏“编辑”的下拉菜单中选择“内容识别填充”，在预览界面中即可看到水印消失，如图 2-40、图 2-41 所示。

图 2-38　套索工具

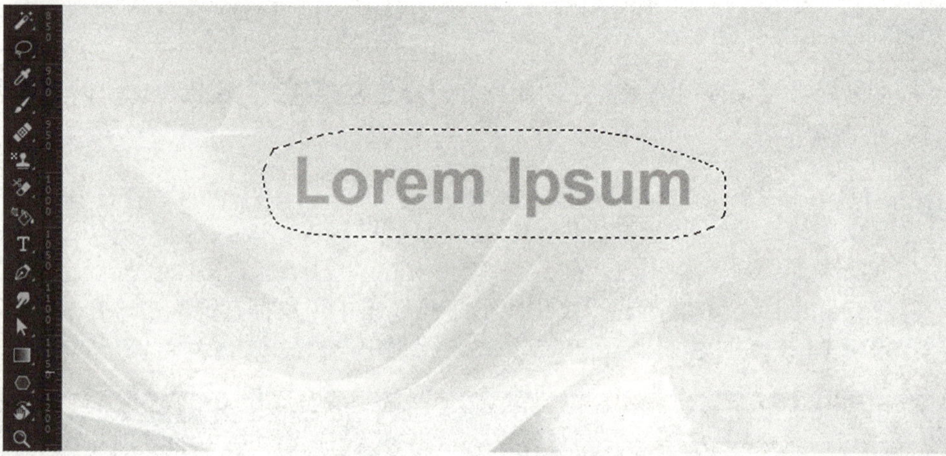

图 2-39　套选识别区域

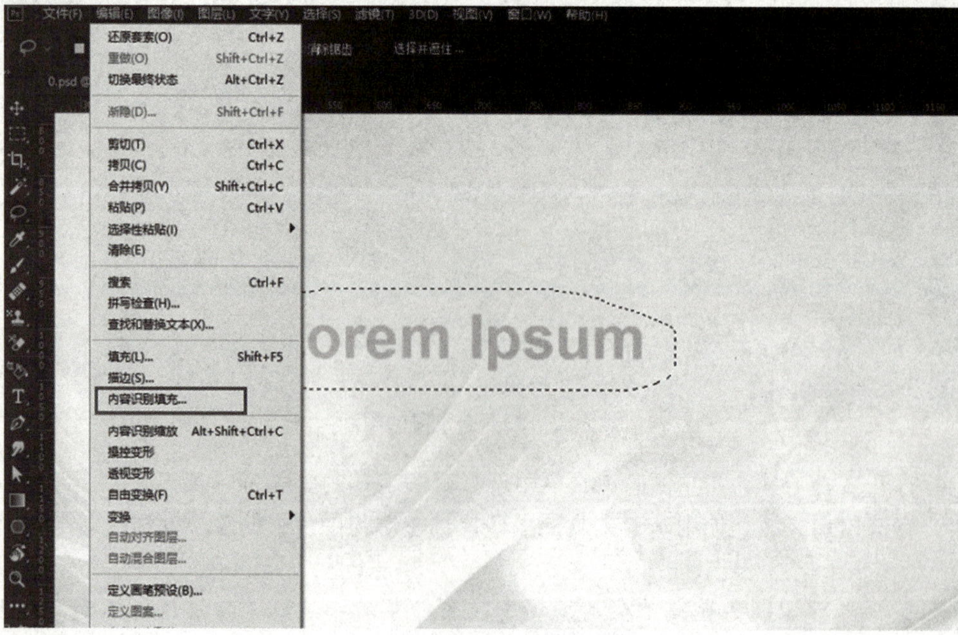

图 2-40　选择“内容识别填充”

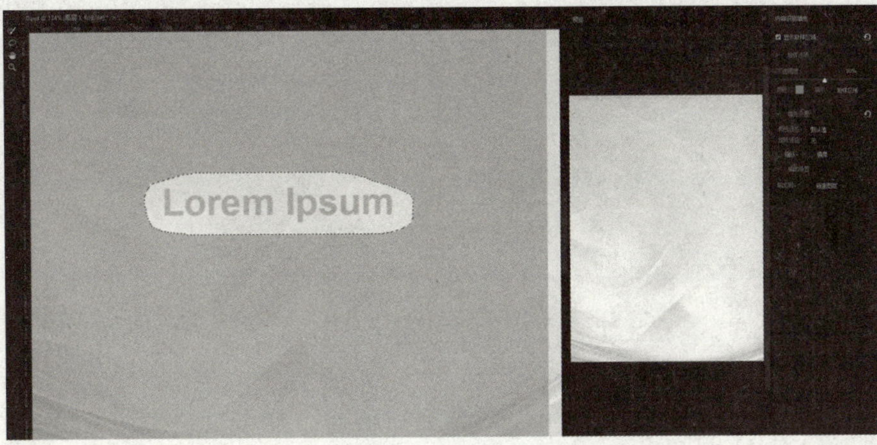

图 2-41　清除水印

操作 2：用仿制图章工具去水印。

（1）选择仿制图章工具。在左侧工具栏中选择“仿制图章工具”，如图 2-42 所示。

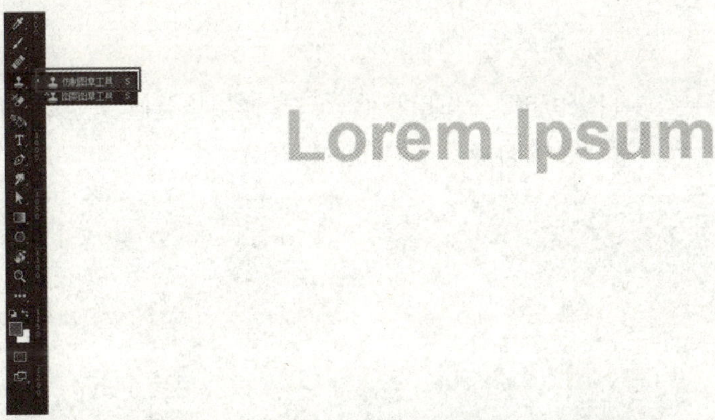

图 2-42　选择仿制图章工具

（2）选择仿制区域。按住“Alt”键，在没有水印的地方用仿制图章工具单击一下，如图 2-43 所示。

图 2-43　选择仿制区域

（3）选择擦除水印。按住鼠标左键，在有水印的地方用仿制图章工具连续擦除，软件会用仿制区域的背景替换擦除的区域，从而去除水印，如图 2-44 所示。

图 2-44 擦除水印

修复画笔工具与仿制图章工具操作相同，作用相似，只是使用修复画笔工具会使修复边缘有一定程度的融合，适用于对复杂区域的修复，如图 2-45 所示。

图 2-45 修复画笔工具

操作 3：用污点修复画笔工具去水印。

（1）在工具栏中选择污点修复画笔工具，如图 2-46 所示。

（2）按住鼠标左键，用污点修复画笔工具在有水印的地方连续涂抹，软件会自动将水印逐步删除，如图 2-47 所示。

图 2-46　选择污点修复画笔工具

图 2-47　逐步删除水印

【任务思考】

水印可能破坏图片的整体感觉，影响图片的观感，降低图片的美观度，当然也会影响图片的使用效果。所以，为了保证图片的美观及使用效果，就需要对一些图片进行必要的去水印操作。

1. 请选一张带水印的图片，用合适的方法去掉图片中的水印。
2. 试比较 3 种常用去水印方法的优点和缺点。

工作任务三　店铺装修

【任务目标】

1. 可以结合店铺特点装修店铺。
2. 通过店铺装修，学会对自身商品及品牌进行适当的形象展示。

【任务导图】

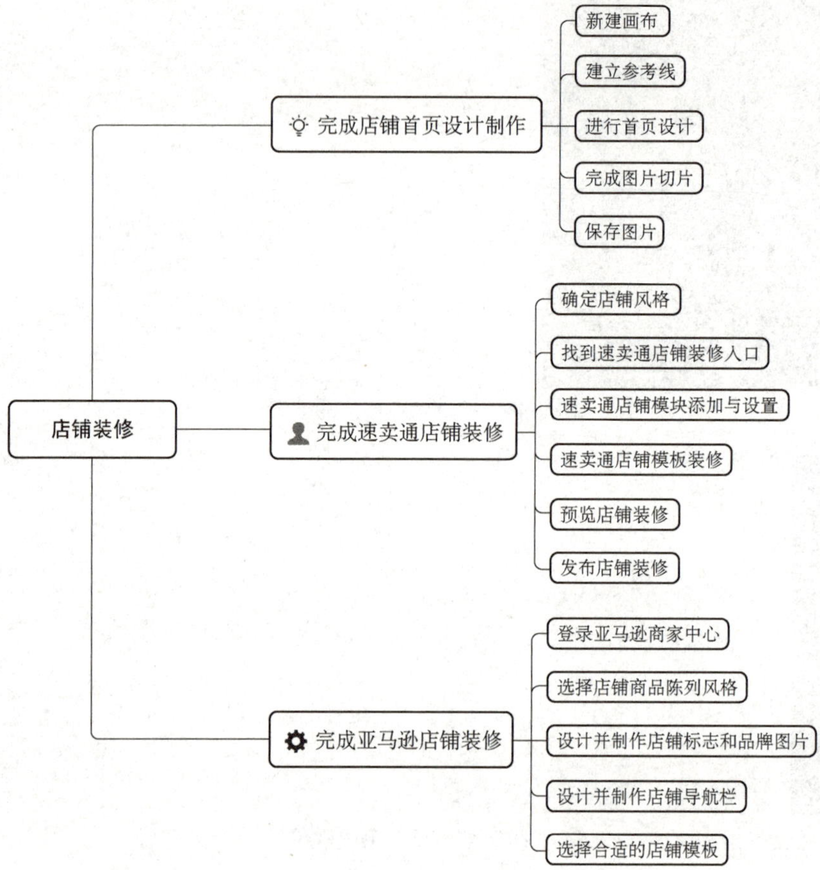

【知识回顾】

店铺是商品进行展示、引导并扩充消费者消费场景的场所。商家可通过对店铺装修的调整，给予进店消费者不同的观感及购物引导。消费者可在搜索页、商品详情页通过点击链接进入店铺。商家设置的模块都会向消费者展示。店铺装修的目标及实现方式如表 2-1 所示。

表 2-1　店铺装修的目标及实现方式

目标	可用模块	验证指标
为了“买”	1. 促进特殊单品销量及转化。例如，新品首发、爆品促销。 2. 促进店内普通商品的购买转化，提高店内商品曝光率。例如，优化店铺用户的找品路径	1. 店铺内引导单品浏览的转化率（店铺内总访客中被引导浏览商品页的访客数÷店铺内总访客数） 2. 店铺引导成交的转化率（店铺内总访客中成交的访客数÷店铺内总访客数）
为了“多买”	合理的营销活动装修，可以提高进店消费者的客单价。 1. 搭配购买。例如，满件折、满减、满包邮。 2. 场景购买。例如，8 年雪佛兰配件 LIST	1. 店铺客户成交的客单价（店铺内访客的成交总金额÷店铺内总访客数） 2. 店铺客户购买的商品数（店铺内人均购买商品数）
为了“店铺忠诚的消费者”	1. 提高消费者对店铺的认可度，促进粉丝数量增长。 2. 展现店铺品牌实力，促进粉丝购买转化。 3. 获得粉丝对店铺的认可，促进粉丝回访。 4. 获得粉丝对品牌的认同，促进粉丝主动拉人	1. 粉丝人数。 2. 粉丝成交人数。 3. 其他特殊追踪

工作子任务一　完成店铺首页设计制作

【任务背景】

让自己的店铺在万千同类店铺中抓住人的眼球，就需要用心构思，对自己的店铺样式有一个大体的构架。商品应该怎么放，颜色具体选哪种才符合商品特性、商品页面布局如何、主打商品怎么放等都是需要商家精心设计的。速卖通某店铺为了提升店铺吸引力，准备进行首页装修，请你帮助运营人员和美工完成这项工作。

【任务分析】

店铺装修设计应该基于平台对店铺装修的一般要求进行，如尺寸、规格、形式及展示内容等；同时结合商品卖点及店铺实际需求完成设计，而不是只有形式没有内容的装修。

【任务操作】

步骤 1：新建画布。

在 Photoshop 中新建画布，可以命名为“首页”。制作店铺首页时，画布尺寸一般设置为 1920 像素×5000 像素，分辨率为 72PPI，颜色模式选择 RGB，背景内容一般为白色，如图 2-48 所示。

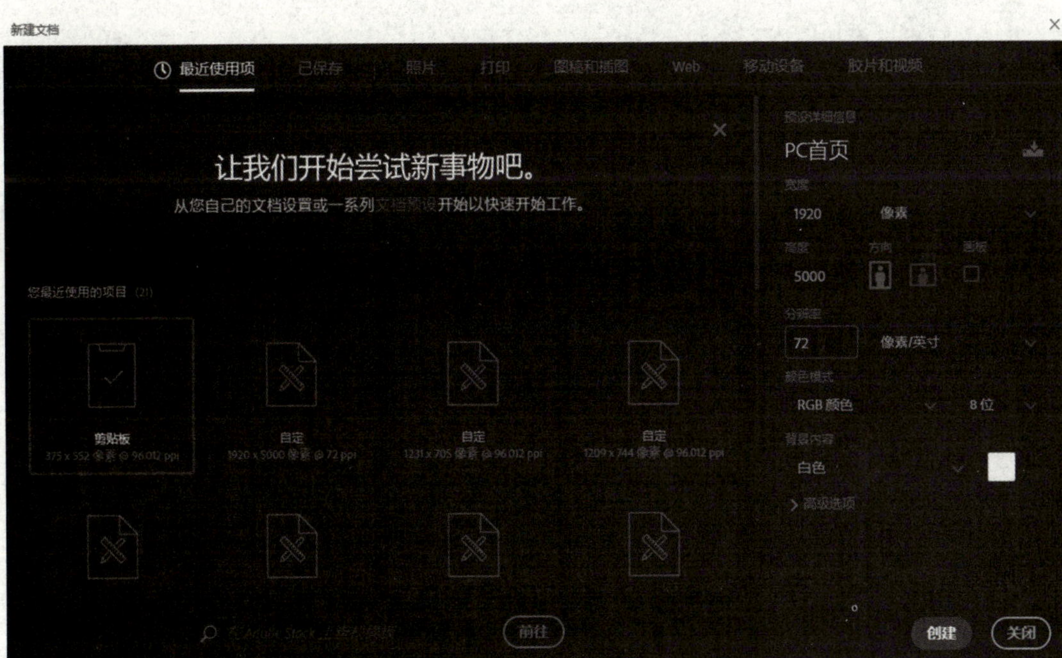

图 2-48　新建画布

步骤 2：建立参考线。

在画布中新建参考线，如图 2-49 所示。用鼠标左键单击视图，选择新建参考线。新建矩形，拉取参考线自动吸附。

2

图 2-49　新建参考线

步骤 3：进行首页设计。

按照首页内容及店铺需求对首页进行设计。首页一般有图文类、营销类和商品类三种模块，每种模块可以添加的内容不同，店铺可以根据自身实际需求进行设计，如图 2-50 所示。

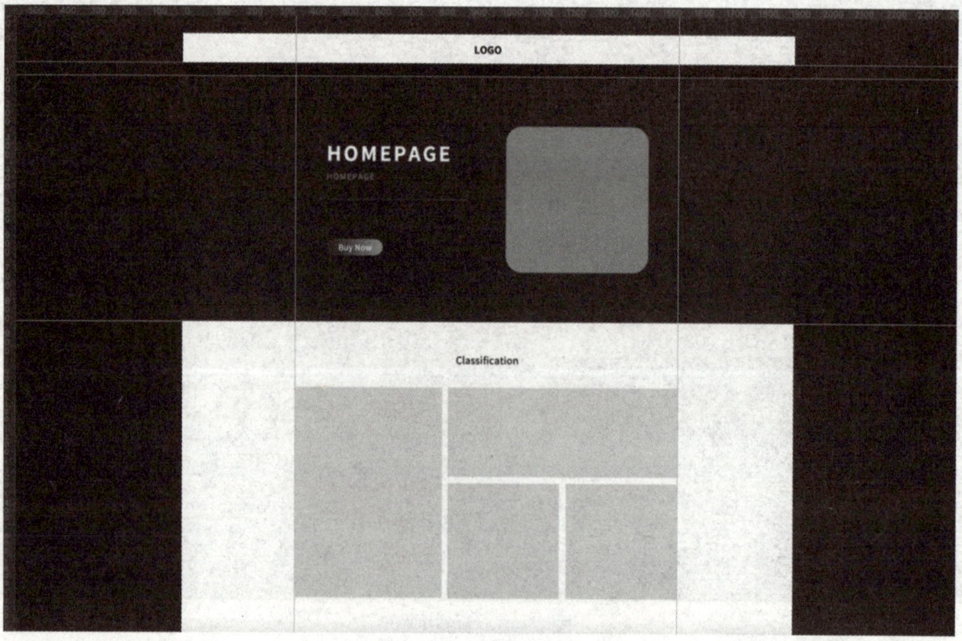

图 2-50　首页设计

步骤 4：完成图片切片。

完成首页设计后，需要进行图片切片。在每个板块的分界处拉取水平参考线，并去掉垂直参考线，之后使用切片工具，选择“基于参考线切片”，如图 2-51 所示。

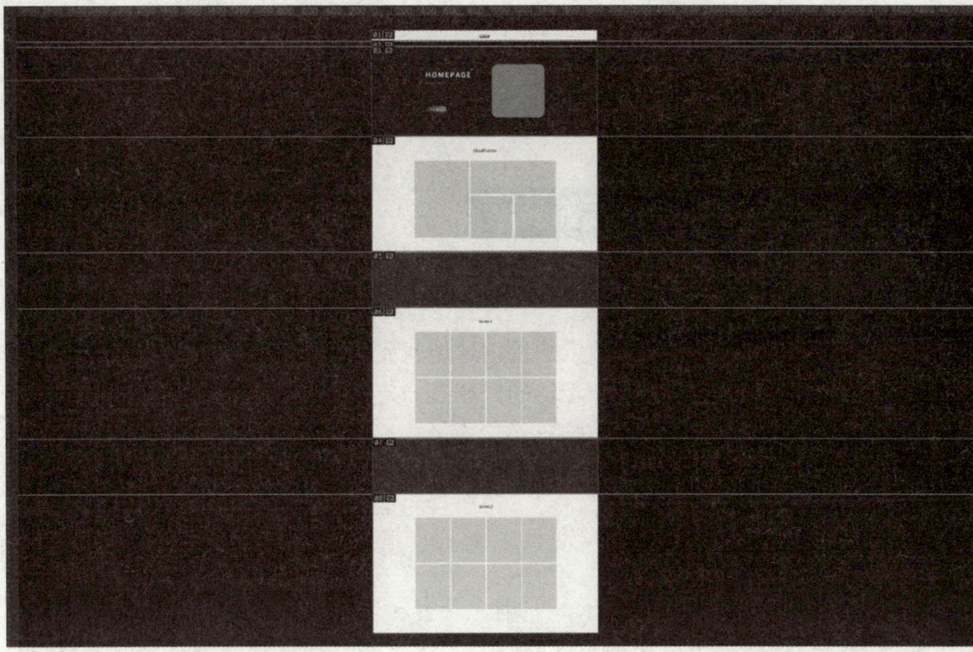

图 2-51　图片切片

步骤 5：保存图片。

完成图片切片后，选择“文件—导出—存储为 Web 所用格式（旧版）”（快捷键为“Ctrl+Alt+Shift+S”），在弹出的对话框中选择“JPEG”，品质选择 60～100，如图 2-52 所示。在新弹出的面板中选择存储路径，格式选择“仅限图像”，其他选项默认即可。完成之后，在存储位置自动生成一个名为“images”的文件夹，里面是已经切好的图片。之后就可以在店铺装修页面上传相应的图片，完成店铺装修。

图 2-52　保存图片

【任务思考】

1. 店铺首页设计中有哪些内容是必须体现的？
2. 店铺首页设计中不同模块的先后顺序如何？

工作子任务二　完成速卖通店铺装修

【任务背景】

消费者进入网站浏览界面，大多数人想要快速地找到符合自身需求的商品，而商家如何快速抓住消费者的心理需求是关键。店铺设计的好坏在一定程度上影响销售业绩，所以装修店铺对商家而言是非常重要的。速卖通某店铺已经完成了首页设计，现在需要将设计好的首页在速卖通后台上传，请你帮助运营人员完成这项工作。

【任务分析】

店铺装修是商家进行商品宣传展示、促销、获客转化的关键途径。好比商品陈列所需的货架，更换不同的装修样式可以实现不同的商品销售策略及店铺营销策略。商家将商品上架后，只有对店铺进行装修设置，才能更好地展示商品，并协助消费者做出挑选商品、复购等行为。

【任务操作】

步骤 1：确定店铺风格。

店铺的整体风格往往给消费者留下非常重要的印象，同时也是店铺的一张名片。店铺的风格要和店铺名搭配。如果店铺有多种风格的商品，就可以选取其中占比最大的一种作为店铺的主打风格，取店铺名和装修店铺时也能快速地确定装修风格。

步骤 2：找到速卖通店铺装修入口。

首先，在速卖通后台进入“店铺装修”页面，如图 2-53 所示，开始装修店铺。

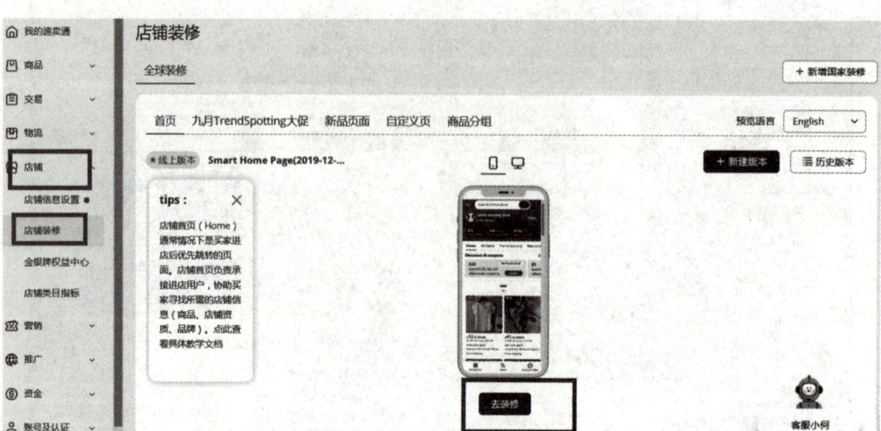

图 2-53　“店铺装修”页面

注意，装修店铺需要对移动（无线）端与 PC 端分别进行编辑，两者的初始模块是相同的，但模块增减、调整顺序、模块填充等是独立进行的，如图 2-54 所示。

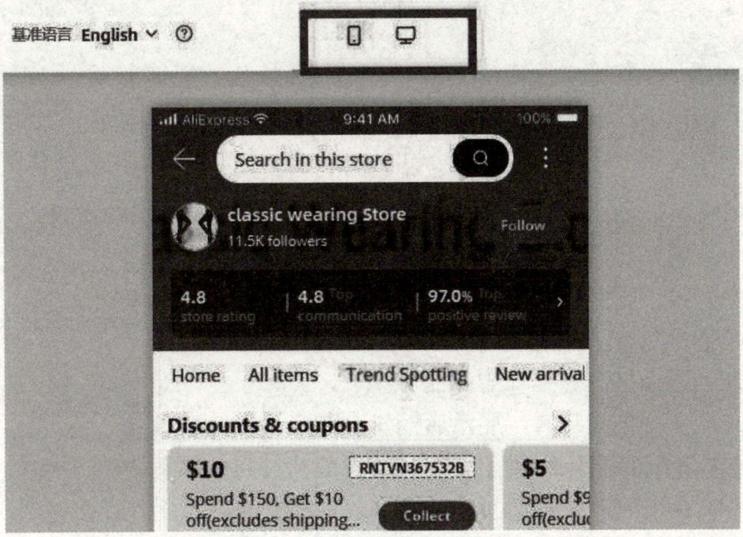

图 2-54　店铺装修移动端与 PC 端

步骤 3：速卖通店铺模块添加与设置。

长按鼠标左键，将想要的模块从左侧拖拉至右侧的视图展示区。然后，按提示进行操作，完成模块的添加，如图 2-55 所示。

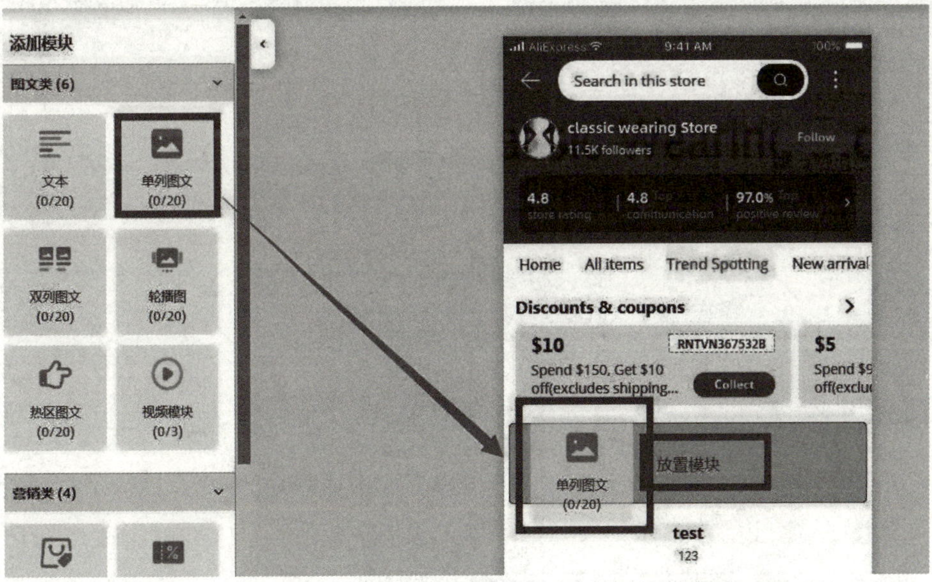

图 2-55　店铺模块添加

店铺模块分为图文类、营销类和商品类三种。下面是每个模块可添加的内容。

（1）图文类模块。

① 文本：纯文字。

② 单列图文：单列图片+文字。

③ 双列图文：双列图片+文字。

④ 轮播图：图片上传，支持URL。

⑤ 热区图文：主要支持在图片中设置超链接，用鼠标左键双击可以新增热区模块。热区模块支持任意缩放。

（2）营销类模块。

① 满件折：模块不可编辑，需提前完成营销工具的设置。

② 粉丝专项优惠券：需提前完成粉丝优惠券设置，只针对粉丝透出。

③ 粉丝专项折扣商品：需提前完成粉丝价商品设置，只针对粉丝透出。

④ 邀请活动：需提前设置老带新活动。

⑤ 店铺签到有礼：需有店铺金币或优惠券，可在店铺装修中直接操作。

（3）商品类模块。

① 商品列表：选择自己想推荐的商品。

② 排行榜：不支持自主编辑，展示店铺排名前三位的热卖商品。

③ 猜你喜欢：不支持自主编辑，系统按消费者特性自动推荐。

④ 新品：不支持编辑。推荐新发布的商品。

⑤ 智能分组：不支持编辑。

对于已经选择的模块，可以通过点击进行查看和编辑，如图2-56所示。

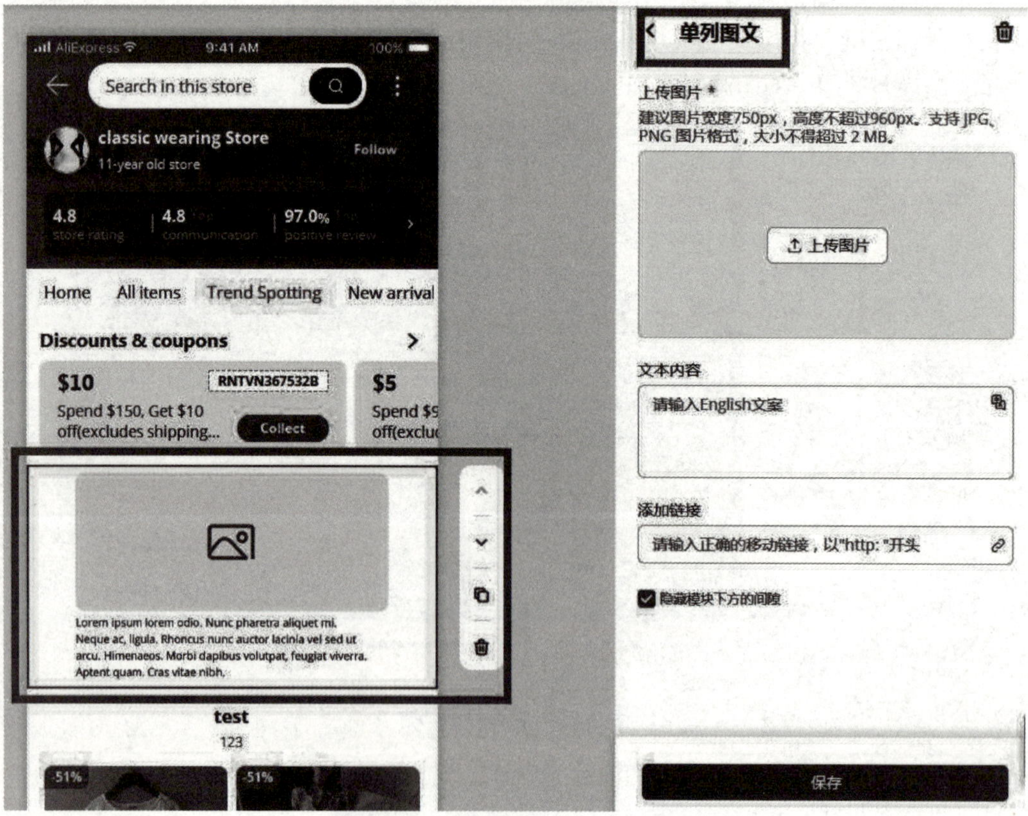

图2-56　查看和编辑店铺中的模块

步骤4：速卖通店铺模板装修。

进入店铺装修页面，选择右上角的“模板”或“更换模板”，如图2-57所示。

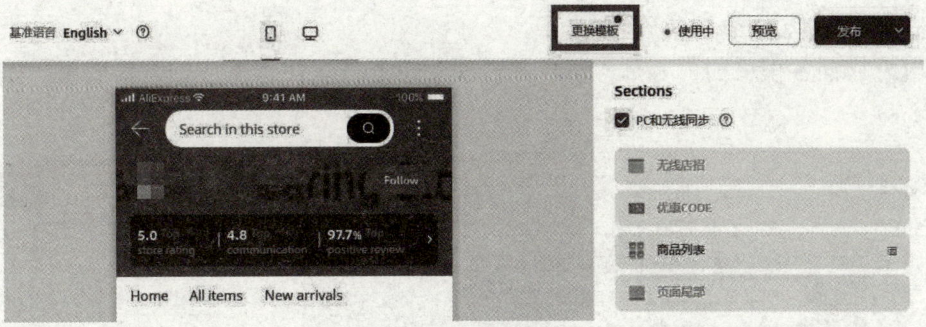

图 2-57　模板装修

可以选择基本模板，最佳选择是按照经营类目选择所需模板。基本模板如图 2-58 所示。

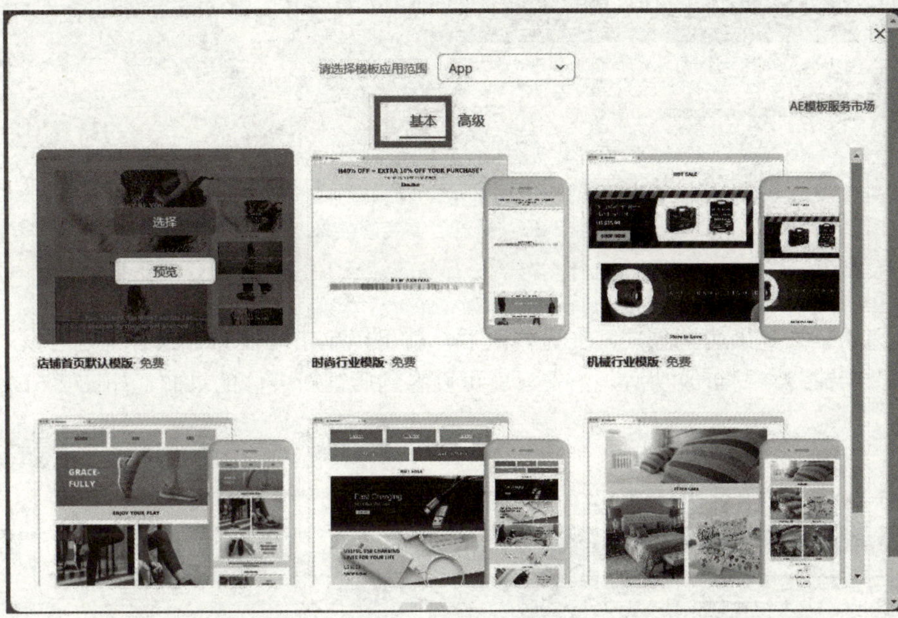

图 2-58　基本模板

可以从“AE 模板服务市场”（一般需要付费购买）选取更多的模板，如图 2-59 所示。

图 2-59　AE 模板服务市场

步骤 5：预览店铺装修效果。

设置好店铺各模块的内容后，可以单击【预览】按钮，预览店铺装修效果，如图 2-60 所示。

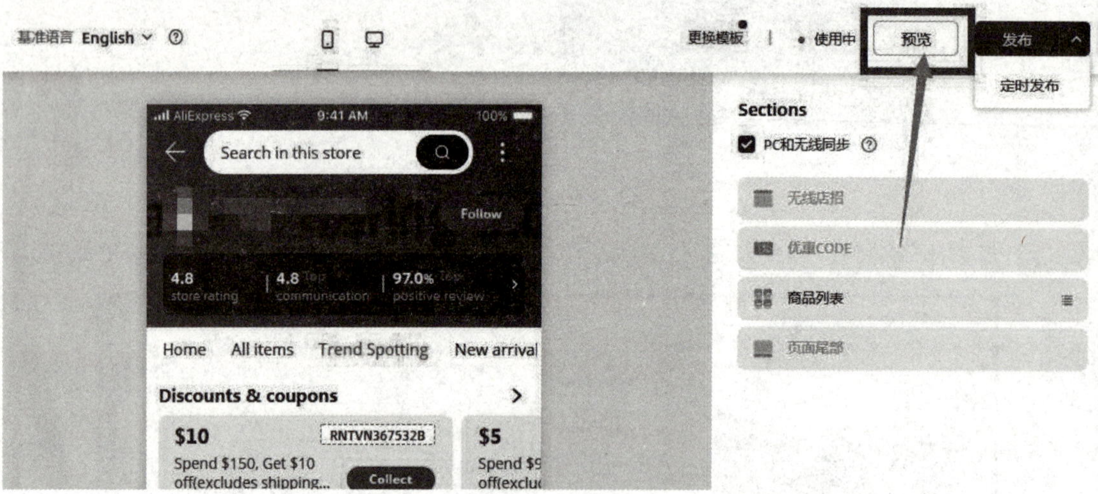

图 2-60　预览店铺装修效果

步骤 6：发布店铺装修。

确认整体装修效果达到预期，在无修改后，就可以单击【发布】或者【定时发布】按钮进行发布。店铺装修发布成功后，消费者就可以看到店铺新装修的页面，如图 2-61 所示。

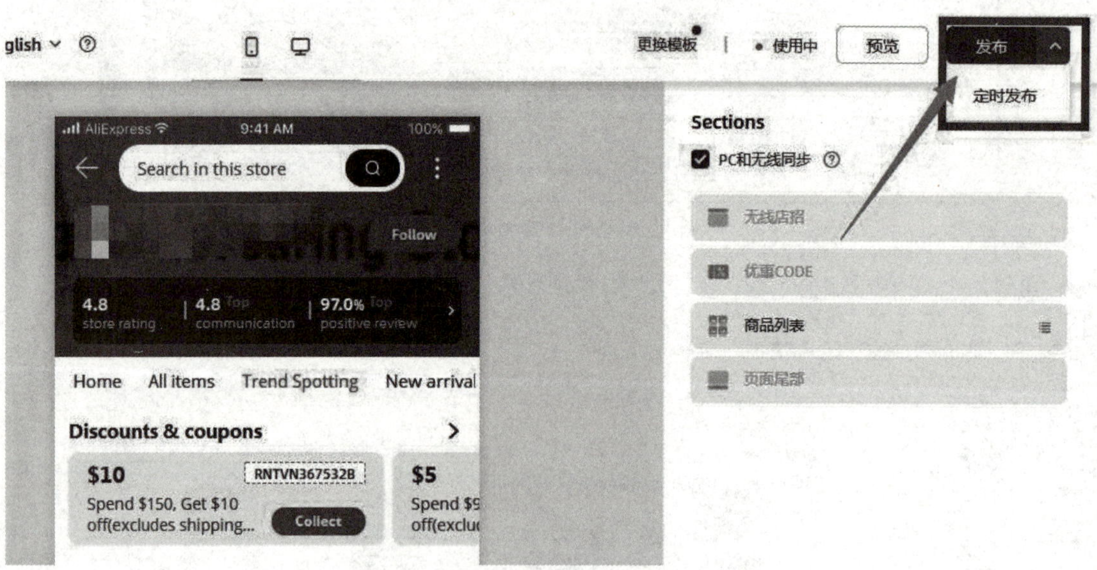

图 2-61　发布店铺装修

【任务思考】

1. 请独立完成店铺装修中的营销类模块设置。
2. 移动端店铺装修和 PC 端店铺装修是否需要保持一致？

工作子任务三　完成亚马逊店铺装修

【任务背景】

亚马逊是全球最大的电商平台，拥有庞大的用户群体和广泛的商品种类。在亚马逊这样的大平台，竞争非常激烈。通过对店铺进行装修，商家可以使店铺与其他竞争对手的店铺区分开来。一个独特而吸引人的店铺页面可以吸引更多的潜在客户，并提高店铺的曝光率。此外，通过优化店铺关键词和进行搜索引擎优化，店铺在亚马逊搜索结果中的排名也会提高，从而使更多的潜在客户能够找到店铺。

【任务分析】

在竞争激烈的电子商务市场中，一个精心设计的店铺可以使商家在众多竞争对手中脱颖而出，并获得更好的业绩。因此，对亚马逊店铺进行装修是一个明智的决策。

【任务操作】

步骤1：登录亚马逊商家中心（amazon seller central）。

为了进行店铺装修，商家需要登录亚马逊商家中心，如图2-62所示。亚马逊商家中心可以一站式管理商家的销售账户、添加商品信息、更新库存、管理付款，以及查找有用内容来帮助商家直观地浏览亚马逊业务。

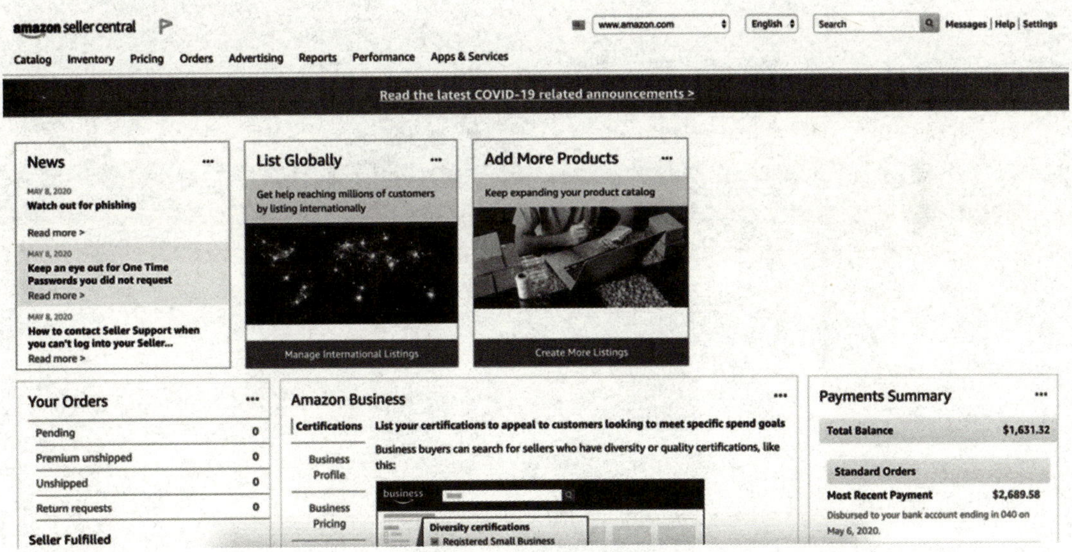

图2-62　亚马逊商家中心

步骤2：选择店铺商品陈列风格。

一般来说，亚马逊平台为商家提供标准的商品详情页模板，如图2-63所示。商家也可以借助“A+商品描述”，添加商家的品牌标识和其他装饰来改善商品详情页，如图2-64所示。

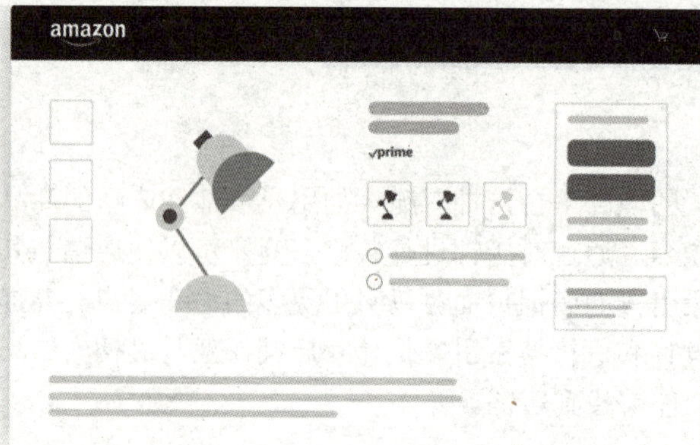

图 2-63　标准的商品详情页模板

图 2-64　A+商品描述

步骤 3：设计并制作店铺标志和品牌图片。

在店铺设置页面，商家可以上传自行设计的店铺标志和品牌图片，如图 2-65 所示。这些图片应该与商家的商品品牌形象一致，突出商品特色和独特性。在上传图片前，必须确保图片质量高、清晰度高。

图 2-65　店铺标志和品牌图片

步骤 4：设计并制作店铺导航栏。

店铺导航栏是店铺装修的一个重要组成部分，导航栏帮助消费者浏览商家的商品。在店铺设置页面，商家可以创建店铺导航栏，并为每个菜单项添加相应的商品链接。例如，“HOME HERO”商家就根据商品种类和特点，设计了一个清晰明了的店铺导航栏，如图 2-66 所示。

图 2-66　店铺导航栏

步骤 5：选择合适的店铺模板。

为了增添店铺独特的风格和专业感，亚马逊提供了多种模板供商家选择，包括简约、现代、古典等风格。商家应该选择一个与其商品和品牌形象匹配的模板，并进行相应的定制。商家可以更改颜色、字体、背景图像等，以使店铺与众不同。

【任务思考】

亚马逊店铺装修是一个重要的过程，可以帮助商家提升其品牌形象和销售业绩。通过遵循上述步骤，商家可以打造一个令人印象深刻的店铺，吸引更多的潜在客户并增加销售额。不断优化和更新店铺内容，是亚马逊店铺保持竞争力和增长的关键。亚马逊为商家提供了丰富的工具，利用这些工具就可以打造成功的亚马逊店铺。

工作领域三　商品运营管理

工作任务一　跨境电商平台选品

【任务目标】

1. 能够根据目标市场与目标消费群体的需求，挑选合适的商品布局海外市场。
2. 能够通过速卖通平台和亚马逊平台完成商品类目的选择操作。

【任务导图】

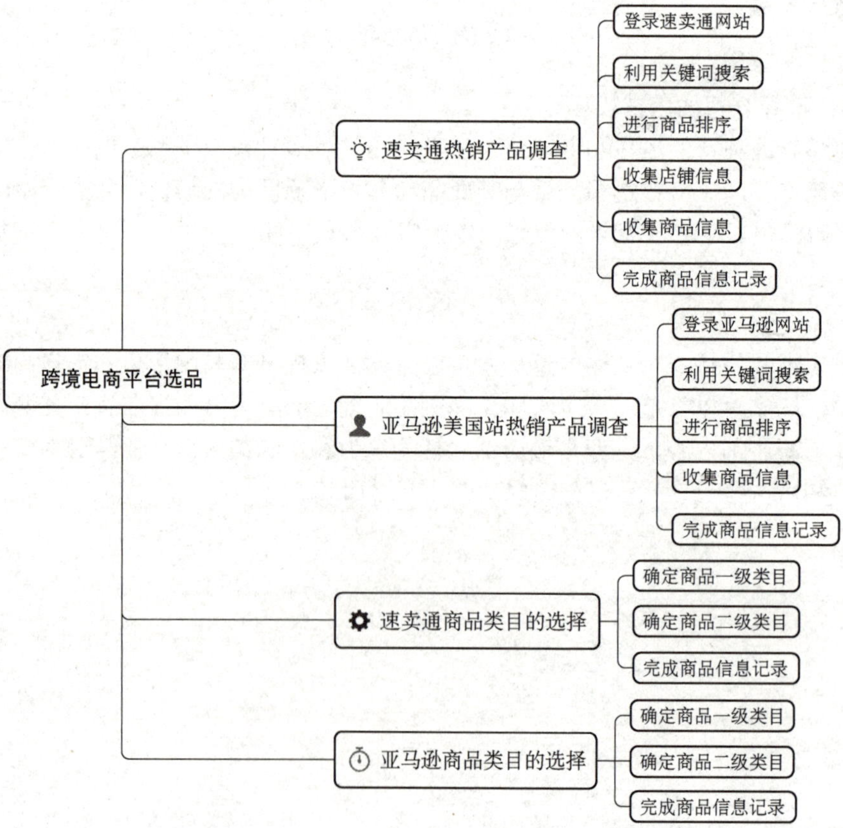

【知识回顾】

1. 商家在开启跨境电商店铺运营之前，要有正确的选品逻辑与原则，不能一味地凭借主观意识去选择，而是应遵循当地的市场原则，综合运用跨境电商选品工具，只有这样才能达到事半功倍的效果。

2. 相对于国内电商，跨境电商的选品有很大的不同。一般企业都是跨平台、多账户运营，如何挑选合适的商品成为跨境电商新手最头疼的事情，一是不知道如何选品，二是害怕选错商品或者由于不熟悉平台规则而被处罚。

工作子任务一　速卖通热销商品调查

【任务目标】

1. 能够借助速卖通平台搜集商品信息。
2. 学会比较分析不同竞争者的商品销售情况。

【任务背景】

江苏常开电子商务有限公司打算在速卖通平台销售睡衣，但不清楚目前跨境电商平台上热销的是哪些类型的睡衣。请你帮助该公司完成跨境电商平台热销商品的调查工作。

【任务分析】

在速卖通平台以“pajama”（睡衣）为关键词，搜索排名前五位的店铺，将每家店铺及其排名前五位的热销商品用表格记录并分析，通过分析得出结论——哪款睡衣最热销。

【任务操作】

步骤 1：登录全球速卖通网站。速卖通网页如图 3-1 所示。

图 3-1　速卖通网页

步骤 2：利用关键词进行搜索。在搜索框中输入关键词“pajama”进行搜索，如图 3-2 所示。

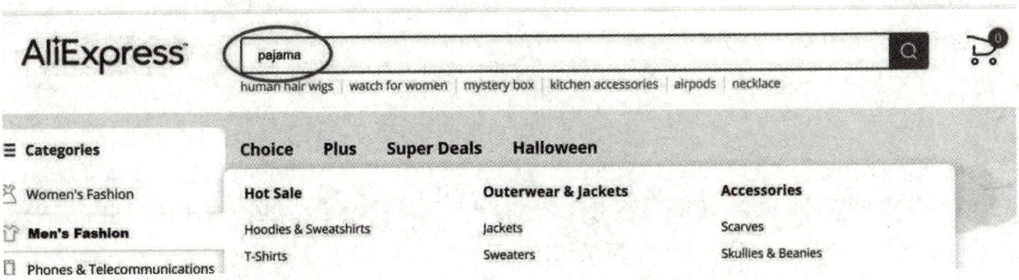

图 3-2　搜索关键词“pajama”

步骤 3：进行商品排序。如图 3-3 所示，在返回搜索结果的页面中，选择“按销量排序”（Sort by Orders），找到订单量排名前五位的商品的店铺。

图 3-3　搜索结果返回页面

步骤 4：收集店铺信息。点开其中一家店铺首页，收集该店铺的一些基础信息，如店铺名称（Name）、店铺开设时间（Open since）、店铺评分（Detailed seller ratings）等信息，如图 3-4 所示。

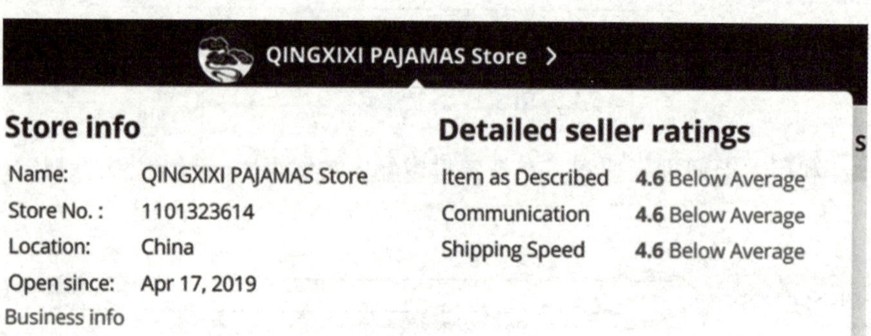

图 3-4　店铺基础信息

步骤 5：收集商品信息。如图 3-5 所示，打开热销商品详情页，浏览该商品的价格、折扣力度、商品尺寸、售后服务、物流服务等信息。

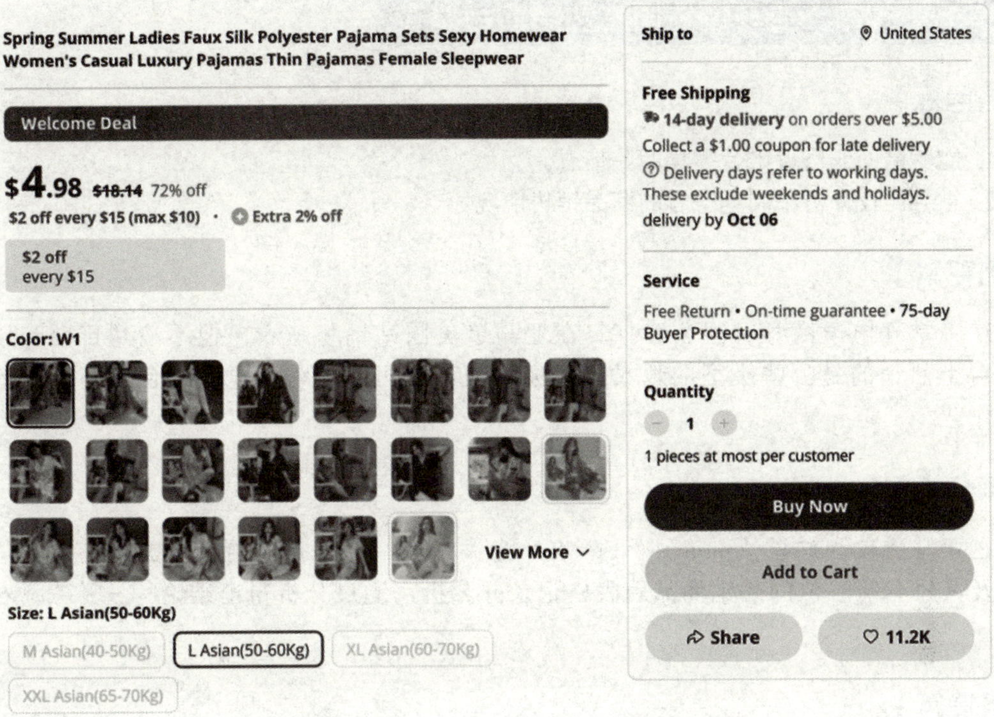

图 3-5　热销商品详情页

步骤 6：完成商品信息记录。将收集到的商品信息填入表 3-1 中。

表 3-1　商品信息记录（1）

序号	商品信息	热销商品 1	热销商品 2	热销商品 3	热销商品 4	热销商品 5
1	商品销售排名					
2	商品归属店铺名称					
3	商品售价					
4	商品折扣					
5	收藏商品页面数量					
6	物流配送天数					
7	售后服务保障					
调查结论		（根据调查结果，反馈平台热销商品情况）				

【任务思考】

在跨境电商平台上架新商品前，商家可以通过收集平台热销商品信息，了解市场上的潜在需求和趋势，还可以更好地了解竞争对手的情况。通过对竞争对手的商品和销售策略进行分析，可以更好地制定自己的销售策略，以更好地应对竞争。通过收集热销商品信息，商家也可以更好地了解商品本身的特点和优势，从而更好地调整商品设计和销售策略，提高商品的竞争力。

工作子任务二　亚马逊美国站热销商品调查

【任务目标】

1. 能够借助亚马逊平台搜集商品信息。
2. 学会比较分析不同竞争者的商品销售情况。

【任务背景】

江苏常开电子商务有限公司打算在亚马逊美国站销售睡衣，但不清楚目前跨境电商平台上热销的是哪些类型的睡衣。请你帮助该公司完成跨境电商平台热销商品的调查工作。

【任务分析】

在亚马逊美国站以“pajama”（睡衣）为关键词，搜索排名前五位的店铺，将每家店铺及其排名前五位的热销商品用表格记录并分析，通过分析得出结论——哪款睡衣最热销。

【任务操作】

步骤 1：登录亚马逊网站。亚马逊美国站网页如图 3-6 所示。

图 3-6　亚马逊美国站网页

步骤 2：利用关键词进行搜索。在搜索框中输入关键词“pajama”进行搜索，如图 3-7 所示。

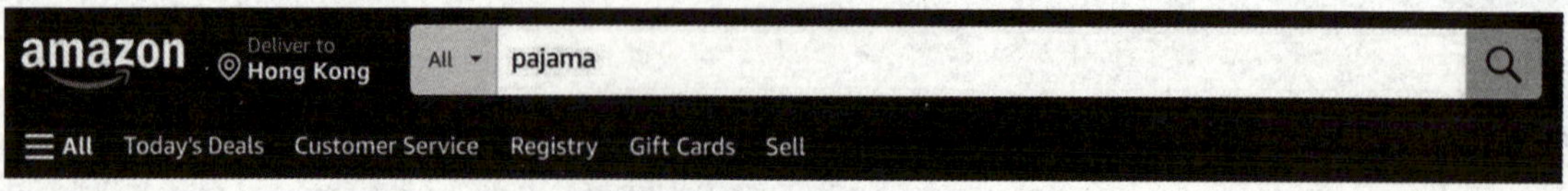

图 3-7　搜索关键词“pajama”

步骤 3：进行商品排序。在返回的搜索页面中，点击“按销量排序”（Sort by Best Sellers）命令，找到订单量排名前五位的商品店铺，如图 3-8 所示。

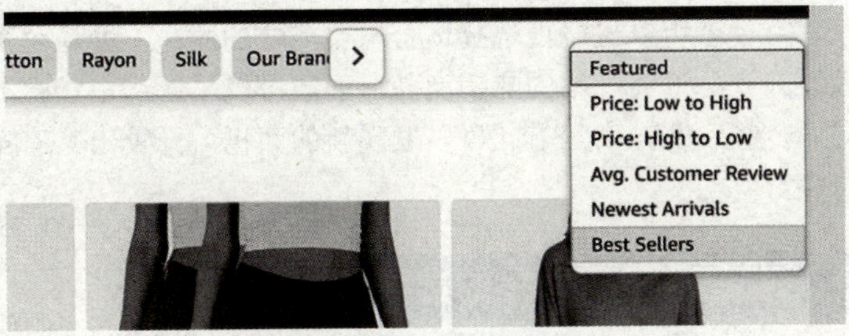

图 3-8 按销量排序

步骤 4：收集商品信息。如图 3-9 所示，打开其中一种热销商品的详情页，浏览该商品的价格、折扣力度、商品尺寸、售后服务、物流服务等信息。

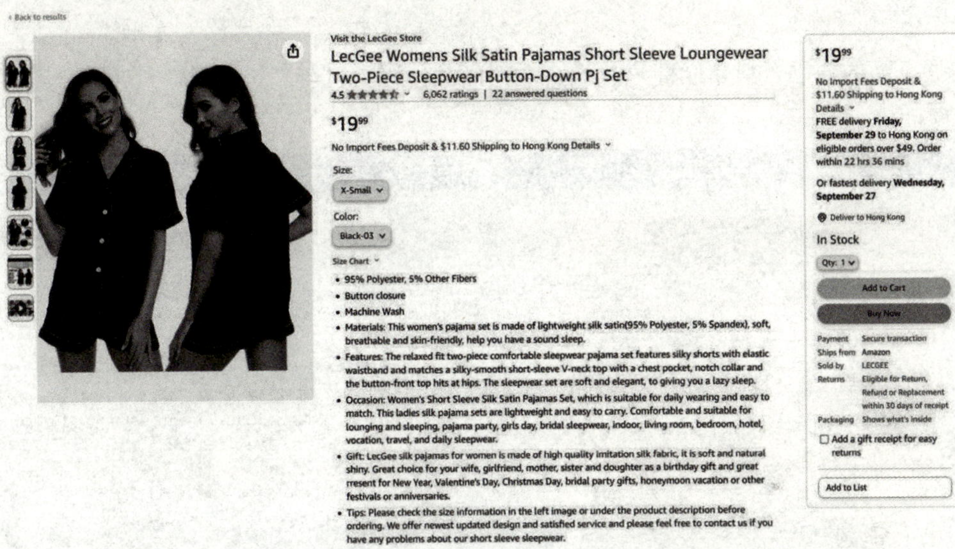

图 3-9 热销商品的详情页

步骤 5：完成商品信息记录。将收集到的商品信息填入表 3-2 中。

表 3-2 商品信息记录（2）

序号	商品信息	热销商品 1	热销商品 2	热销商品 3	热销商品 4	热销商品 5
1	商品销售排名					
2	商品归属店铺名称					
3	商品售价					
4	商品折扣					
5	商品评价数量					
6	物流配送天数					
7	售后服务保障					
调查结论		（根据调查结果，反馈平台热销商品情况）				

【任务思考】

亚马逊美国站的热销商品通常是经过市场验证的，拥有较高的质量和口碑。通过了解这些热销商品的信息，消费者可以更好地选择适合自己需要的商品，并避免购买低质量或不受欢迎的商品。通过研究亚马逊美国站的热销商品，商家可以了解到市场上哪些商品受到消费者的青睐，从而得到一些启发。商家借此可以发现新的商机，开发出具有竞争力的产品，并在海外市场上取得成功。

工作子任务三　速卖通商品类目的选择

【任务目标】

重视商品类目的作用，能够为商家待上架的商品挑选合适的商品类目。

【任务背景】

根据下面的商品资料帮助商家挑选合适的商品一级类目与二级类目。

● 商品 1

商品图片（Item Picture）	商品描述（Item specifics）
	Material：Polyester，Filled with Down Cotton Size：S/M/L/XL Sleeve：Sleeveless Design：Zipper，Stand Collar Color：Black，White，Red，Green，Orange，Coffee，Army Green，Light Brown，Rose Red Package Contents 1 *Vest

● 商品 2

商品图片（Item Picture）	商品描述（Item specifics）
	Material：Polyester Fiber + Spandex Type：T-shirt Collar：O-Neck Size：Asian size XXS-6XL（pls check the size chart before ordering，thank you!） Delivery：We will ship it within 2-3 wroking days after order . Note：Our size are Asian Size，2-3 size smaller than euro size，please choose your size according to the size chart.

● 商品 3

商品图片（Item Picture）	商品描述（Item specifics）
	Color：as shown Fabric：Cotton blend 4 layers of mesh skirt + 1 layer of lining Package：1 piece dress

【任务分析】

在发布商品前，商家应该先仔细阅读商品资料，了解清楚商品属于哪个品类；对商品图片、材质、款式、图案等特征进行对比与筛选。

【任务操作】

步骤 1：确定商品一级类目。登录速卖通网站，根据商品资料与商品特征，在“类目”（Categories）中选择商品一级类目，如图 3-10 所示。

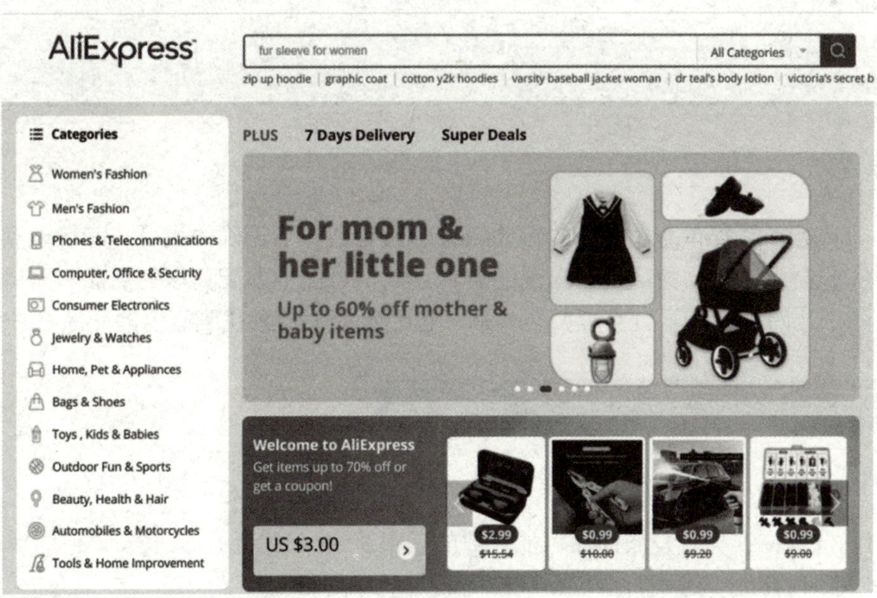

图 3-10　商品一级类目

步骤 2：确定商品二级类目。在商品一级类目下，选择合适的商品二级类目，如图 3-11 所示。

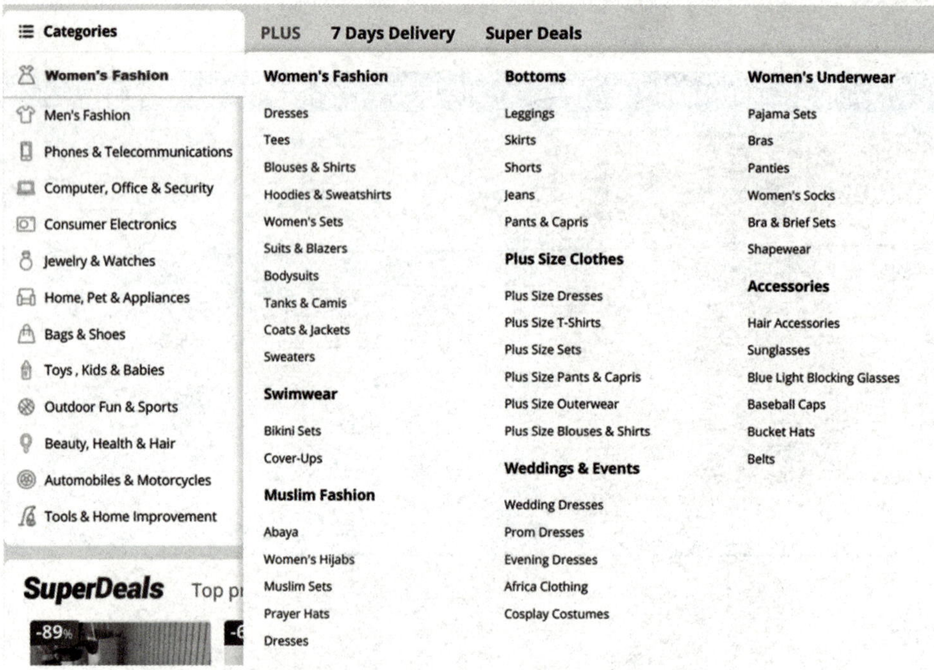

图 3-11　商品二级类目

步骤 3：完成商品信息记录。根据上述步骤得出结论，将商品所属一级类目与二级类目填写在表 3-3 中。

表 3-3　商品类目（1）

产　品	一级类目	二级类目
商品 1		
商品 2		
商品 3		

【任务思考】

选择商品类目是发布跨境商品的首要任务，只有选择了正确的类目，跨境电商平台才会展示出对应的商品上传页面，否则出现的类目页面很可能不匹配商家的商品。跨境商品类目的作用，除了让跨境电商平台整理归类商品，也便于让消费者找到心仪的商品。

工作子任务四　亚马逊商品类目的选择

【任务目标】

1. 明确选择错误类目发布商品可能导致的后果。
2. 掌握如何在亚马逊平台选取正确的商品与商品类目。

【任务背景】

根据下面的商品资料帮助商家挑选合适的商品一级类目与二级类目。

- 商品 1

<table>
<tr><th>商品名称</th><th>计算机游戏键盘（PC Gaming Keyboards）</th></tr>
<tr><td>商品图片</td><td></td></tr>
<tr><td>商品信息</td><td>
<table>
<tr><td>Package Dimensions</td><td>18.7 x 7.72 x 4.65 inches</td></tr>
<tr><td>Item Weight</td><td>8.8 ounces</td></tr>
<tr><td>ASIN</td><td>B07TVK8WJP</td></tr>
<tr><td>Customer Reviews</td><td>17,039 ratings
4.3 out of 5 stars</td></tr>
<tr><td>Best Sellers Rank</td><td>#458 in Video Games (See Top 100 in Video Games)
#21 in PC Gaming Keyboards
#64 in PlayStation 4 Games, Consoles & Accessories</td></tr>
<tr><td>Date First Available</td><td>July 11, 2019</td></tr>
<tr><td>Manufacturer</td><td>Orzly</td></tr>
</table>
</td></tr>
</table>

- 商品 2

<table>
<tr><th>商品名称</th><th>汽车通用清洁凝胶（Cleaning Gel for Car）</th></tr>
<tr><td>商品图片</td><td>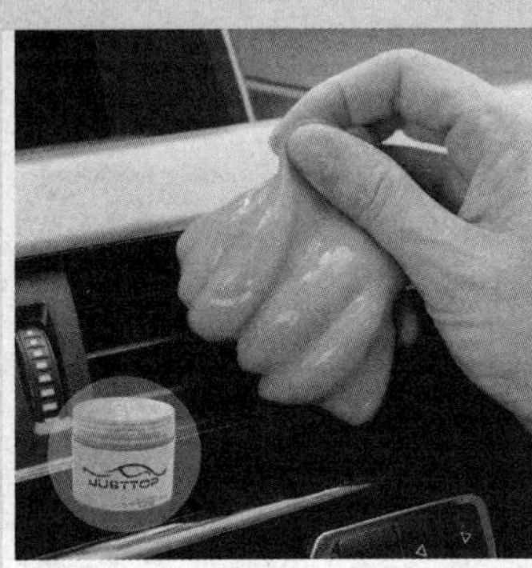
</td></tr>
<tr><td>商品信息</td><td>
<table>
<tr><td>ASIN</td><td>B08DKK2KD1</td></tr>
<tr><td>Customer Reviews</td><td>11,493 ratings
4.0 out of 5 stars</td></tr>
<tr><td>Best Sellers Rank</td><td>#42 in Automotive (See Top 100 in Automotive)
#1 in Automotive Dashboards
#2 in Detailing Tools
#3 in Automotive Body Parts</td></tr>
<tr><td>Date First Available</td><td>July 24, 2020</td></tr>
</table>
</td></tr>
</table>

【任务分析】

在发布商品前，商家应该先仔细阅读商品资料，了解清楚商品属于哪个品类；对商品图片、材质、款式、图案等特征进行对比与筛选。

【任务操作】

步骤 1：确定商品一级类目。登录亚马逊网站，根据商品资料与商品特征，在“类目”（Shop By Department）中选择商品一级类目，如图 3-12 所示。

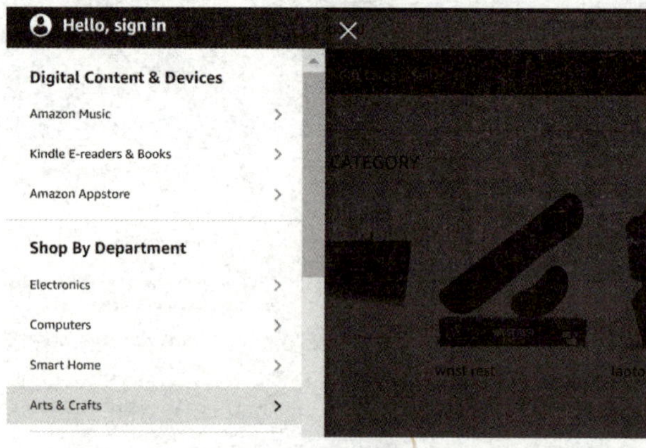

图 3-12　商品一级类目

步骤 2：确定商品二级类目。在商品一级类目下选择合适的商品二级类目，如图 3-13 所示。

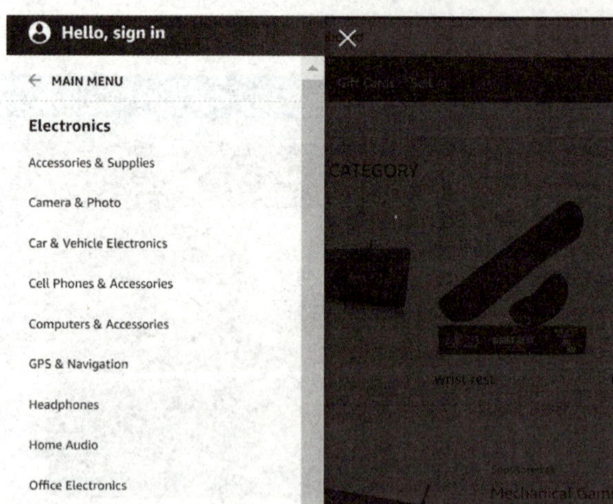

图 3-13　商品二级类目

步骤 3：完成商品信息记录。根据上述步骤得出结论，将商品所属一级类目与二级类目填写在表 3-4 中。

表 3-4　填写商品类目（2）

产　品	一级类目	二级类目
商品 1		
商品 2		

【任务思考】

每个跨境电商平台基本上都会有商品类目的设置，跨境电商平台通过类目来归类商品，是一种不错的商品管理方法。需要特别提醒的是，商家在为自家商品选择商品类目时，不能随意挑选，一定要清楚待上架商品的基本情况。平台对于乱放、错放类目的行为会进行相应的处罚，会将其评定为搜索作弊之类目错放，将商品排名后置且记录到违规商品中。因此，商家要重视商品类目的选择与设置。

工作任务二　商品文案编辑

【任务目标】

1. 能够归纳、提炼、填写及优化商品标题与商品关键词。
2. 能够根据商品资料完成商品属性信息的填写。
3. 能够根据商品资料完成商品详情页信息的填写。

【任务导图】

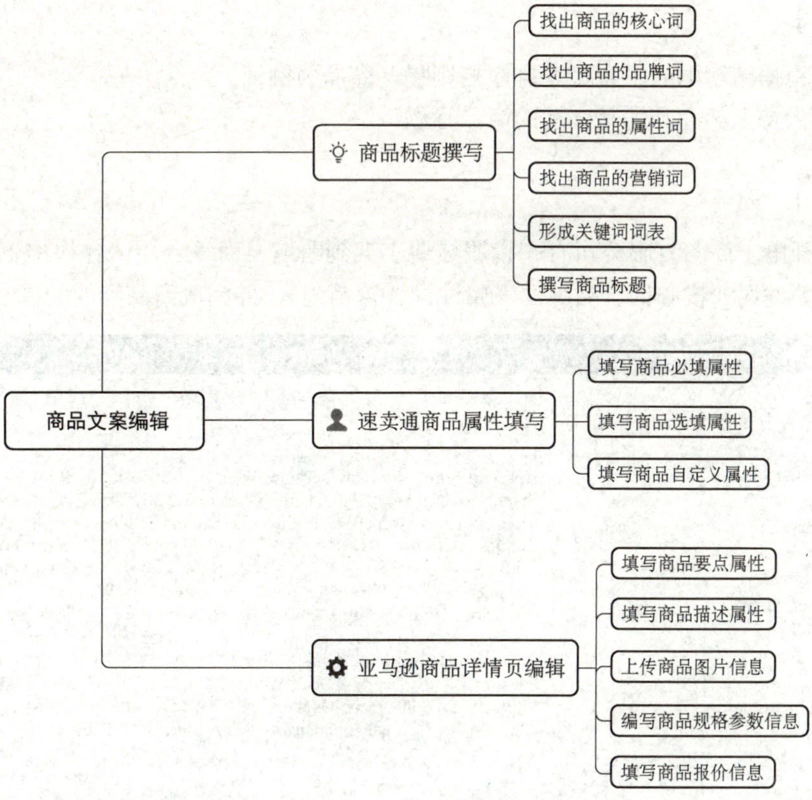

【知识回顾】

1. 在商品上架过程中，商品属性信息往往最多、最繁杂，再加上每种商品的属性信息千差万别，所以在填写时要格外细心。

2. 商品标题是概括描述商品属性特征的标签。商品标题一般由核心词、品牌词、属性词、营销词等组成。

3. 商品属性是消费者选择商品的重要依据。速卖通平台商品属性可分为必填属性（*）、选填属性（系统有展示，但无特别标注）、自定义属性（补充系统属性以外的信息）。属性有补充标题信息的作用，可以增加商品曝光的可能性。

4. 商品详情描述一般包含商品参数信息、尺码对照表、商品图片、物流方式、付款方式、商品使用须知、服务说明及好评如潮图等内容，可以让消费者更清楚地了解商品，降低客服询盘的压力。

【模拟训练】

根据任务背景和任务要求，依次完成商品文案编辑训练。

工作子任务一　商品标题撰写

【任务目标】

1. 能够根据跨境电商平台搜索排序规则提炼商品关键词。
2. 能够为待上架商品编写合适的商品标题。

【任务背景】

江苏常开电子商务有限公司有一批服装要上架到跨境电商平台，请你根据下面的商品资料找出商品关键词（核心词、品牌词、属性词、营销词），并完成商品标题的撰写。

商品属性（Item specifics）	商品描述（Product Description）
Gender：Women Material：Linen，Acrylic，Polyester，Silk，Modal，Cotton Sleeve Length（cm）：Full Style：Casual Brand Name：Mara Fabric Type：Sea island Sleeve Style：Regular Decoration：Embroidery Pattern Type：Solid Model Number：ma443539 Clothing Length：Long Collar：Turn-down Collar Style：Cotton Type：Casual Color：Red Black Size：S/M/L/XL/XXL	Hot Sale Spring Fashion Desainer Women Office Blouse Slim White Long Sleeves Shirt New OL Wear High Quality Oversized S-XXL US $ 15.00 /piece White Long Sleeves Women Top Blouse Plus Size Button Fashion Desainer Office OL Casual Clothes Shirt for 2017 S-5XL US $ 15.00 /piece 2017 Summer Women Blouse Bodycon Short Sleeves White Tops High Quality Office OL Plus Size Fashion Desainer S-5XL US $ 14.00 /piece Korean Fashion Women Shirt OL Office Color Patchwork High Quality Blouse Short Sleeves Slim Blue Clothing Big Size S-XXL US $ 14.00 /piece Dot Casual Mens Dress Shirt 2017 Oversize Clothing Fashion Summer Patchwork Business Shirts 2 Colors US $ 33.50 /piece Plus Size S-5XL Fashion Blouse Deep V Neck Women Clothing 2017 Casual High Quality Femal Shirt US $ 23.00 /piece Oversized L-5XL Fashion Blouse Loose V Neck Women Clothing 2017 Casual High Quality Femal Shirt US $ 21.00 /piece

【任务分析】

商品标题是概括描述商品属性特征的标签。商品标题一般由核心词、品牌词、属性词、营销词等组成。

1. 核心词是能准确表达商品特征的关键词。例如，“spring and winter sexy French slit sweater dress female slim tight-fitting hip-knit over-the-knee dresses”，这里的核心词就是“dress”（裙子）。一般核心词字数较少，常见的核心词主要有商品词、类目词。商品词指约定俗成的商品名称，如“Phone”（手机）、“Bag”（包）、“Computer”（计算机）等。类目词指在跨境电商平台上建立的商品类目名称。类目词又可以分为一级类目、二级类目、三级类目等。以速卖通为例，“Men’s Fashion”（男装）是一级类目，“Bottom”（裤装）是二级类目，在裤装类目下还包括“Casual Pants”（休闲裤）、“Sweatpants”（运动裤）、“Cargo Pants”（工装裤）、“Jeans”（牛仔裤）、“Harem Pants”（哈伦裤）、“Shorts”（短裤）等三级类目。

2. 品牌词是商家为商品注册申请的品牌名称，如“DJI”（大疆）、“HUAWEI”（华为）、“ANKER”（安克）等品牌名称。一般不建议使用未授权的品牌名称，有品牌授权的商品可以在标题中添加品牌词。

3. 属性词是体现商品属性功能特点的关键词，如“Material”（材质）、“Type”（图案）、“Color”（颜色）、“Size”（尺寸）、“Style”（风格）等。一般消费者是通过商品属性词在跨境电商平台上搜寻商品的，跨境电商平台也会返回最契合消费者关键词需求的商品信息。因此，商家在填写商品标题时可以多挖掘商品属性词。

4. 营销词是商品核心词与商品属性词的补充，如“2023”（年份）、“New Arrival”（新品上市）、“Free Shipping”（包邮）、“Wholesale”（批发）、“Hot Sale”（热卖）、“High Quality”（质地优良）、“New”（新品）等。营销词既可以是活动促销词、商品优惠信息、商品卖点关键词等，又可以是消费者搜寻习惯与搜寻心理的关键词，这样可以提高消费者的满意度，吸引更多的消费者浏览查看商品。但是，商家不能为了流量而胡乱添加与商品无关的热门营销词。

【任务操作】

步骤 1：找出商品的核心词。选择能代表商品或服务的关键词，根据商品属性信息和商品描述信息，确定商品的核心词为“Women Clothing”（女装）。

步骤 2：找出商品的品牌词。根据商品属性信息和商品描述信息，确定商品的品牌词为“Mara”。

步骤 3：找出商品的属性词。根据商品属性信息和商品描述信息，确定商品的属性词为“Regular”“Long”“Turn-down”“Embroidery”“Sea island”“Red”“Black”“S”“M”“L”“XL”“XXL”“Plus Size”等。

步骤 4：找出商品的营销词。根据商品属性信息和商品描述信息，确定商品的营销词为“Hot Sale”“Spring”“High Quality”“New”“Fashion”“2017”“Summer”等。

3

步骤5：根据上述步骤，整理江苏常开电子商务有限公司要上架的服装信息，并把相关信息填入表3-5中，形成关键词词表。

表3-5 关键词词表

关键词类型	关键词内容
商品核心词	
商品品牌词	
商品属性词	
商品营销词	
商品标题	

步骤6：撰写商品标题。根据收集整理的关键词，撰写商品标题。

【任务思考】

商品标题填写是跨境电商店铺商品运营中非常重要的工作之一，跨境电商运营人员每写好一个契合商品特征与消费者诉求的商品标题，就有机会增加商品在跨境电商平台的曝光率，吸引消费者进一步点击浏览甚至下单购买商品。当然，商品标题也不是可以自由发挥创作的，商家要结合跨境电商平台搜索排序规则进行归纳总结与分析，在商品营销效果和平台规范要求之间取得平衡。

工作子任务二 速卖通商品属性填写

【任务目标】

1. 能够明确商品属性类型及必填属性的作用。
2. 掌握商品属性的填写要求及技巧。

【任务背景】

江苏常开电子商务有限公司需要填写汽车LED灯的商品属性信息，请根据下列商品资料帮助该公司在速卖通平台填写与商品属性相关的信息。

属性名	属性值
品牌	DK
产地	中国
材质	ABS
货号	DK-M3
功率	15W（W）
电压	3.7V（V）
电流	1A（A）
型号	DK-M7
适配车型	通用车型
颜色	七彩灯光
规格	M7 遥控单灯版

3

【任务分析】

商品属性是消费者选择商品的重要依据，分为必填属性（*）、选填属性（系统有展示，但无特别标注）、自定义属性（补充系统属性以外的信息）三种。

【任务操作】

步骤 1：填写商品必填属性。必填属性有品牌、产地（国家或地区），如图 3-14 所示。

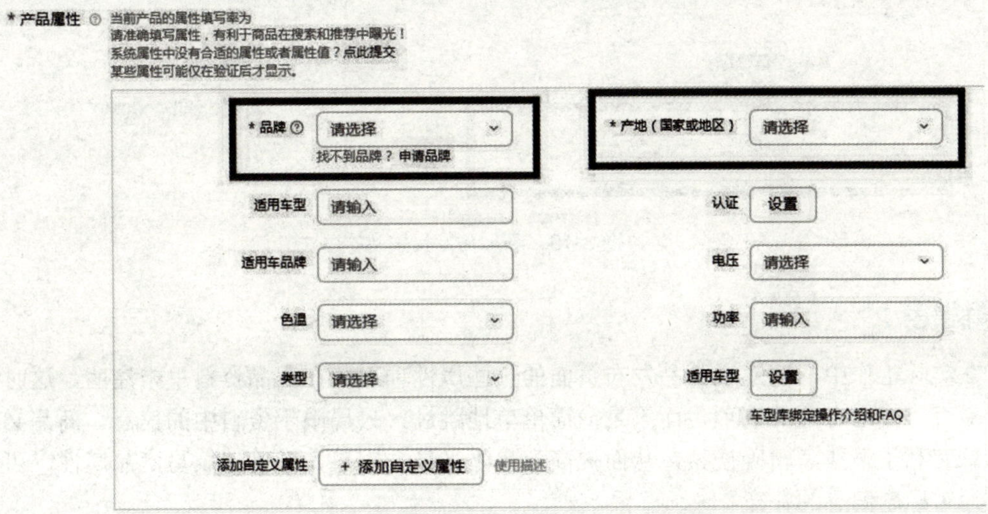

图 3-14　商品必填属性

步骤 2：填写商品选填属性。除了已经填写的必填属性，系统还提供了适用车型、认证、适用车品牌、电压、色温、功率、类型等选填属性，如图 3-15 所示。为了让消费者能够更加准确地掌握商品属性，需要根据商品资料将选填属性填写完整。

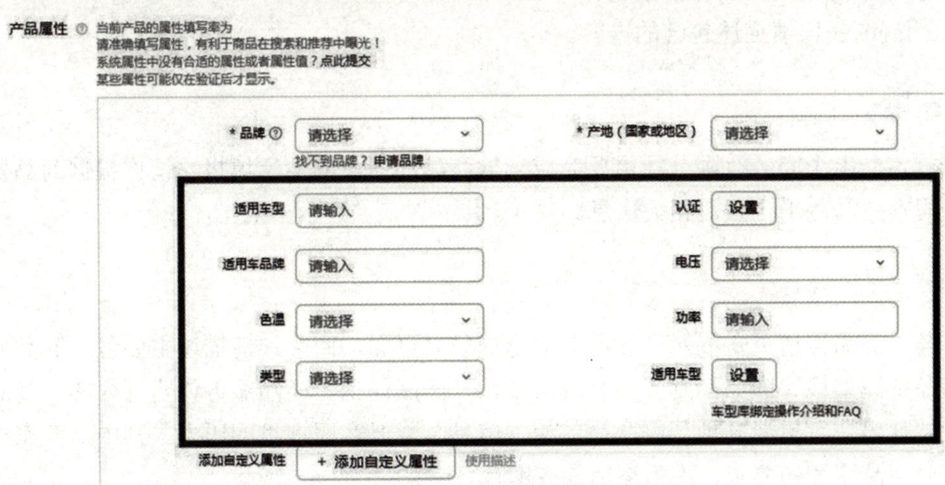

图 3-15　商品选填属性

步骤 3：填写商品自定义属性。如果系统属性中没有合适的属性或者属性值，或者商品的功能属性及特点没有能够通过必填属性与选填属性填写完整，就可以利用速卖通平台的“添加自定义属性”功能，如图 3-16 所示。添加商品的个性属性，将其作为标题的补充，保证商品属性填写完整且准确。

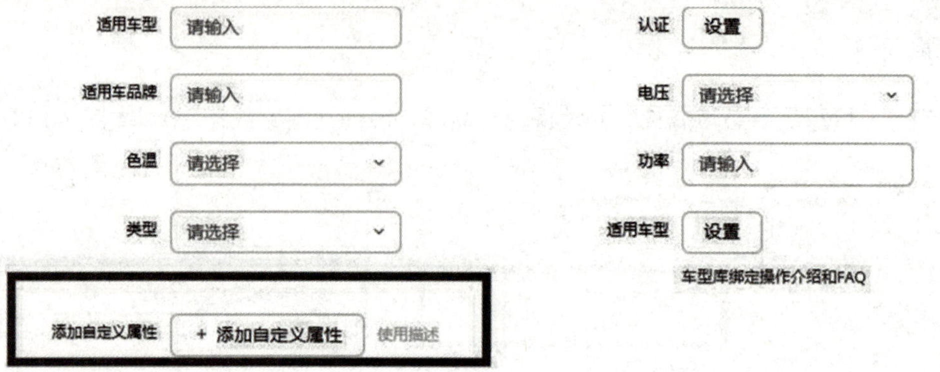

图 3-16　添加自定义属性

【任务思考】

在实际工作中，速卖通商品发布页面的一些属性项可能在商品资料里未注明，这时应该多问多查，找出合适的选项，而不是简简单单地跳过，只局限于资料中的信息。商品必填属性信息有利于消费者精确搜索，从而提高商品曝光量。完整、准确地填写商品属性，可以将其作为对标题信息的补充。

工作子任务三　亚马逊商品详情页编辑

【任务目标】

1. 能够正确编辑商品详情描述。
2. 明确商品详情描述包含的内容。

【任务背景】

江苏常开电子商务有限公司需要完成一批商品详情页的信息填报，请你根据商品资料帮助该公司在亚马逊平台填写相关信息。

【任务分析】

亚马逊商品详情页是展示商品所有信息的独立页面，商品详情描述主要包含商品要点属性、商品描述属性、商品图片、商品规格参数、商品促销、商品服务说明等内容。商品详情描述能够让消费者更清楚地了解商品的相关信息，降低客服询盘的压力。其中，商家要清楚亚马逊对商品图片的要求，不得盗用他人图片。

【任务操作】

步骤 1：填写商品要点属性，如图 3-17 所示。亚马逊平台的每种上架商品的要点最多可以填写 5 条，应将商品重要且独特的属性写在第一条里，其余属性的重要性依次递减。

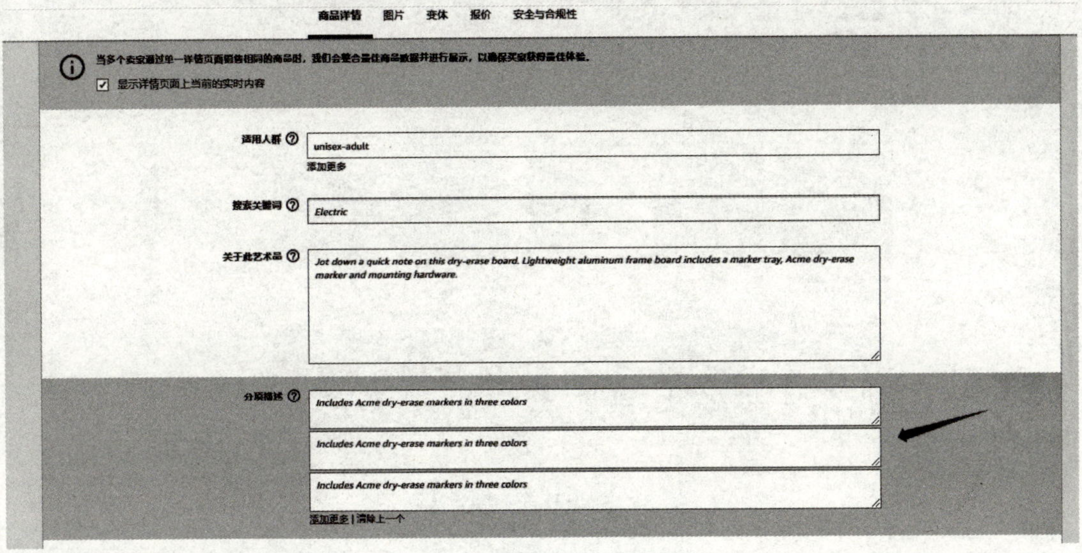

图 3-17　填写商品要点属性

步骤 2：填写商品描述属性，如图 3-18 所示。商品描述是对商品的文本说明，它不仅可以实现对商品功能更详细的介绍，还可以对商品要点进行有效的补充。商品描述应该合理排版，保持页面整洁，让消费者一目了然地了解商品。

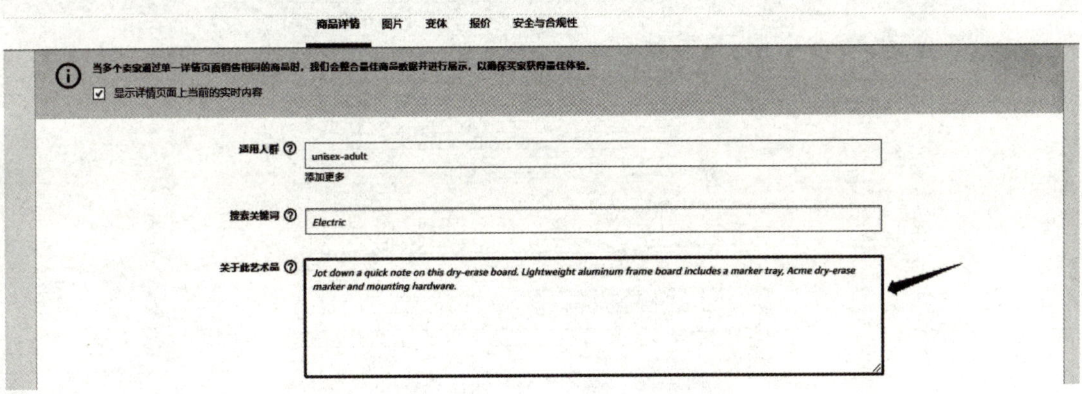

图 3-18　填写商品描述属性

步骤 3：上传商品图片信息，如图 3-19 所示。商品图片包括主图与附图。商品主图就是在商品详情页中显示的第一张图片，它也是在搜索结果和浏览页中显示的商品图片。

步骤 4：编写商品规格参数信息，如图 3-20 所示。商品规格参数能够让消费者对商品有正确的预估，减少消费者不满和退货情况的发生。商家应该结合商品实际情况及目标用户偏好提供详细准确的商品规则参数信息。

步骤 5：填写商品报价信息，如图 3-21 所示。商家可以根据实际需求，编辑商品原价，并设置优惠价及优惠时间。

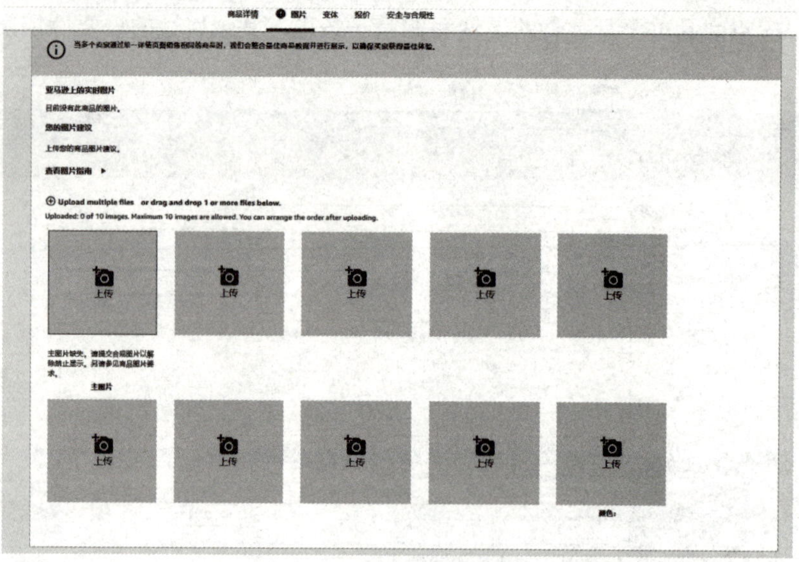

图 3-19　上传商品图片信息

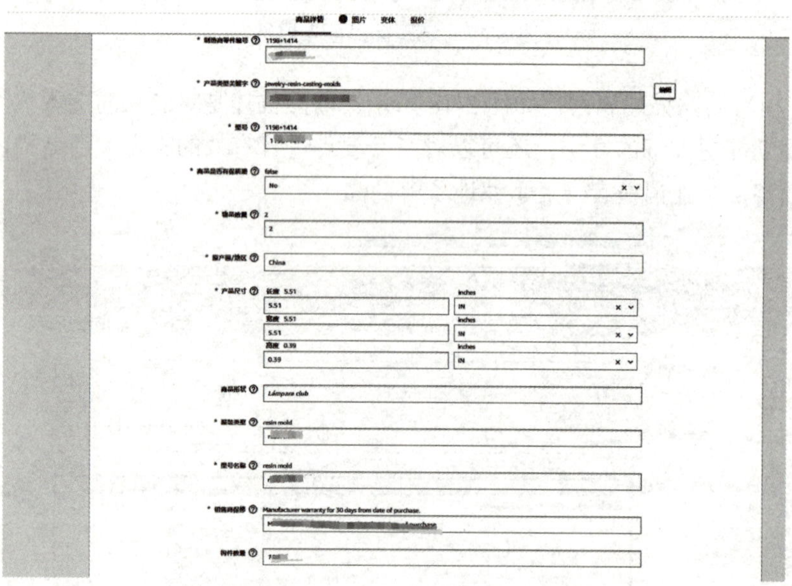

图 3-20　编写商品规格参数信息

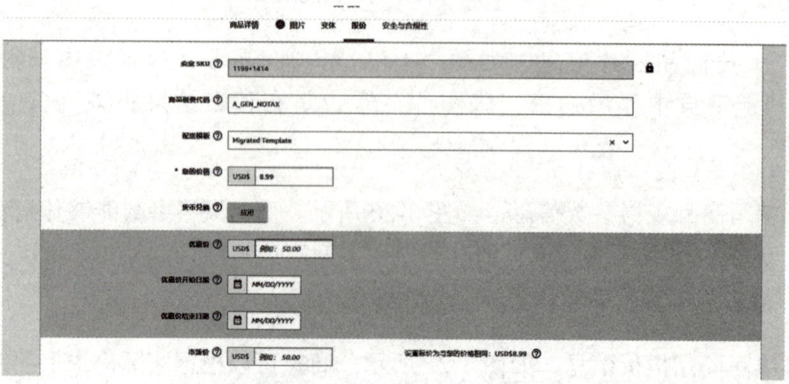

图 3-21　填写商品报价信息

【任务思考】

商品详情描述是跨境电商商家店铺商品最直观的展现方式，既能让消费者更清楚地了解商品的相关信息，又能降低客服询盘的压力。商品详情页是消费者全面了解店铺商品最有效的途径。

工作任务三　跨境电商平台商品上架

【任务目标】

1. 能够独立完成速卖通和亚马逊平台的商品上架工作。
2. 能够遵照跨境电商平台规则填写商品属性信息。
3. 重视平台上架发布商品的必填项目的填写。

【任务导图】

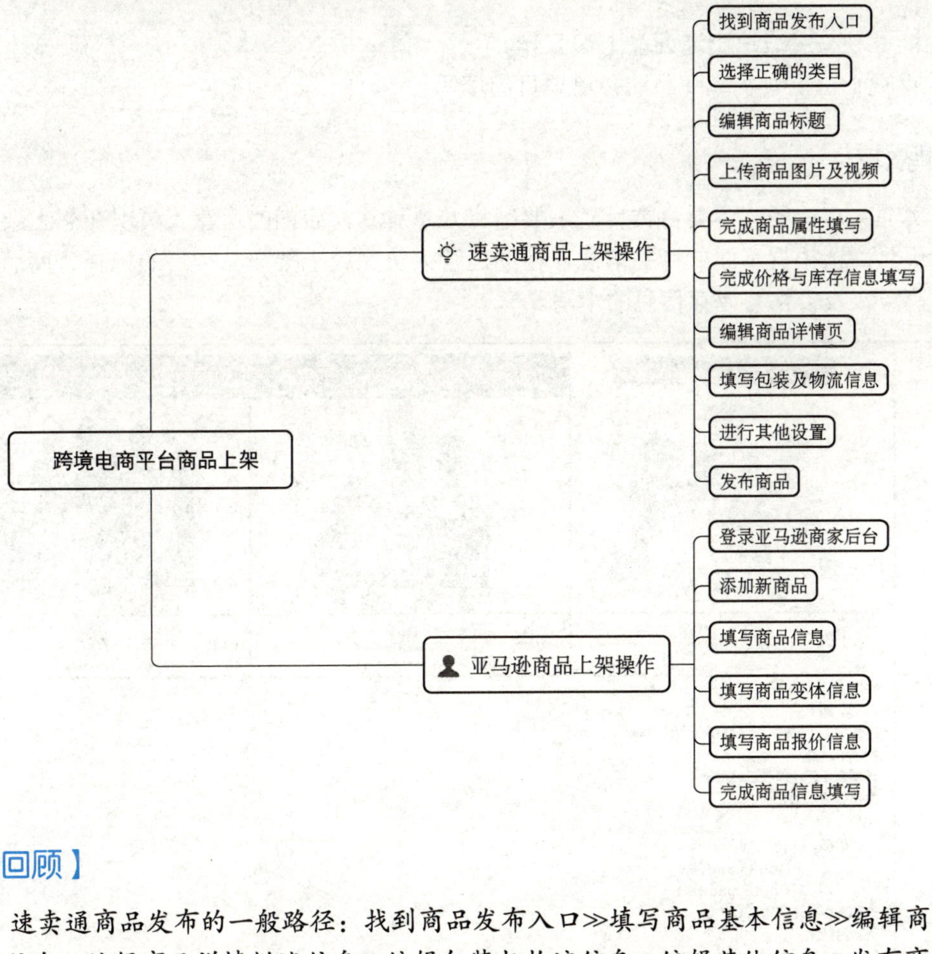

【知识回顾】

1. 速卖通商品发布的一般路径：找到商品发布入口≫填写商品基本信息≫编辑商品价格与库存信息≫编辑商品详情描述信息≫编辑包装与物流信息≫编辑其他信息≫发布商品。在速卖通商品发布过程中，需要根据各个模块的要求，准确完整地上传商品相关信息，确保实现商品高质量发布。

2. 在速卖通商品发布过程中，要确保商品的发布类目选择正确。手动选择商品发布类目时，可以用商品名称关键词、平台已有商品 ID 或商品链接进行类目搜索，也可以在“最近使用”的商品类目中进行选择。如果不确定商品的发布类目，就先在速卖通平台搜索同类型或同款商品，利用同类型或同款商品的 ID 搜索商品的发布类目，来确定自己商品的发布类目。

3. 亚马逊商品上传方式主要有单个商品上传和批量商品上传。跨境商家要根据自身需求及商品实际情况选择合适的上传方式。

【模拟训练】

根据任务背景和任务要求，依次完成跨境电商平台商品上架的训练。

工作子任务一　速卖通商品上架操作

【任务目标】

1. 能够独立完成速卖通商品上架工作。
2. 重视平台上架发布商品的必填项目的填写。

【任务背景】

速卖通某店铺经营孕婴童类目，主要销售儿童玩具，店铺的运营人员现在想上架一种儿童积木玩具。请根据下面的商品信息，帮助运营人员完成上架商品类目的选择、商品基本信息的填写，以及价格与库存信息的填写。

儿童积木玩具商品图片	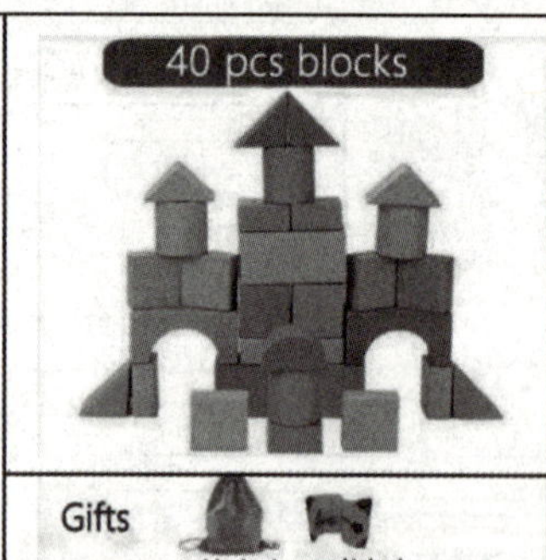	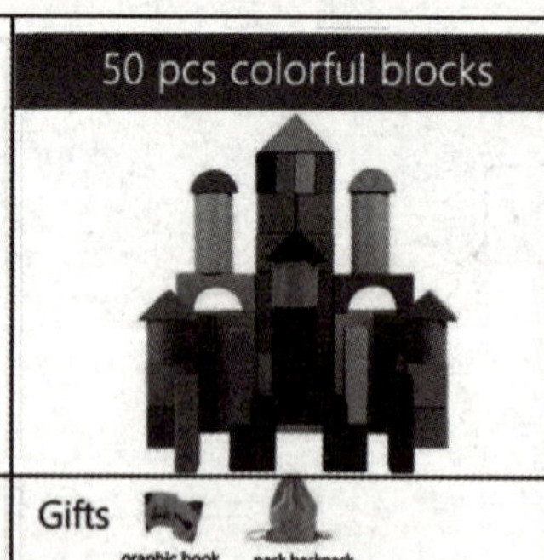	
商品基本信息	适合 2~6 岁儿童 产地：中国 产品类型：其他，不能与乐高玩具兼容 材质：木质 需要提示防止孩子吃和吞咽 产品型号：T012 包装：盒装 产品价格：40pcs/19.33USD 50pcs/26.89USD 100pcs/35.68USD 产品库存：各型号100件 不支持批发		

【任务分析】

速卖通的商品上架工作包括填写商品基本信息、商品价格与库存信息、商品详情描述、商品包装与物流信息、商品其他信息等内容。

【任务操作】

商品上架需要先找到商品发布入口，选择正确的类目，然后进行商品发布信息的填写。

步骤 1：找到商品发布入口。在速卖通后台“商品”板块下选择“商品发布”，或者选择“商品管理”，在该页面单击【发布商品】按钮，进行商品上架，如图 3-22 所示。

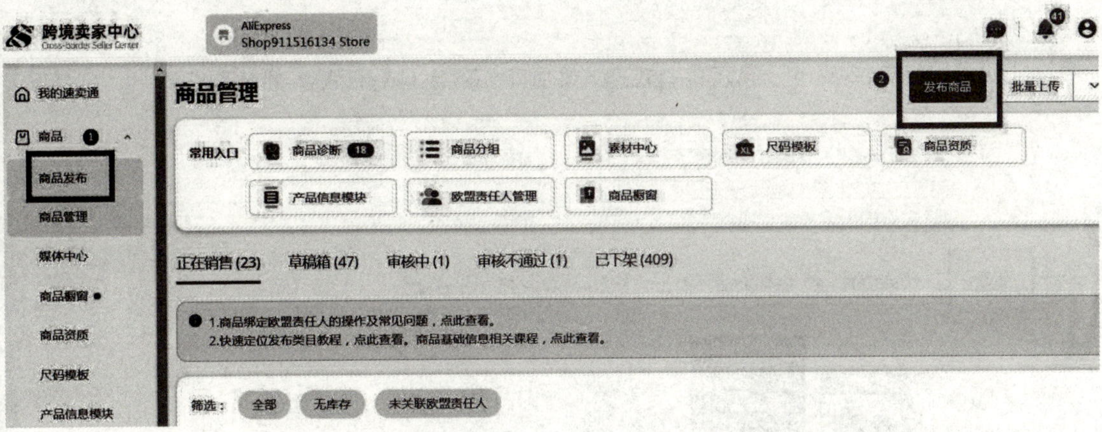

图 3-22　商品发布入口

步骤 2：选择正确的类目。因为商品是儿童积木玩具，积木玩具属于玩具行业，所以运营人员可以在商品发布页面进行类目筛选，先找到一级类目“玩具”，然后找到二级类目“积木（多米诺/雪花片/纸模等）”，最终找到“积木（多米诺/雪花片/纸模等）”下的三级类目“积木”，如图 3-23 所示。

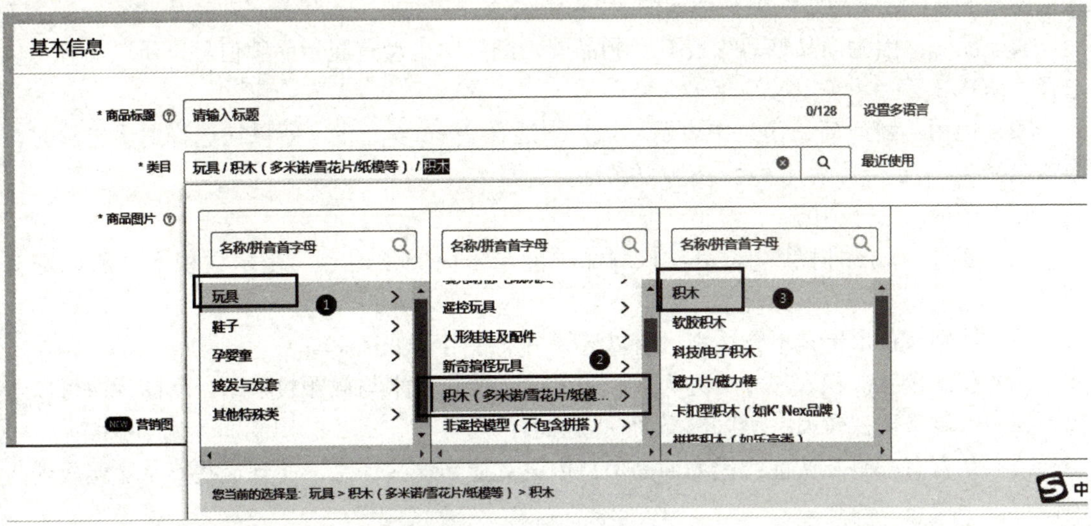

图 3-23　选择正确的类目

步骤 3：编辑商品标题。建议根据商品属性卖点及搜集整理的关键词词表编辑商品标题。注意，标题最多可以包括 128 个字符，不能出现中文字符，如图 3-24 所示。

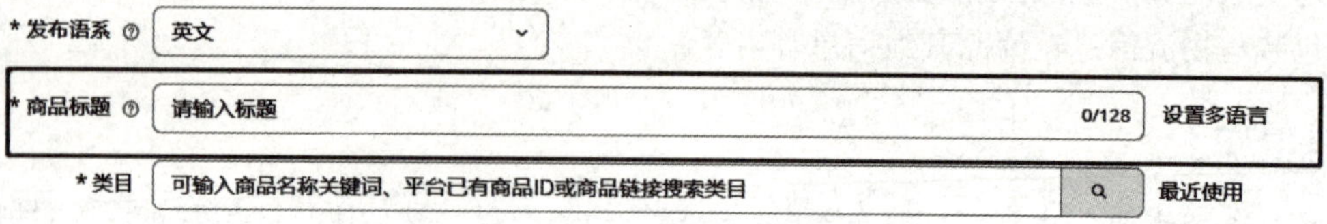

图 3-24　编辑商品标题

步骤 4：上传商品图片及视频。根据平台对商品图片及视频的要求，上传商品主图、营销图及商品视频，如图 3-25 所示。

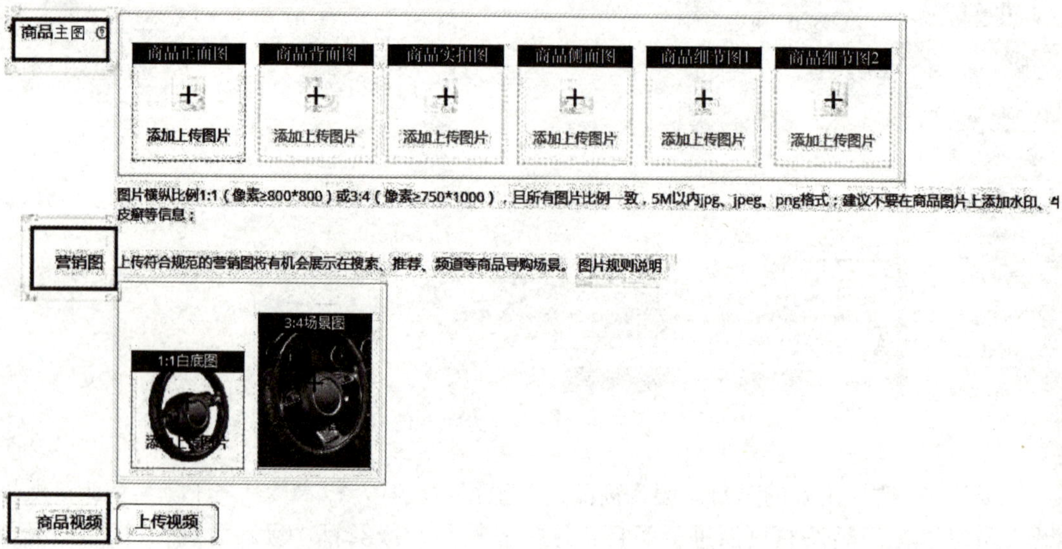

图 3-25　上传商品图片及视频

步骤 5：完成商品属性填写，如图 3-26 所示。

（1）品牌：因为商品信息中没有提到品牌，图片中也没有展示品牌信息，所以品牌可以选择“NONE”。

（2）适用年龄：商品信息中表示，该积木适合 2～6 岁儿童，所以在选择适用年龄时，应该选择 25～36 个月幼儿及 4～6 岁学龄前（儿童）。

（3）产地：选择中国。

（4）类型：商品信息中表示，该商品不能与乐高玩具兼容，是木质积木，所以选择“其他”。

（5）性别：积木玩具不分性别，所以选择男女通用（Unisex）。

（6）积木尺寸：积木尺寸分为大颗粒积木、小颗粒积木与微颗粒积木。从图片中可以看出，该积木单个体积较大，所以选择大颗粒积木。

（7）是否有条码及认证：因为商品信息中没有提到这些信息，并且这些不是必填属性，所以可以不填写。

（8）型号：从商品信息中可以看出产品型号为 T012。

（9）警告：商品信息中标注，要提示防止孩子吃和吞咽，所以写一下提醒语：“Can not

eat and swallow.”

（10）材质：商品信息中表明积木是木质的，所以选择木头。

（11）木制积木类型：从商品图片中可以看出是建筑积木。

（12）添加自定义属性：可以根据自己对商品的理解再增加一些对商品的描述，如商品包装是盒装等描述，让消费者对商品有更多的了解。

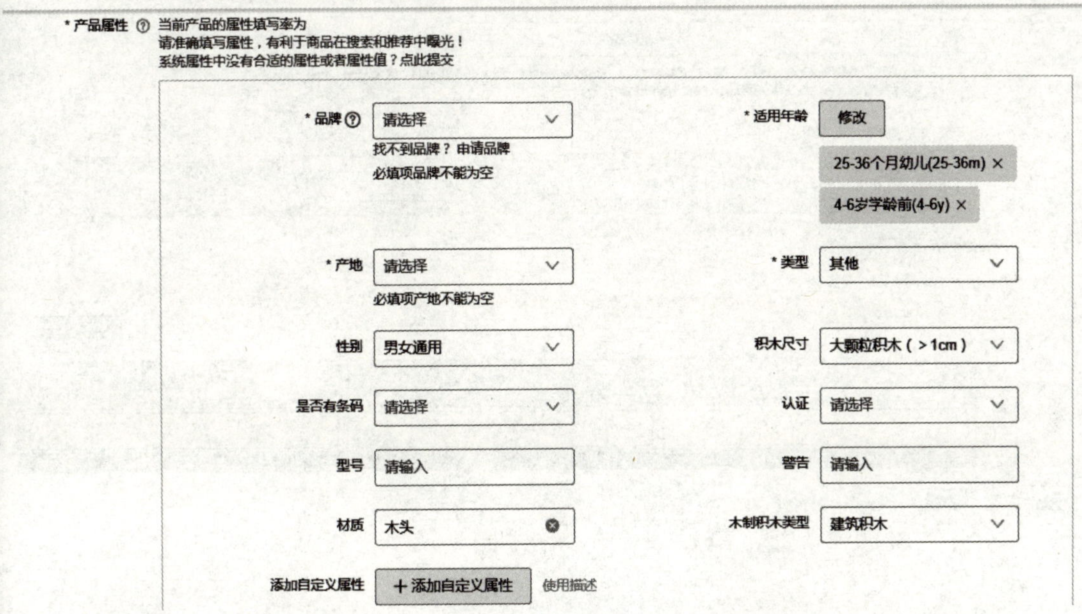

图 3-26　产品属性填写

步骤 6：完成价格与库存信息填写，如图 3-27 所示。

（1）最小计量单元：因为消费者购买积木不是一个一个购买的，而是购买一套，可以是 40pcs 或者 50pcs 或者 100pcs，所以最小计量单元选择套。

（2）销售方式：选择按套出售。

（3）颜色：与颜色相比，积木更重要的是数量。从商品图片和信息中可以看出，积木有三种规格——40pcs、50pcs 和 100pcs，所以任意选择三种颜色，然后在自定义名称处分别添加描述“40pcs”“50pcs”和“100pcs”。

（4）尺寸：商品信息中未提到相关描述，按照图片展示的内容可以选择中号，或者不选。

（5）发货地：商品没有海外仓，默认发货地为中国。

（6）零售价（USD）及库存数量：从商品信息中可以看到积木套装的价格为：

40pcs/19.33USD

50pcs/26.89USD

100pcs/35.68USD

因此，根据积木规格的不同分别填写商品价格，库存数量为每个规格 100 套，商品编码为 T012。

（7）区域定价及批发价：商品不需要设置区域定价，也不支持批发价。

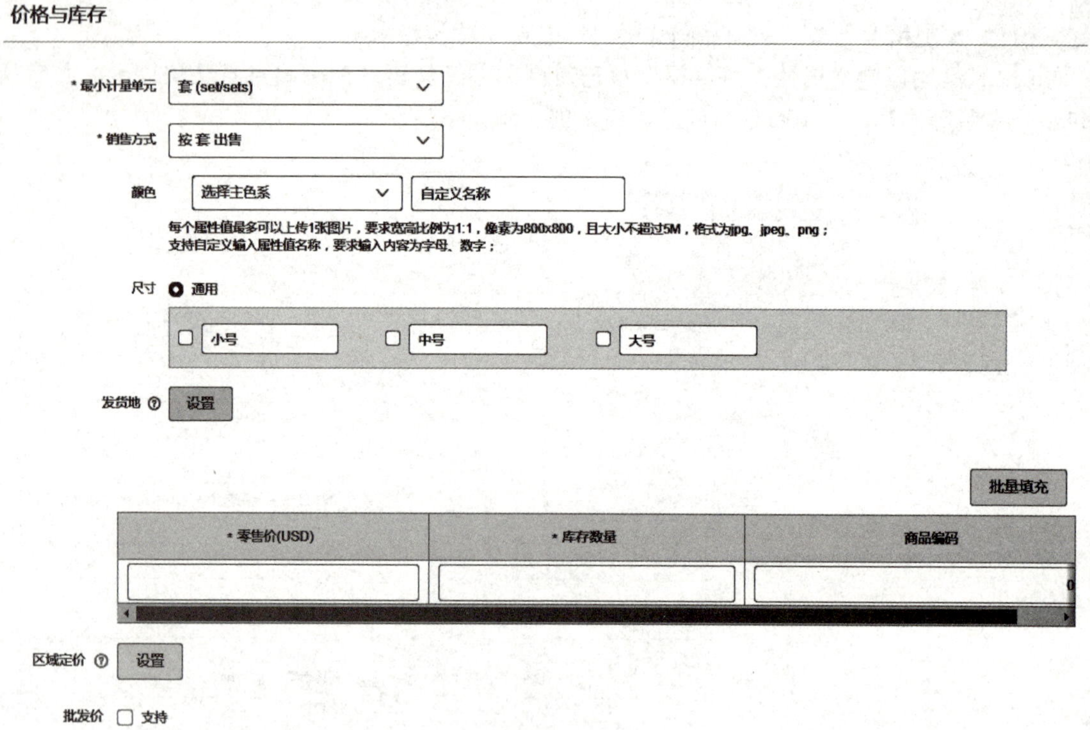

图 3-27　价格与库存信息填写

步骤 7：编辑商品详情页。在“详细描述”信息中，进行“详描语言”“PC 详描编辑”等商品详细描述信息的填写，如图 3-28 所示。

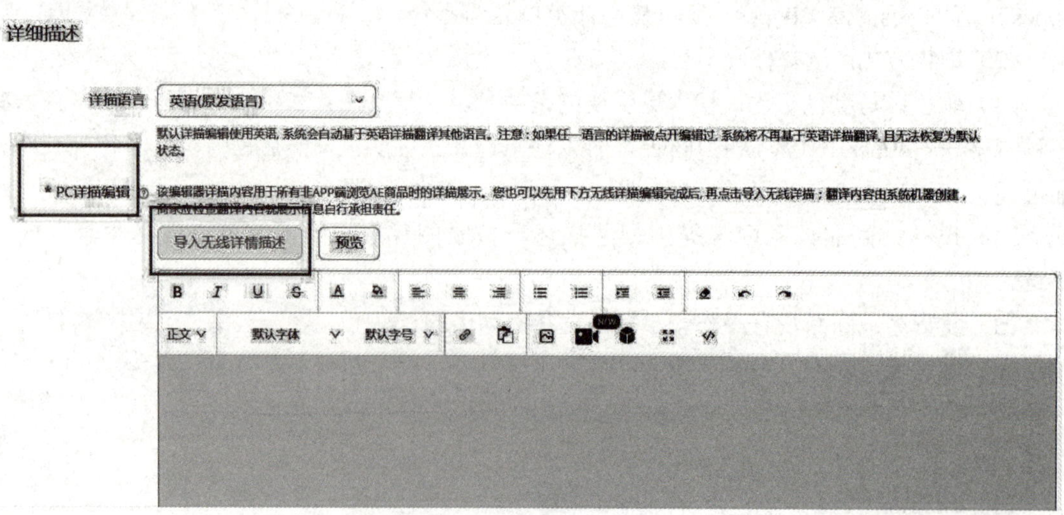

图 3-28　编辑商品详情页

步骤 8：填写包装与物流信息，如图 3-29 所示。根据店铺发货情况填写发货期。同时，根据包装后商品的重量及尺寸填写物流重量及尺寸，之后就可以根据该商品的物流重量及尺寸选择合适的运费模板。对于服务模板，可以选择系统默认的模板。

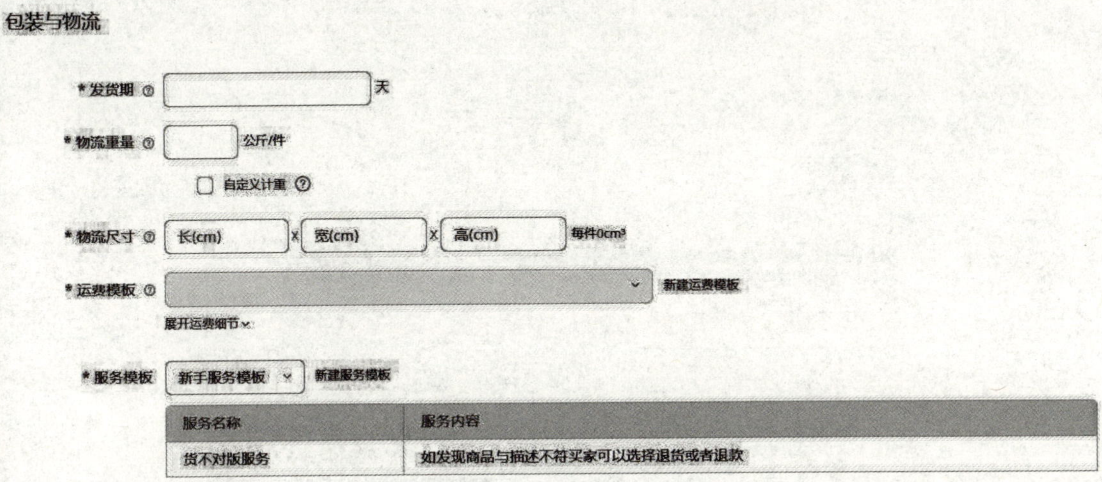

图 3-29　填写包装与物流信息

步骤 9：进行其他设置，如图 3-30 所示。在其他设置中可以对商品进行分组。注意，一定要进行正确的商品分组，方便消费者快速地定位到自己想要的商品。对于库存扣减方式，建议选择“付款减库存”，避免消费者下单不支付带来的库存压力。对于支付宝及商品发布条款，都默认同意。

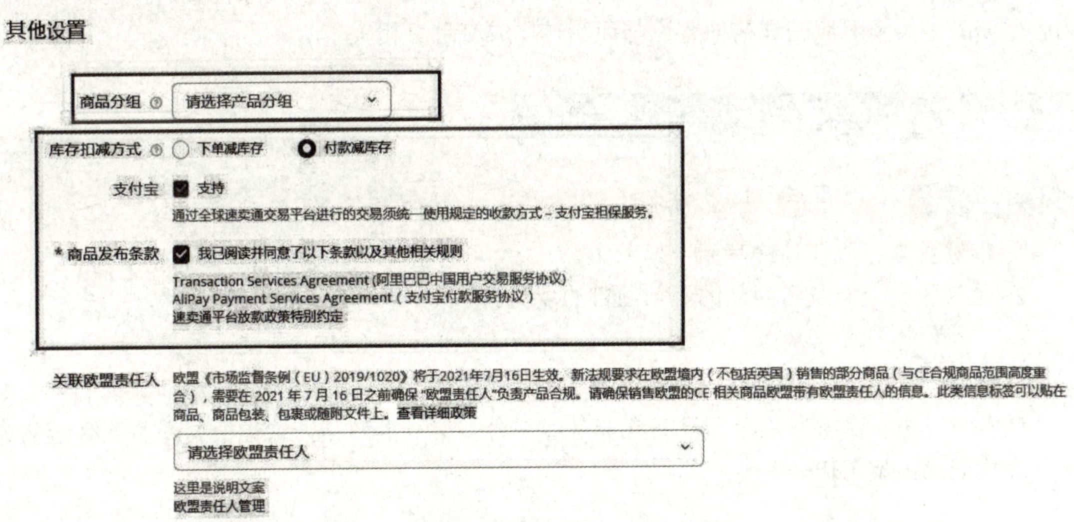

图 3-30　进行其他设置

步骤 10：发布商品，如图 3-31 所示。编辑完上述信息，检查确认没有漏填、错填的信息及图片后，可以单击【提交】按钮，之后平台会对发布的商品进行审核，审核通过后商品会在消费者端展示，商品状态变为“正在销售”；或者，单击【保存】按钮，将编辑的商品信息保存至草稿箱。

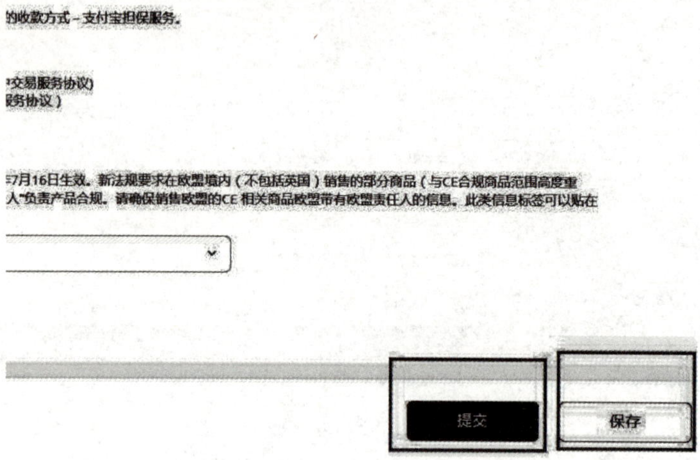

图 3-31 发布商品

【任务思考】

跨境电商商家开店成功后，第一件事便是上传商品信息。速卖通商品上架流程是进入商品管理页面，通过相应设置发布商品。商品上架与管理是跨境电商商家需要进行高频操作的内容，商品上架及对应的详情内容也与商品转化成交息息相关。

工作子任务二 亚马逊商品上架操作

【任务目标】

1. 能够独立完成亚马逊商品上架工作。
2. 重视平台上架发布商品的必填项目的填写。

【任务背景】

江苏常开电子商务有限公司准备在亚马逊平台上架一批商品，请你根据商品资料帮助该公司完成商品上架工作。

【任务分析】

亚马逊平台的商品上架工作包括填写商品关键信息、商品变体信息、商品报价信息等内容。其中，每项内容均有必填的商品属性信息。

【任务操作】

步骤 1：登录亚马逊商家后台，如图 3-32 所示。在菜单栏“库存”（Inventory）的下拉菜单中选择“添加新商品”（Add a Product）。

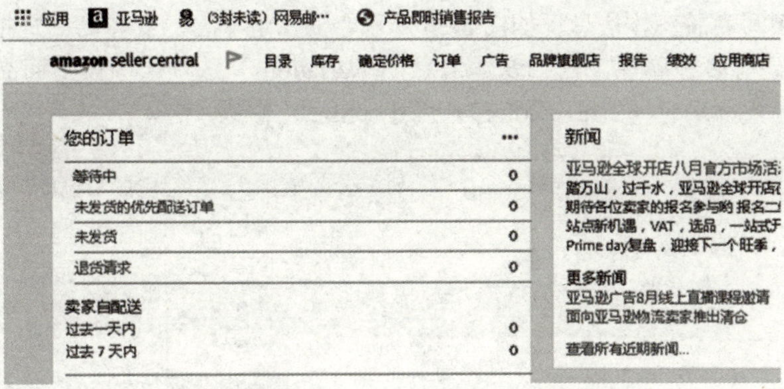

图 3-32　亚马逊商家后台

步骤 2：添加新商品，如图 3-33 所示。进入查找搜索商品的页面，选择“I'm adding a product not sold on Amazon”（我要添加未在亚马逊上销售的新商品）选项。

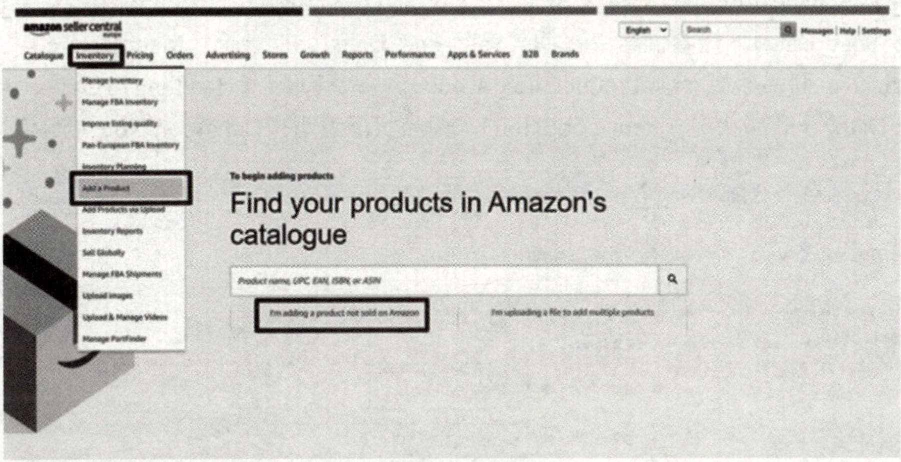

图 3-33　添加新商品

步骤 3：填写商品信息，如图 3-34 所示。在“产品信息”（Product Details）选项卡中填写商品名称（Item Name）、品牌名称（Brand Name）、商品编码（External Product ID）等商品信息。这里需要商家填写的商品信息选项较多，带星号的选项是必填项。

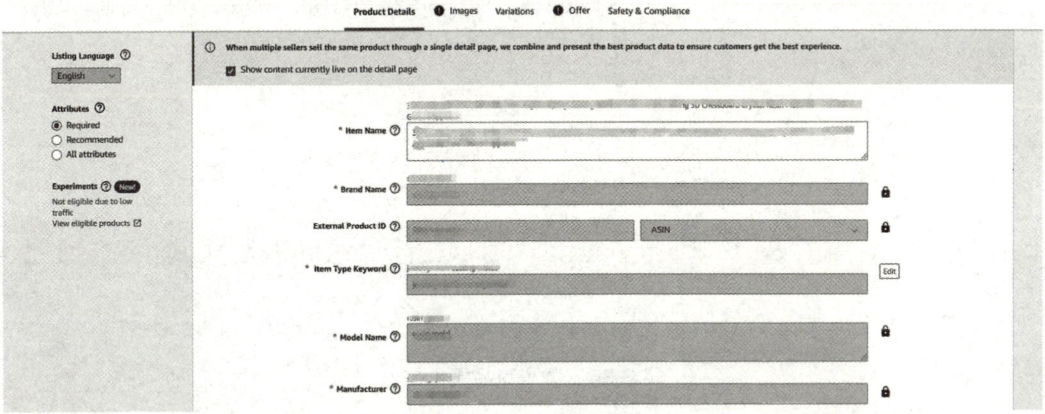

图 3-34　填写商品信息

步骤4：填写商品变体信息，如图3-35所示。亚马逊平台的变体商品是指同款商品有不同的颜色和尺码等多种属性。在“变体信息”（Variations）选项卡中填写商品变体信息，如颜色（Color）、尺寸颜色（Size，Color）、尺寸（Size）等变体信息。

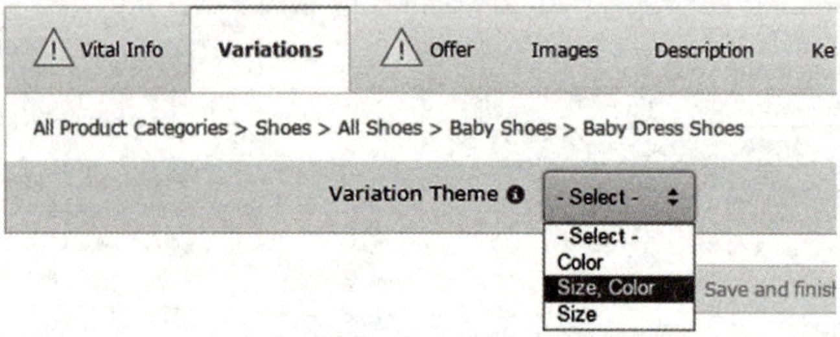

图3-35　填写商品变体信息

步骤5：填写商品报价信息，如图3-36所示。在商品“报价信息”（Offer）选项卡中输入标准价格（Standard Price）、商家SKU（Seller SKU）、优惠价（Sale Price）、优惠价开始日期（Sale Start Date）、优惠价结束日期（Sale End Date）、市场价（Manufacture's Suggested Retail Price）、商品税代码（Product Tax Code）、备货时间（Handling Time）、补货日期（Restock Date）、商品状况（Item Condition）、商品状况说明（Condition Note）等信息。

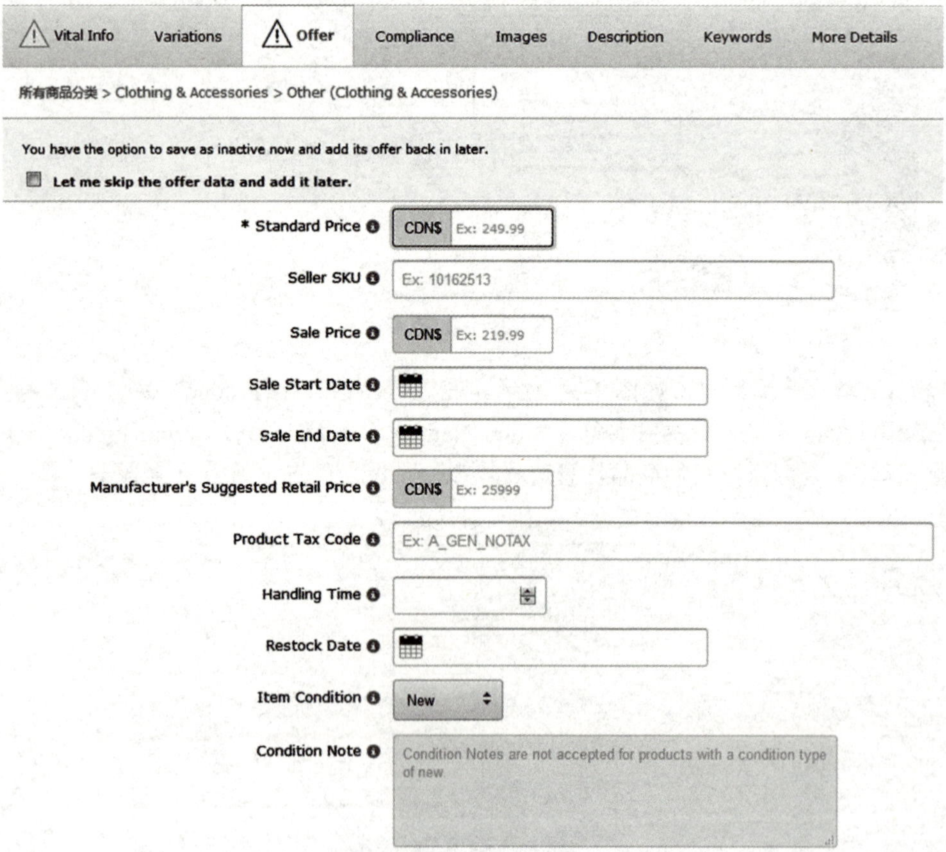

图3-36　填写商品报价信息

步骤6：填写完成后，单击【保存】（Save and Finish）按钮，就可以完成商品信息的填写。

【任务思考】

亚马逊平台的商品详情页是对商品的具体介绍，所有的商品信息都只能通过商品详情页来展示。由于消费者无法实际接触到商品，对商品的认知只能来源于商品详情页，所以商品详情页是决定消费者是否最终购买商品的关键。

工作任务四　商品基本数据分析

【任务目标】

能够通过跨境电商平台站内外数据分析工具进行商品数据分析。

【任务导图】

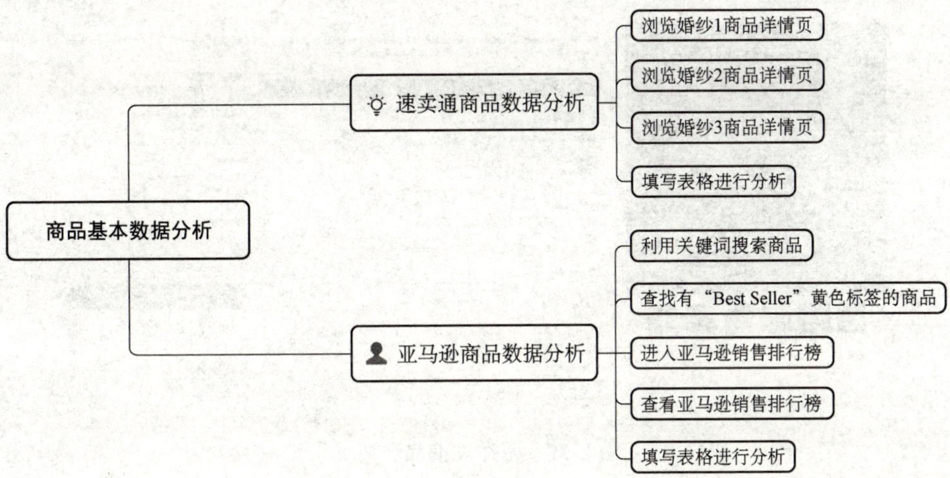

【知识回顾】

1. 不同平台不同商品上架的规则不同，跨境电商商家在进行选品时需要分析的商品数据类型包括行业数据、店铺数据和第三方数据。

2. 跨境电商数据分析常见的步骤包括确定目标、收集数据、整理数据、对比数据、择优选择。

【模拟训练】

根据任务背景和任务要求，依次完成商品数据分析训练。

工作子任务一　速卖通商品数据分析

【任务目标】

能够通过速卖通平台分析商品数据。

【任务背景】

在速卖通网站找到“Weddings & Events” ≫ “Wedding Dresses”类目，从中抓取3种商品用表格记录并比较，试分析商品的市场潜力。

【任务分析】

店铺数据包含订单销售数据、商品利润分析、市场容量评估、商品生命周期、客单价等要素，跨境电商商家可以每天分析店铺销量、订单数、销售额、报告量、商品被加入购物车的时间、和前一天对比的情况，了解商品在目标市场的潜力。

【任务操作】

步骤1：浏览婚纱1商品详情页，如图3-37所示。

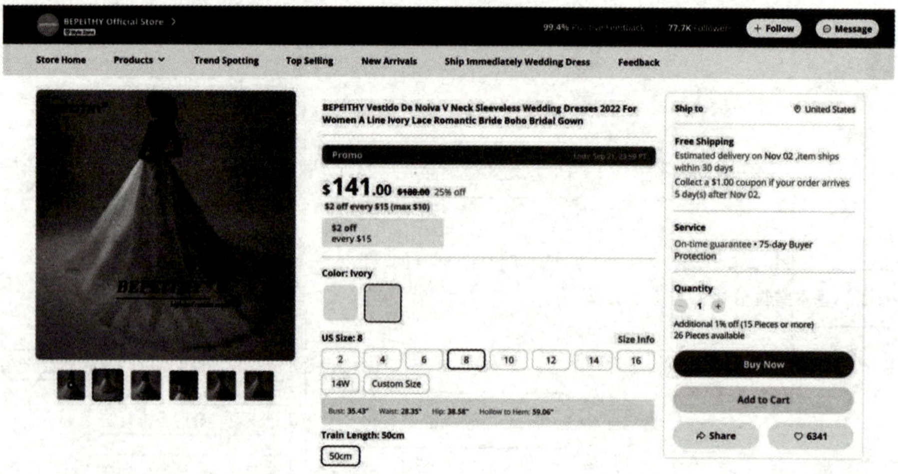

图3-37 婚纱1商品详情页

步骤2：浏览婚纱2商品详情页，如图3-38所示。

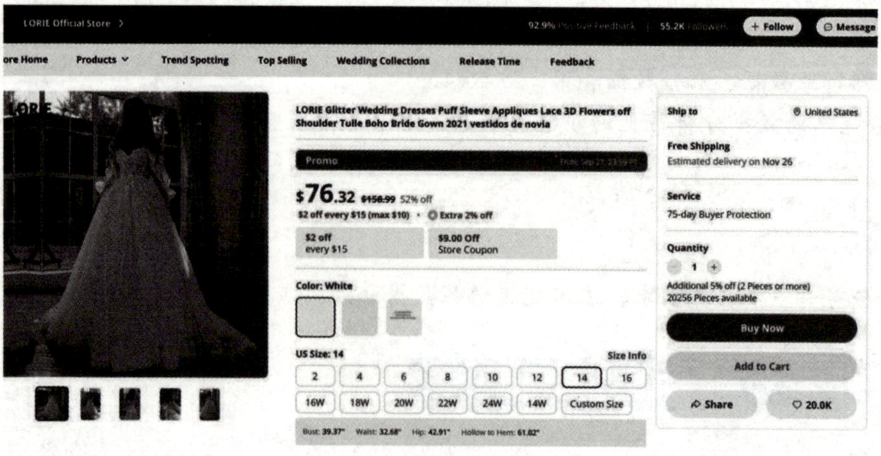

图3-38 婚纱2商品详情页

步骤 3：浏览婚纱 3 商品详情页，如图 3-39 所示。

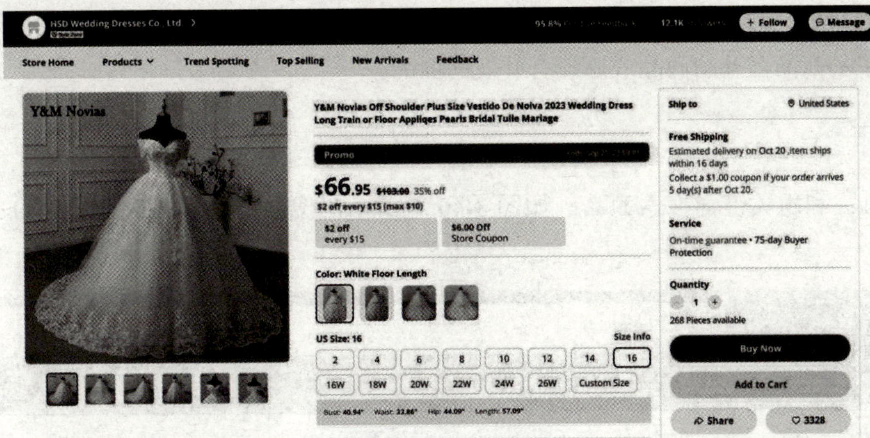

图 3-39　婚纱 3 商品详情页

步骤 4：填写表格进行分析。对比上述商品相关信息，填写表 3-6。

表 3-6　速卖通商品信息分析

序号	分析内容	婚纱 1	婚纱 2	婚纱 3
1	商品短视频数量			
2	商品图片数量			
3	商品数量			
4	商品收藏数量			
5	商品好评率			
商品分析总结		（哪一种商品更具有市场潜力，请说明理由）		

【任务思考】

跨境电商平台上架的所有商品都有生命周期，即商品经历引入期、成长期、成熟期和衰退期四个阶段。与此同时，在这四个阶段会产生数据，这些数据应用得好，可以帮助商家迅速找到合适的市场、商品与服务，也可以帮助商家及时调整选品思路。

工作子任务二　亚马逊商品数据分析

【任务目标】

能够结合亚马逊公布的数据寻找可以互补的或还没有开发的商品。

【任务背景】

亚马逊销售排行榜（Amazon Best Sellers）是由亚马逊平台基于销售而评定的最受欢迎的商品，且排名并不固定，经常更新。商家如果能够对排行榜中包含的商品认真梳理、研究，并结合自己的思考，就基本上可以评估出自己是否能够在该平台经营。商家可以试着找到与排行中的热卖商品互补的商品或排行榜中缺乏的商品。

【任务分析】

在亚马逊网站找到平台公布的头戴式耳机（headsets）商品销售排行榜，试着寻找可以与排行榜中的商品互补的商品或还没有开发的商品。

【任务操作】

步骤 1：利用关键词搜索商品。如图 3-40 所示，在搜索框中输入关键词“headsets”，进行搜索。

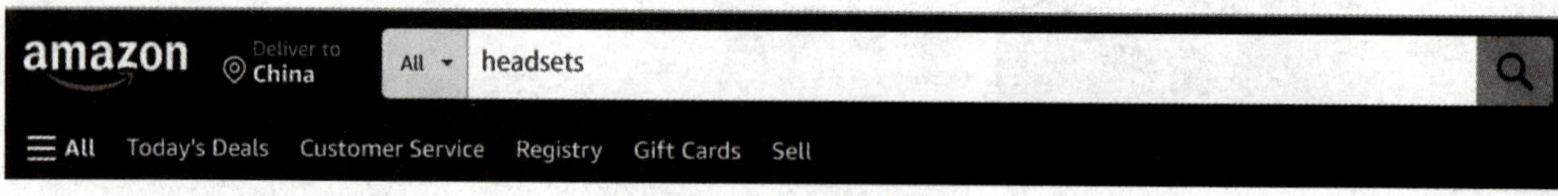

图 3-40　商品搜索框

步骤 2：查找有“Best Seller”黄色标签的商品。如图 3-41 所示，在返回搜索结果的页面中找到一种有“Best Seller”黄色标签的头戴式耳机，然后打开其商品详情页。

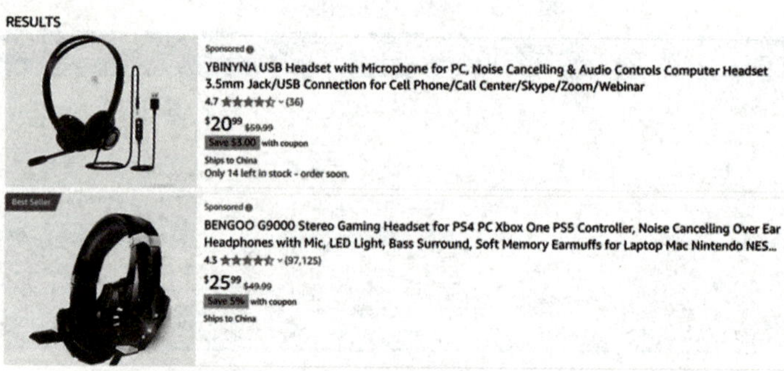

图 3-41　头戴式耳机商品搜索结果

步骤 3：进入亚马逊销售排行榜。如图 3-42 所示，在头戴式耳机商品详情页中找到“#1 Best Seller”（最畅销商品第 1 位）标签，单击该标签进入亚马逊销售排行榜。

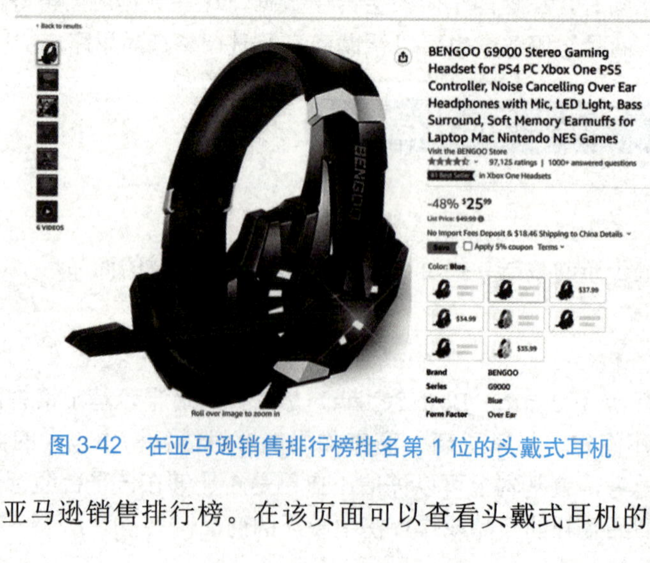

图 3-42　在亚马逊销售排行榜排名第 1 位的头戴式耳机

步骤 4：查看亚马逊销售排行榜。在该页面可以查看头戴式耳机的销售排名情况，如

图 3-43 所示。

图 3-43　头戴式耳机销售排行榜

步骤 5：填写表格进行分析。对比上述商品相关信息，填写表 3-7。

表 3-7　亚马逊商品信息分析

序号	分析内容	Top 1 商品	Top 2 商品	Top 3 商品
1	商品名称（Title）			
2	商品图片（Picture）			
3	商品售价（Price）			
4	评价星级指标（Ratings）			
5	回答客户问题数（Answered Questions）			
商品分析总结		（寻找与排行榜上的商品互补的商品或排行榜上缺乏的商品，并说明理由）		

【任务思考】

亚马逊销售排行榜是亚马逊免费扶持的项目，并且支持所有商品类目，任何商品都能够获得支持。商家如果能够对这些商品详情页中包含的商品认真梳理、研究，并结合自己的思考，基本上可以评估出自己是否能够在该平台上经营。商家可以试着找到与排行榜上的商品互补的商品，或排行榜上缺乏的商品。亚马逊是全球最大的电商平台，平台上的商品种类可谓数不胜数，竞争十分激烈，但真正能够获得消费者青睐的商品并不多。商家可以通过亚马逊的各个排行榜了解平台的热销商品。

3

工作领域四　线上交易处理

工作任务一　速卖通线上订单处理

【任务目标】

1. 掌握速卖通线上发货操作步骤与相关流程。
2. 能够针对自己店铺商品的实际情况设置速卖通店铺运费模板。

【任务导图】

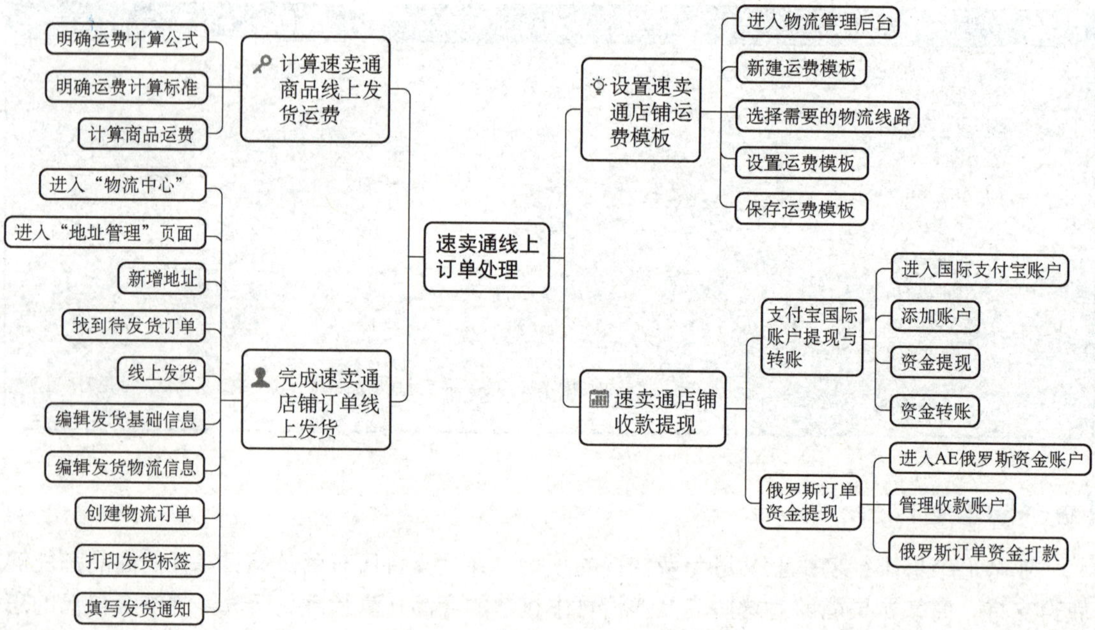

【知识回顾】

1. 商家在选择合作物流对象时，需要从速度、安全系数、优势与劣势对比、渠道对包裹的限制、包邮运费等方面进行考虑。

2. 速卖通物流方案包括经济类、简易类、标准类、快速类、线下类五种，商家可以综合考虑使用。

3. 速卖通订单流程包括等待买家付款、买家付款后等待发货、订单完成后等待平台放款、等待买家确认收货、确认收货后等待评价。

4. 支付宝国际账户是支付宝为从事跨境交易的国内商家建立的资金账户管理平台，包括收款、退款、提现等主要功能。支付宝国际账户是多币种账户，包含美元账户和人民币账户。

工作子任务一　计算速卖通商品线上发货运费

【任务目标】

1. 能够掌握运费计算方法。
2. 能够根据商品重量及体积，运用运费计算公式计算运费。

【任务背景】

小崔计划通过无忧标准物流线路运送包裹到美国，包裹内的商品是一条纯棉连衣裙，包裹重量为230g。小崔在物流线路列表后台下载了无忧标准运费价格表（美国），如表4-1所示，知道了无忧标准物流线路的计费信息，请你帮助小崔计算该包裹通过无忧标准物流线路运输到美国的运费。

表 4-1　无忧标准运费价格表（美国）　单位：元（RMB）

<table>
<tr><th colspan="6">小包普货计费</th><th colspan="2">小包非普货计费</th><th colspan="2" rowspan="2">大包计费 限重 30kg</th></tr>
<tr><th colspan="2">0～175g（含）</th><th colspan="2">176～450g（含）</th><th colspan="2">451～2000g（含）</th><th colspan="2">0～2000g（含）</th></tr>
<tr><th>每千克配送服务费 *每1g计重</th><th>每包裹挂号服务费</th><th>每千克配送服务费 *每1g计重</th><th>每包裹挂号服务费</th><th>每千克配送服务费 *每1g计重</th><th>每包裹挂号服务费</th><th>每千克配送服务费 *每1g计重</th><th>每包裹挂号服务费</th><th>0.5kg首重</th><th>续重（每500g）</th></tr>
<tr><td>86</td><td>17.5</td><td>86</td><td>16</td><td>86</td><td>12.5</td><td>96</td><td>19</td><td>201.09</td><td>65.62</td></tr>
</table>

【任务分析】

无忧标准物流有小包普货、小包非普货与大包三种计费标准，其中无忧标准物流小包渠道是不计泡的，大包渠道是计泡的，计泡系数是8000。小崔的包裹重量为230g，并且商品为普通连衣裙，所以应该按照小包普货的计费标准计费。

【任务操作】

步骤1：明确运费计算公式。

实际运费=挂号服务费+配送服务费×商品重量

步骤2：明确运费计算标准。

因为小崔的商品重量为200g，所以应该按照176～450g（含）这个计费标准计算。

步骤3：计算商品运费。

商品重量是200g，属于176～450g（含）价格段，运费=16+0.2×86=35.2（元）。

【任务思考】

请以美国为例，根据题目中的计费标准计算表4-2中包裹的运费并填写表格。

表 4-2　发往美国的包裹运费

包裹	重量/g	尺寸/cm	运费/元
包裹 A	300	10×10×2	
包裹 B	500	10×10×5	
包裹 C	1200	30×20×5	
包裹 D	2500	30×30×30	

工作子任务二　设置速卖通店铺运费模板

【任务目标】

1. 能够选择合适的物流渠道。
2. 能够根据商品的特点设置运费模板。

【任务背景】

速卖通店铺账户开通了，小崔开始在速卖通平台上架商品，在上架商品的时候需要选择运费模板。小崔计划先根据自己公司的商品特点及公司对时效的要求设置运费模板。小崔已经计算好了不同物流线路的运费，请你帮助小崔完成运费模板的设置。

【任务分析】

在设置运费模板之前，需要了解目标市场的物流情况、不同物流方式的收费标准、不同物流方式的寄送条件及限制等。不同物流方式、不同国家和地区的运费规则和标准有所不同。了解这些信息和规则可以为商家提供更加精准的运费计算方式。

在设置运费模板时，需要考虑商品定价和模板设置两方面的因素，否则可能亏本或者定价过高。一般来说，有两种设置运费模板的思路——不包邮和包邮，商家可以根据自身需求与商品实际情况选择是否包邮。

按照物流时效分类，速卖通物流方式可以分为经济类物流、简易类物流、标准类物流与快速类物流，不同物流类型的优点和缺点都不同。对于各类物流的具体情况，可以查询速卖通后台的物流线路列表，如图 4-1 所示。

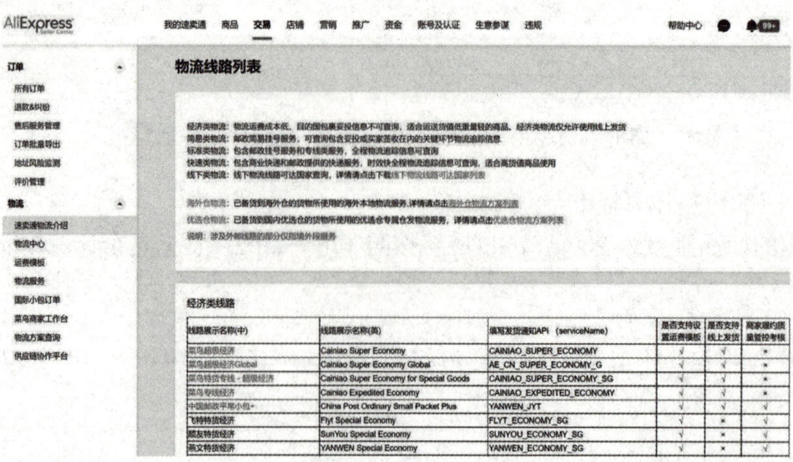

图 4-1　速卖通物流线路列表

【任务操作】

在设置店铺运费模板前，商家需要了解各类物流方式，选择物流方式需要考虑多方面因素，如速度、安全系数、优势与劣势对比、渠道对包裹的限制、包邮运费等。在消费者下单选择某种物流方式后，商家不可随意更改物流方式。

步骤 1：进入物流管理后台。

在“物流”板块选择“运费模板”，打开速卖通运费管理界面，如图 4-2 所示。

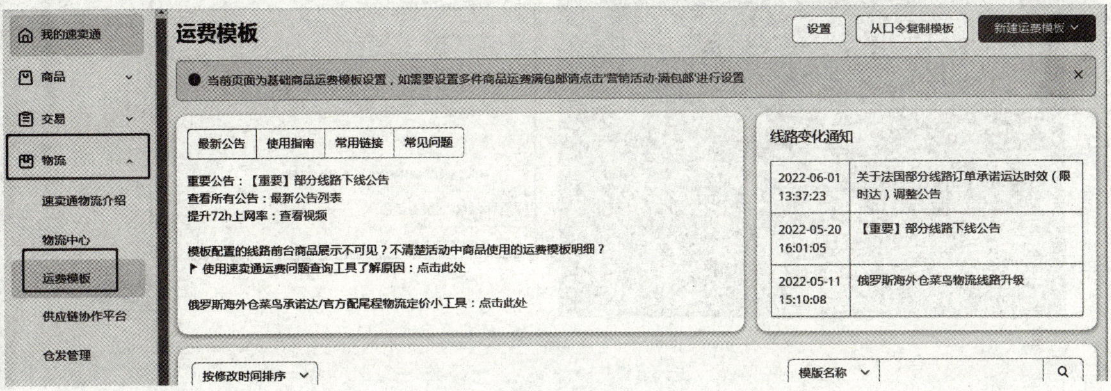

图 4-2　运费模板管理界面

步骤 2：新建运费模板。

单击【新建运费模板】按钮，打开新建运费模板页面，设置模板名称，选择发货地址，如图 4-3 所示。

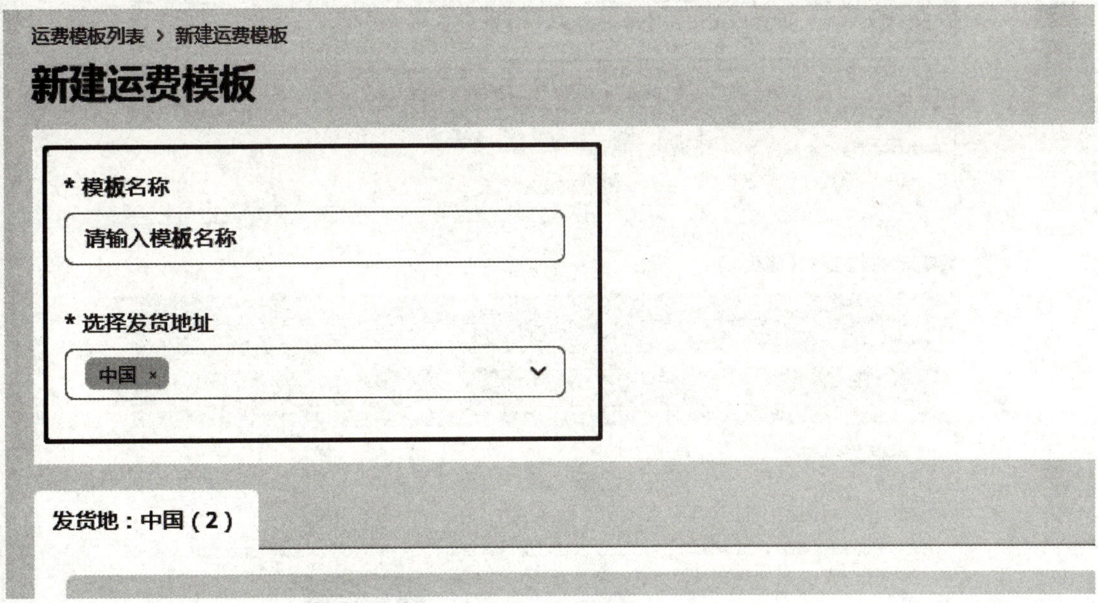

图 4-3　新建运费模板

步骤 3：选择需要的物流线路。

打开“请选择物流线路”页面，选择自己需要的物流线路，如图 4-4 所示。

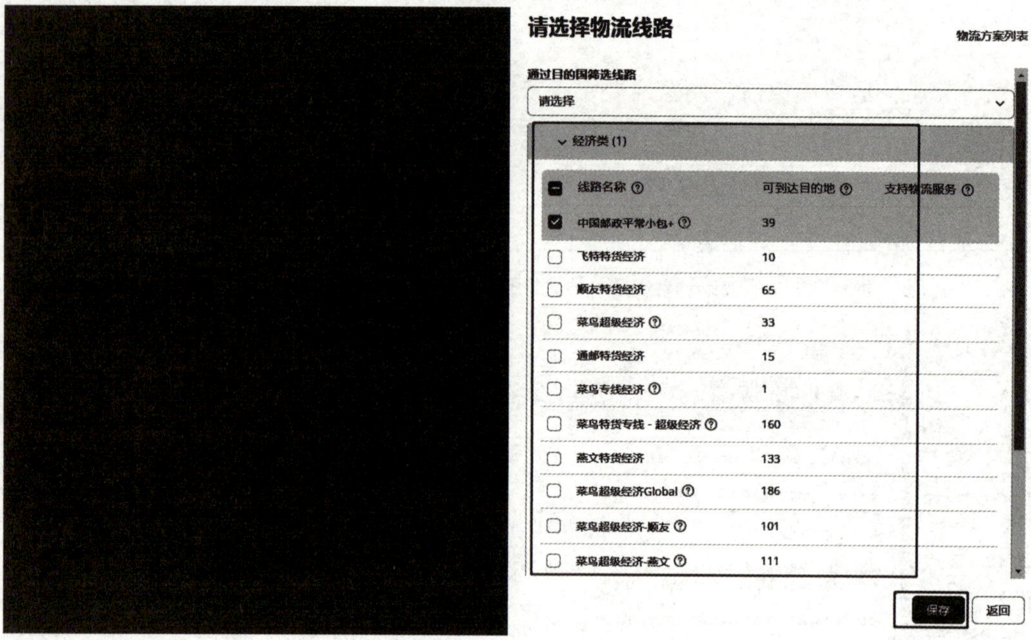

图 4-4　选择物流线路

步骤 4：设置运费模板。选择物流线路，针对每条线路可以设置标准运费、卖家承担、自定义运费三种模式。商家根据自己的商品特性和目的地国家设置运输目的地、折扣等，如图 4-5 所示。

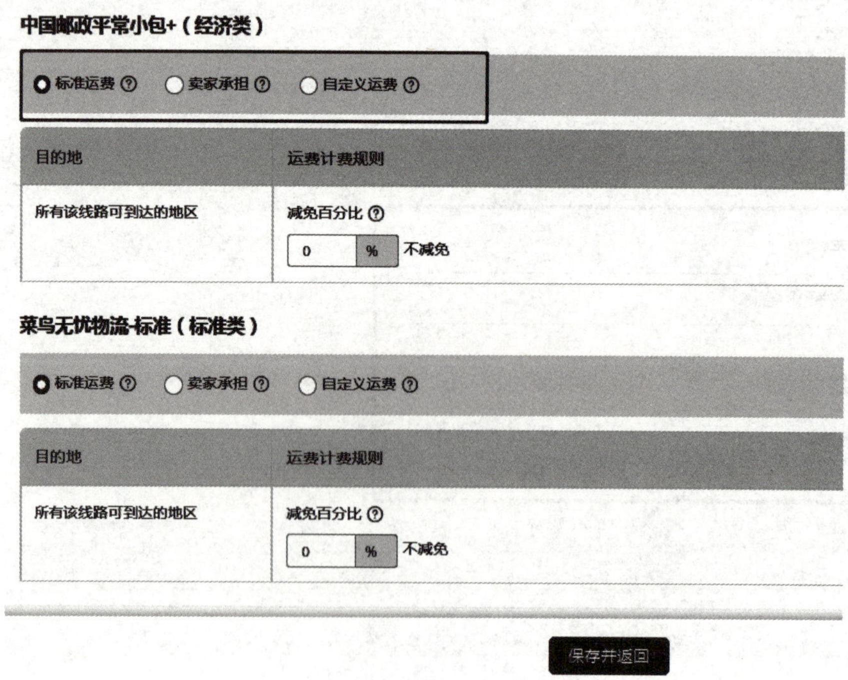

图 4-5　设置物流线路

步骤 5：保存运费模板。设置所选物流线路的收费标准后，可以单击【保存并返回】按钮，将该运费模板保存，便于后续上架商品时选用，如图 4-6 所示。

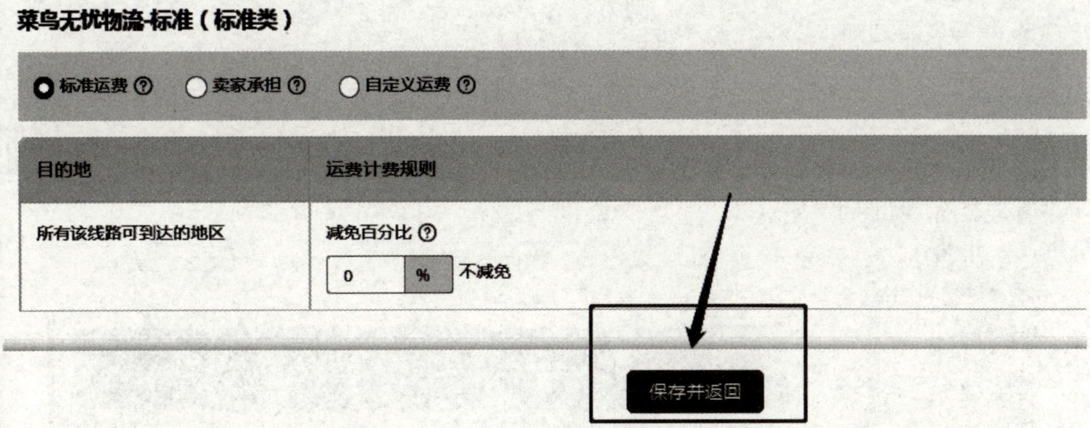

图 4-6　保存运费模板

【任务思考】

1. 哪些物流渠道不计泡？
2. 经济类物流和标准类物流有哪些区别？
3. 化妆品可以采用什么渠道发货？

工作子任务三　完成速卖通店铺订单线上发货

【任务目标】

1. 能够完成速卖通商家后台的发货与退货地址设置。
2. 能够掌握线上发货的流程及方法。
3. 能够通过线上发货来完成订单的发货。

【任务背景】

通过一段时间的运营推广，小崔的速卖通店铺迎来了许多订单。小崔兴奋极了，为了保障订单的时效性，小崔使用速卖通后台线上物流来处理客户订单。为了完成订单线上发货，小崔需要先设置店铺的发货及退货地址，然后进行线上发货。请你帮助小崔完成订单线上发货。

【任务分析】

速卖通订单支持线上发货和线下发货。线上发货就是通过与速卖通合作的物流公司发货；线下发货则是商家自己联系物流公司洽谈发货事宜，商家需要自己联系物流公司,确定对方是否可靠。

速卖通订单线上发货一般分为以下几个步骤。

1. 填写发货与退货地址。
2. 选择需要发货的订单。
3. 选择“线上发货”。
4. 填写发货基础信息与物流信息。

5. 创建物流订单。
6. 填写发货通知。

【任务操作】

步骤1：进入“物流中心”。在“物流”板块中选择“物流中心”，进入速卖通“物流中心”管理页面，如图4-7所示。

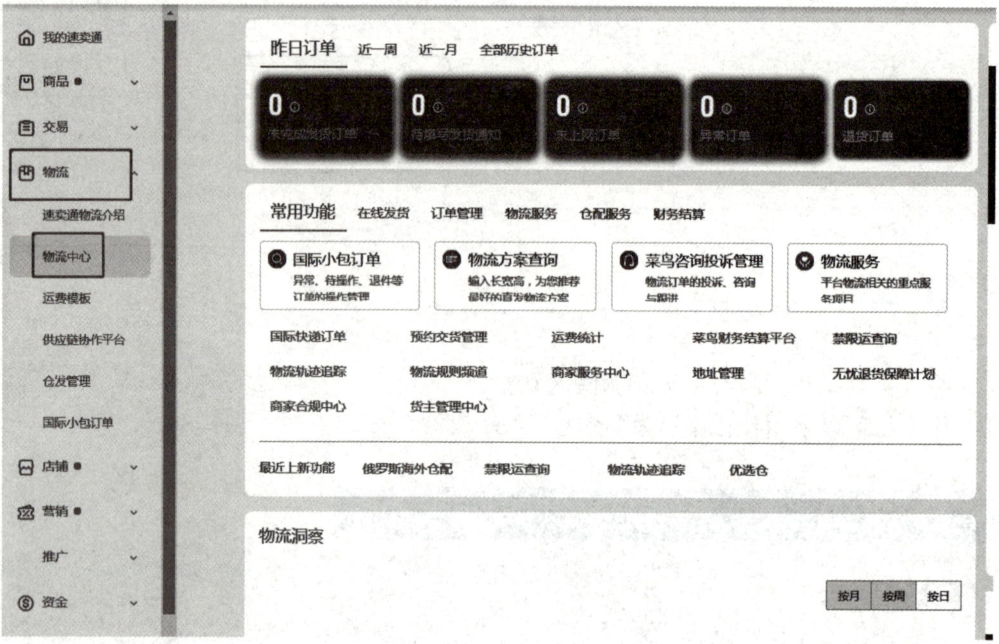

图4-7 速卖通“物流中心”管理页面

步骤2：进入“地址管理”页面。选择“地址管理”，进入地址管理页面，如图4-8所示。

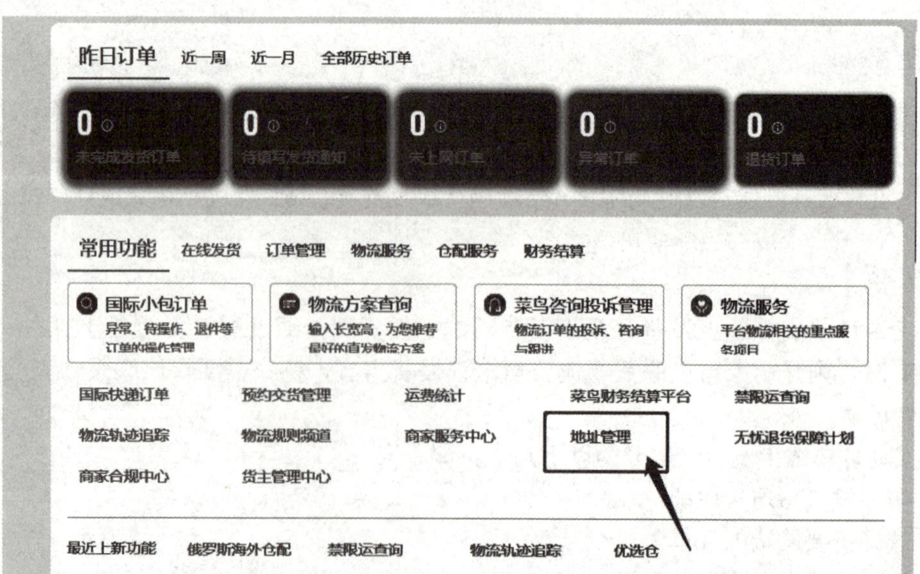

图4-8 选择“地址管理”

步骤 3：新增地址。单击【新增地址】按钮，逐个添加发货地址和退货地址的中英文地址信息，如图 4-9 所示。

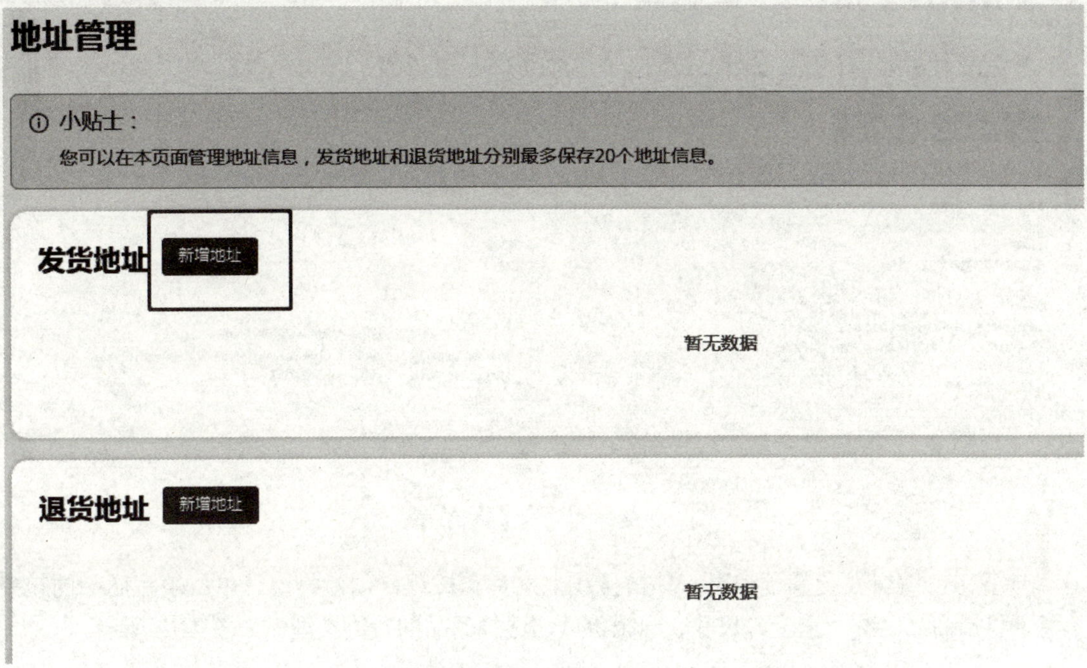

图 4-9　新增地址

步骤 4：找到待发货订单。通过“交易”≫“所有订单”≫“发货未完成”这一路径，可以看到店铺的所有待发货订单，如图 4-10 所示。

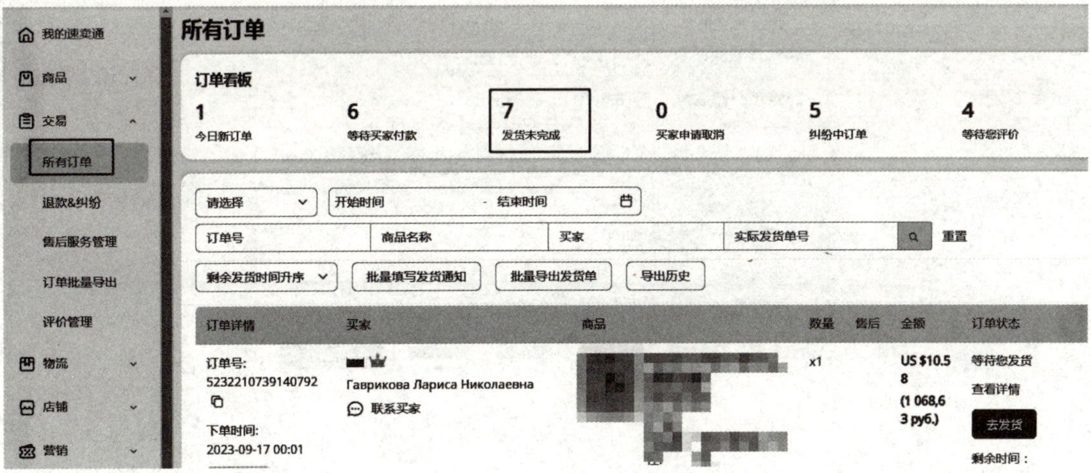

图 4-10　待发货订单

步骤 5：线上发货。选择待发货订单，单击【去发货】按钮，打开订单详情，如图 4-11 所示。在订单详情里可以看到发货剩余时间、买家会员名、收货地址等信息。

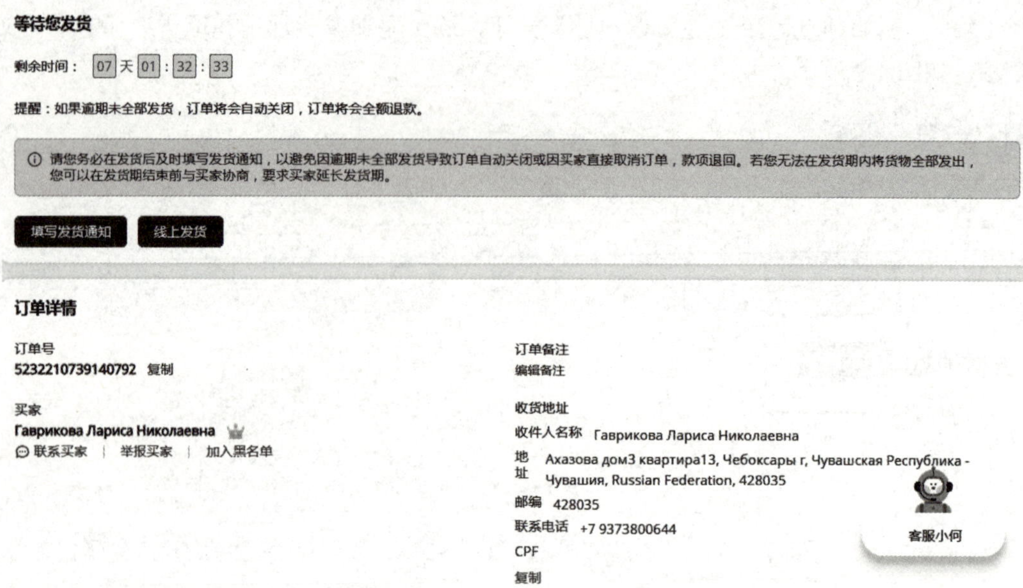

图 4-11　订单详情

步骤 6：编辑发货基础信息。单击【线上发货】按钮，创建物流订单。填写商品的包裹信息，包括商品名称、重量、尺寸、申报价值，选择商品的货物类型，如图 4-12 所示。

图 4-12　编辑发货基础信息

步骤 7：编辑发货物流信息。在“物流方案”中选择需要的物流服务，系统会对商家的发货地址进行仓库匹配，可以选择“免费上门揽收”。选好之后单击【提交物流单】按钮，创建物流订单，如图 4-13 所示。

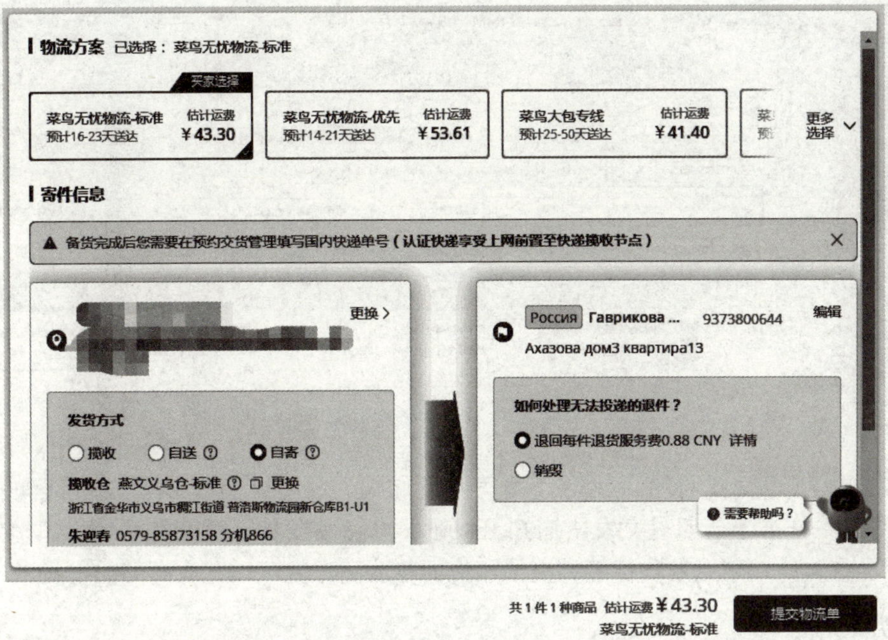

图 4-13　编辑发货物流信息

步骤 8：创建物流订单。出现“成功创建物流订单”的提示，表示物流订单创建完毕，如图 4-14 所示。

图 4-14　成功创建物流订单

步骤 9：打印发货标签。复制物流订单号，选择“国际小包订单”，利用物流订单号进行查询。单击“查看详情”命令，可以查看国际物流单号等物流详情信息；单击“打印面单（原发货标签）”命令，可以打印发货标签，如图 4-15 所示。

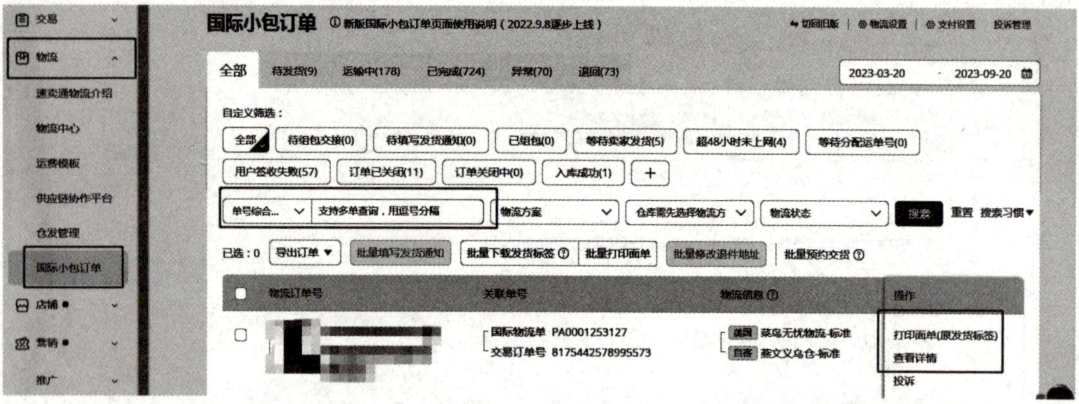

图 4-15 打印发货标签

步骤 10：填写发货通知。单击“填写发货通知”命令，打开填写发货通知页面，如图 4-16 所示。单击【全部提交发货通知】按钮即可完成发货。商家在系统里填写发货信息后，将商品打包好，贴上发货标签并交给相应的物流商，就可以完成商品的发货。

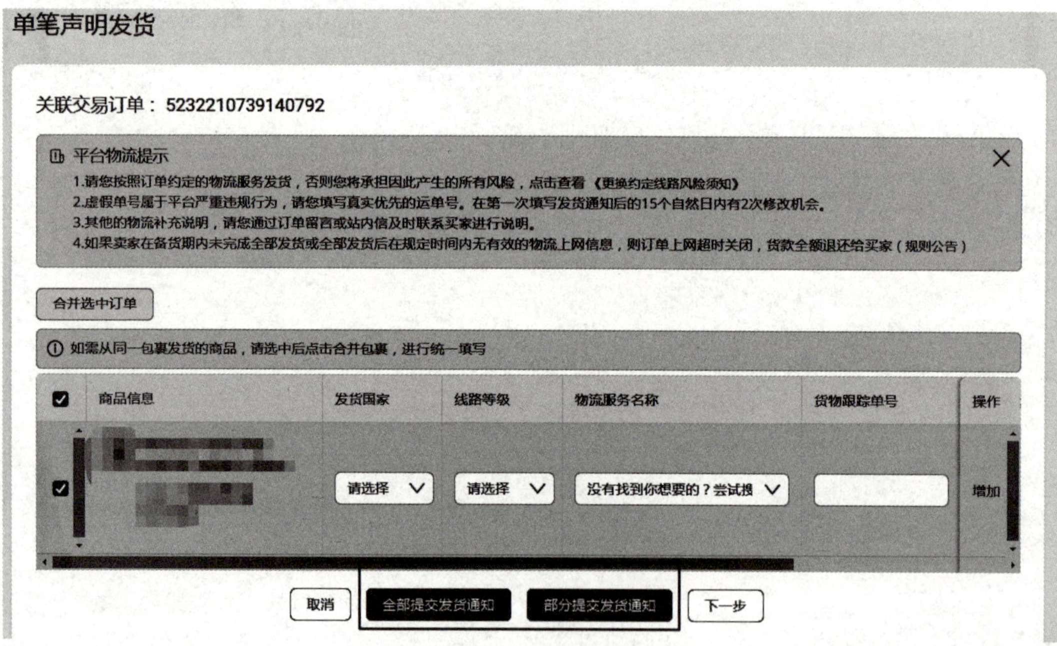

图 4-16 填写发货通知

【任务思考】

1. 生成发货标签后多长时间需要完成包裹揽收上网？
2. 速卖通线上发货有哪些优势？

工作子任务四 速卖通店铺收款提现

【任务目标】

1. 能够对支付宝国际账户的资金进行提现或转账。

2. 能够使用万里汇收取俄罗斯路向的资金。

【任务背景】

小崔的速卖通店铺发出的订单商品陆续被客户签收，部分订单的资金已经回款。为了加速资金流转，提升资金的利用率，小崔需要将回款提现。

【任务分析】

在速卖通平台，通过支付宝国际账户，商家可以完成收款、退款、提现等操作。通过国际支付宝账户提现，商家可以将支付宝国际账户中的可用余额转入法人的支付宝个人账户或和公司同名的支付宝内地企业账户。

对于俄罗斯订单的资金管理需要通过专门的俄罗斯（RU）订单资金管理功能实现。“RU 订单资金管理”账户是由万里汇（WorldFirst）和 PingPong 提供服务的，因此需要签约授权万里汇或者 PingPong 提供资金服务。万里汇依托跨境金融领域的全球生态合作网络，可以为速卖通商家提供优质的跨境收付兑服务。商家需要根据自身需求与资金具体情况，选择合适的方式完成资金提现。

【任务操作 1】支付宝国际账户提现与转账

步骤 1：进入国际支付宝账户。通过“资金”≫“支付宝国际账户”这一路径，商家可以查看国际支付宝资金情况，如图 4-17 所示。商家可以对国际支付宝的资金进行提现、转账和兑换操作。

图 4-17　国际支付宝

步骤 2：添加账户。系统支持添加银行账户、万里汇账户及支付宝账户，商家可以根据自身需求添加不同账户。选择“银行账户”，添加同名公司账户或者法人个人账户，或者添加法人的支付宝个人账户，也可以添加万里汇账户，如图4-18所示。

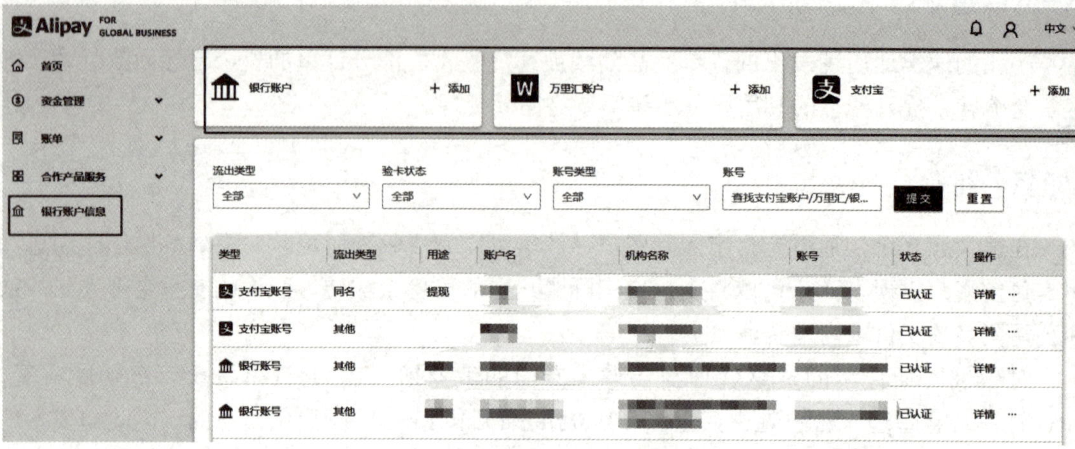

图4-18 添加账户

步骤3：资金提现。选择“提现”选项，可以选择收款币种及账户，填写提现金额，如图4-19所示。在确认提现之前，一定要确认提现信息及手续费。在确认无误后，可以输入提现密码，单击【确认】按钮。提现每笔收取0.3%的手续费，最低8美元起步。对于小额资金来说，提现不合算，可以将资金转账到万里汇账户再提现。

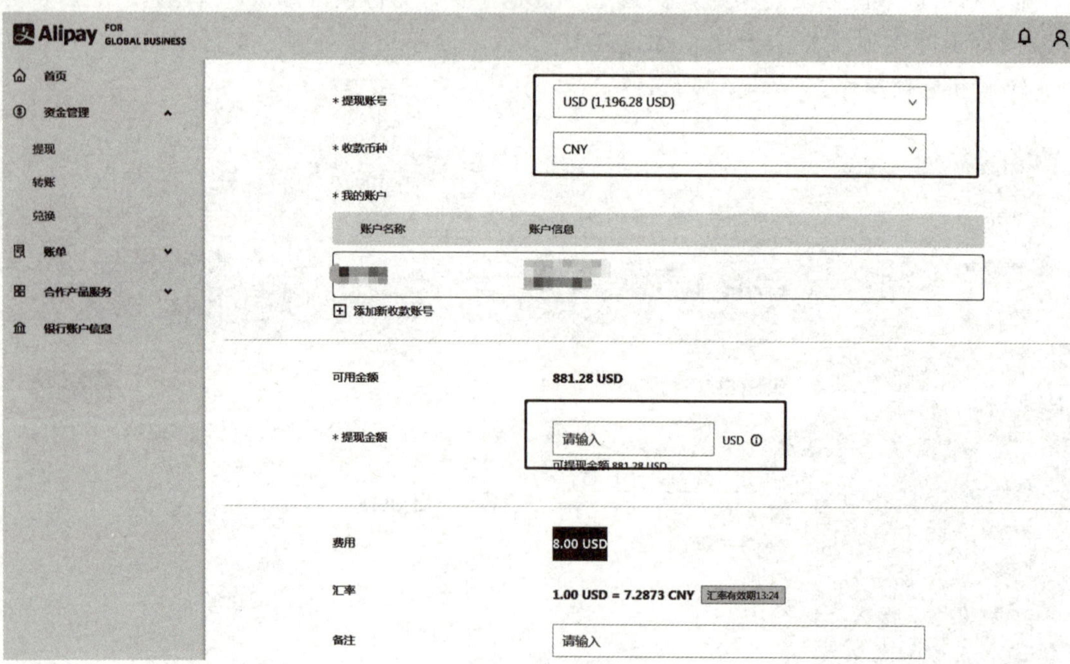

图4-19 资金提现

步骤4：资金转账。选择“转账”选项，输入万里汇账号，填写转账金额，确认信息，完成转账，如图4-20所示。

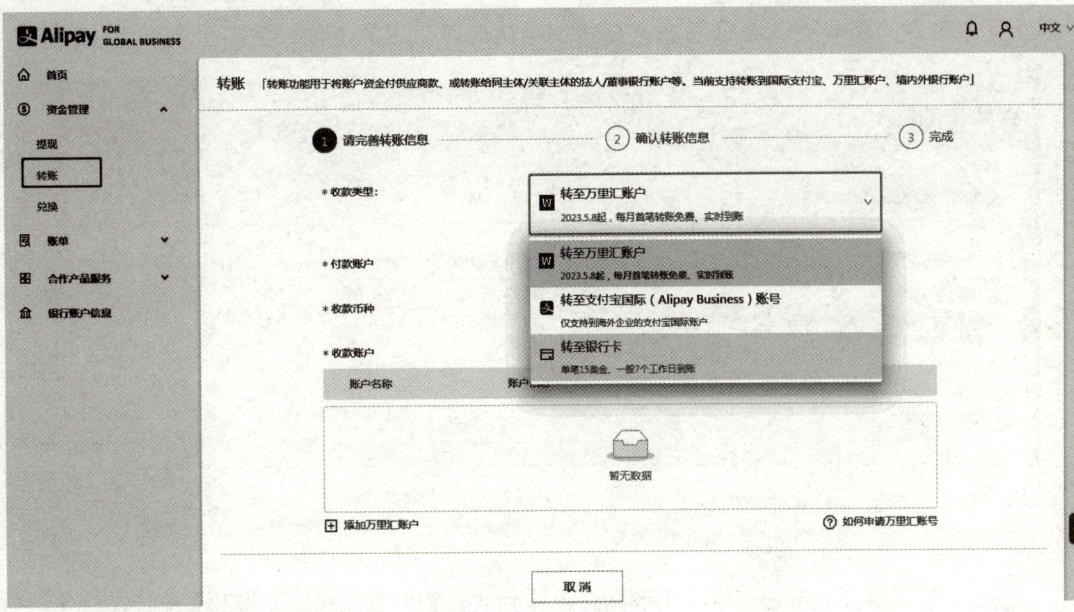

图 4-20　资金转账

【任务操作 2】俄罗斯订单资金提现

步骤 1：进入 AE 俄罗斯资金账户。

在“资金”板块下选择“资金管理”，进入“资金中心”页面。选择“AE 俄罗斯资金账户”，可以查看账户中的资金详情，如图 4-21 所示。

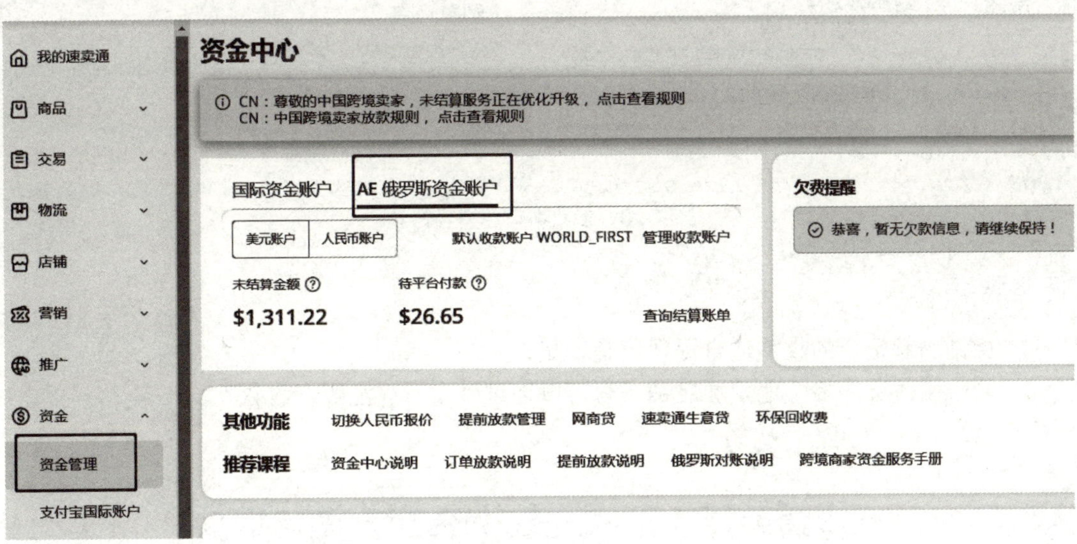

图 4-21　AE 俄罗斯资金账户

步骤 2：管理收款账户。在“AE 俄罗斯资金账户”页面选择“管理收款账户”，可以管理收款账户。商家可以使用万里汇账户或者 PingPong 账户收款。如果没有万里汇账户或者 PingPong 账户，商家需要先注册账户，之后单击【去绑定账户】按钮。商家可以将自己的万里汇（WORLD_FIRST）账户或者 PingPong（PING_PONG）账户绑定，如图 4-22 所示。绑定收款账户时，需要注意，一定要拥有一个经过实名认证的万里汇账户或者 PingPong 账户，而且该账户的企业主体必须与商家在速卖通注册时使用的主体一致，否则绑定将失败。

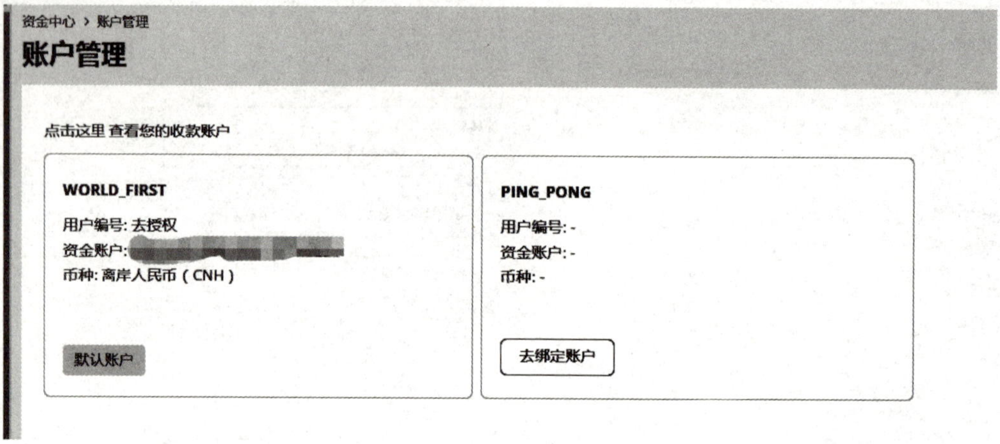

图 4-22　添加收款人账户

步骤 3：俄罗斯订单资金打款。俄罗斯订单达到放款条件后，系统会将其先统计在待平台付款金额中，每周四放款，商家可以在账户中查看未结算金额与待平台付款金额，如图 4-23 所示。

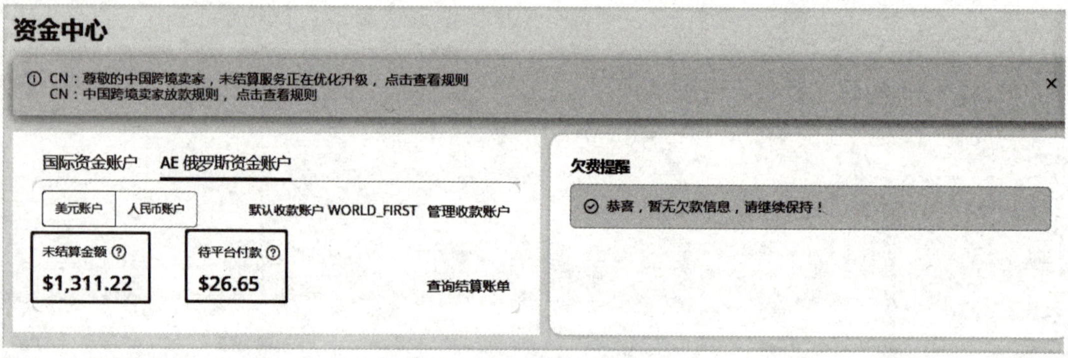

图 4-23　俄罗斯订单资金打款

【任务思考】

1. 店铺小额资金的收款适合提现还是转账？
2. 同一主体下的多个速卖通店铺是否可以通过一个万里汇账户收款？

工作任务二　速卖通线上客户分类与维护

【任务目标】

1. 能够使用速卖通站内 IM 完成各项日常客服工作。
2. 能够使用速卖通的客户营销工具发送营销内容。
3. 能够处理好店铺的售后和订单纠纷。

【任务导图】

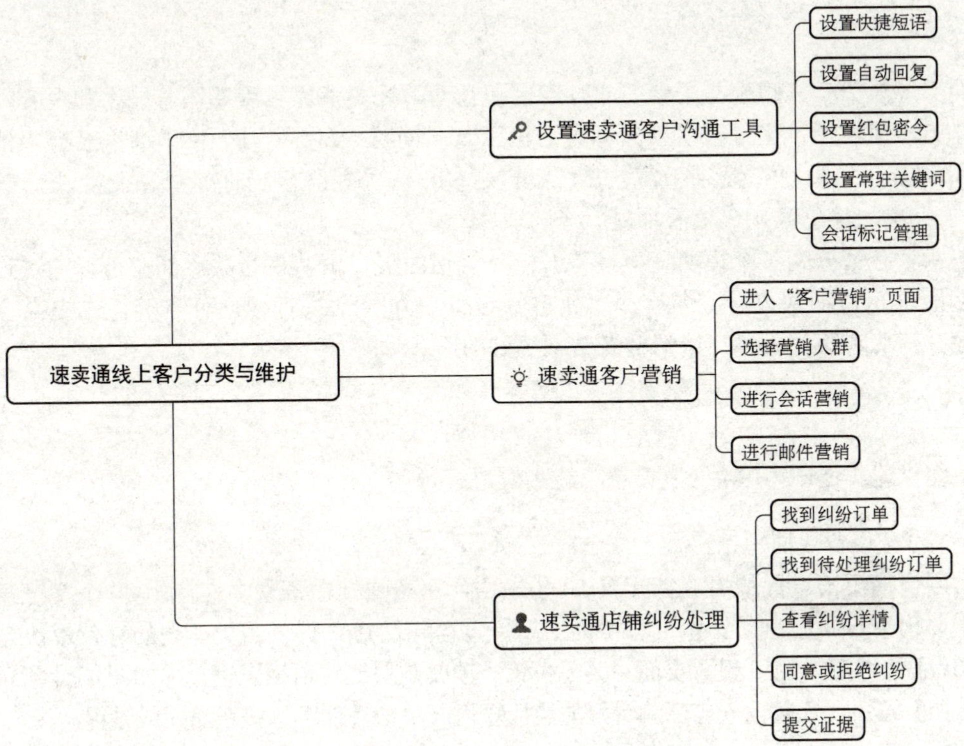

【知识回顾】

1. 为实现消费者、商家与平台的即时连接和互动，提高商家客服端的服务能力和提升消费者的购物体验，速卖通推出了买卖双方即时通信工具——消费者会话，买家会话分为三个模块——接待面板、会话面板、买家相关。

2. 场景营销是针对收藏、加购、领券、购买、关注店铺、算法兴趣人群等潜在客户的营销工具。速卖通的场景营销具有不花钱投广告、无须自建人群、多个发送渠道等优势。

3. 速卖通平台的纠纷属于交易纠纷，主要指在交易过程中，买卖双方因利益冲突、误会，或者一方刻意隐瞒，从而无法使交易满意完成而产生的退货、退款等行为。商家必须明确了解平台与纠纷相关的规定，严格按照规定去做，服务好每位消费者，将纠纷率降到最低。当消费者提出退货、退款等要求时，商家要按照相关程序及时、有效地做出答复。

工作子任务一　设置速卖通客户沟通工具

【任务目标】

1. 能够使用速卖通站内 IM 的各项功能。
2. 能够根据商品特点和销售场景回复客户提出的问题。

【任务背景】

通过一段时间的运营推广，小崔的速卖通店铺迎来了不少客户。有些客户通过站内 IM

联系小崔了解商品详情、订单状态。小崔开始使用速卖通站内IM服务客户。

【任务分析】

为实现消费者、商家与平台的即时连接和互动，提高商家客服端服务能力和提升消费者购物体验，速卖通推出了买卖双方即时通信工具（简称“IM”）。IM位于商家后台“消息中心—买家会话”板块，无须下载。IM聚集文本信息、多语言实时翻译、图片、通用卡片（商品、订单、优惠券）等核心功能。

消费者会话分为三个模块——接待面板、会话面板、消费者相关。商家可以通过设置快捷回复短语、自动回复、红包密令、常驻关键词、对会话进行标记分类等操作提高会话效率，提升消费者服务质量，给消费者带来更好的服务体验。

【任务操作】

下面以速卖通站内IM回复设置功能为例进行说明。

步骤1：设置快捷短语。

常用快捷短语设置最多支持配置50条短语，每条快捷短语最多支持1000个字符。快捷短语主要用于日常用语的话术汇总，词汇简单，语句简短，提供各类问题的有效解决方案。单击【设置】按钮，打开设置页面，菜单中第一项就是快捷短语列表设置，如图4-24所示。单击【添加】按钮，逐条输入自己编辑好的快捷短语；单击【保存】按钮，完成设置。

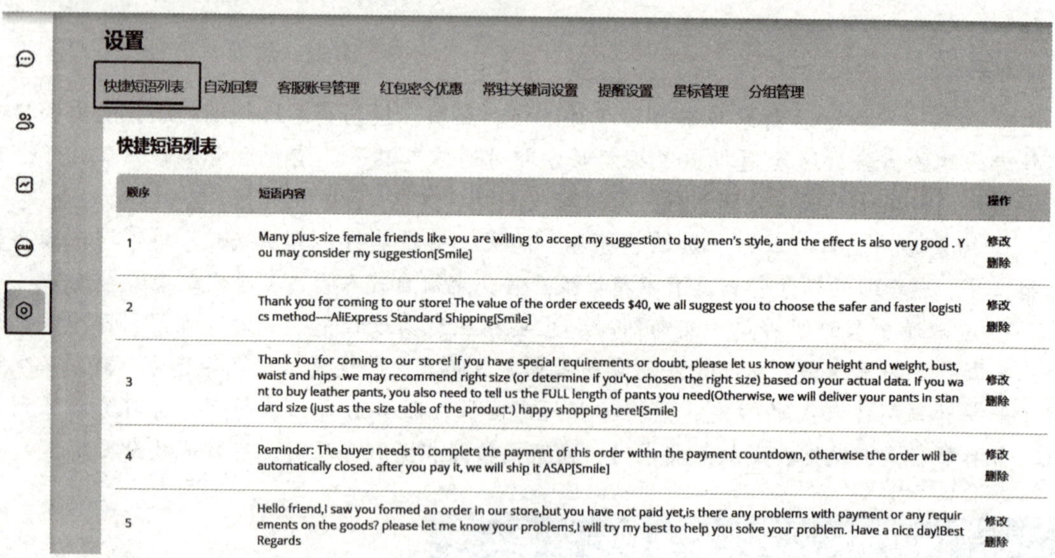

图4-24 快捷短语列表设置

步骤2：设置自动回复。

在24小时内，若消费者第一次发送消息，将收到在此处设置的自动回复内容。自动回复支持设置文本回复内容和关键词。自动回复可在店铺无人值班或者假期时间协助店铺进行店铺接待工作，可以有效提高店铺回复率，同时提高在无人值守阶段店铺的自然成交率及转化率。设置菜单第二项就是自动回复设置。在“欢迎语文本内容”内输入自动回复内容，并设置匹配的关键词，如图4-25所示。

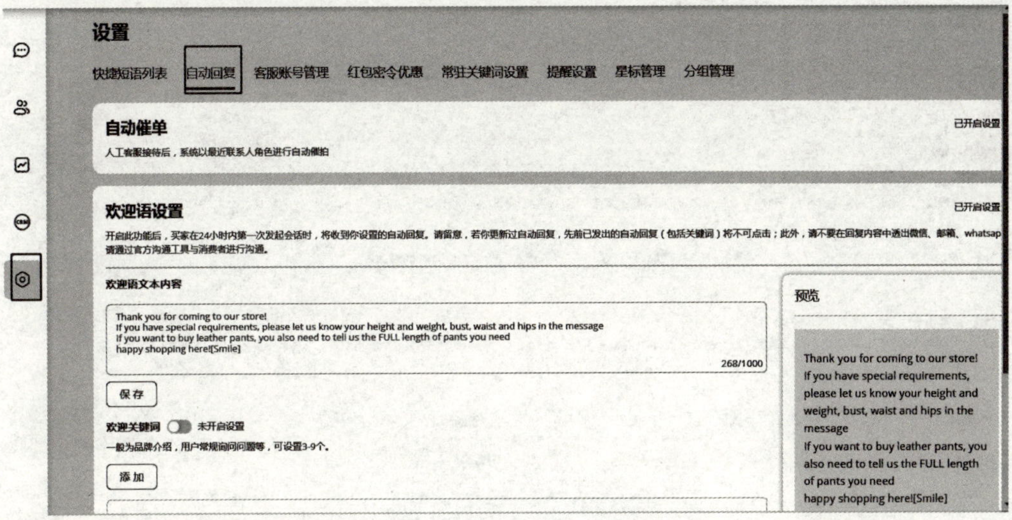

图 4-25　自动回复设置

步骤 3：设置红包密令。

通过利益刺激，可以促进互动，使店铺潜在客户显性化，以便更好地运营客户，提升店铺的询单转化率。通过密令设置，可以提升客户店铺心智及品牌心智，利于客户复购。商家可以通过商品详情页或在店铺首页挂横幅广告的方式透出密令，并引导消费者咨询。密令应设置与店铺相关的内容，如品牌名；最长不超过 15 个字符，不能输入空格。建议使用无门槛优惠券，且面额比其他渠道更大一些，更能刺激消费者下单。密令开启 1 小时后，在消费者端就可以看到。红包密令设置如图 4-26 所示。开启活动，设置口令，关联优惠券，单击【保存】按钮完成设置。

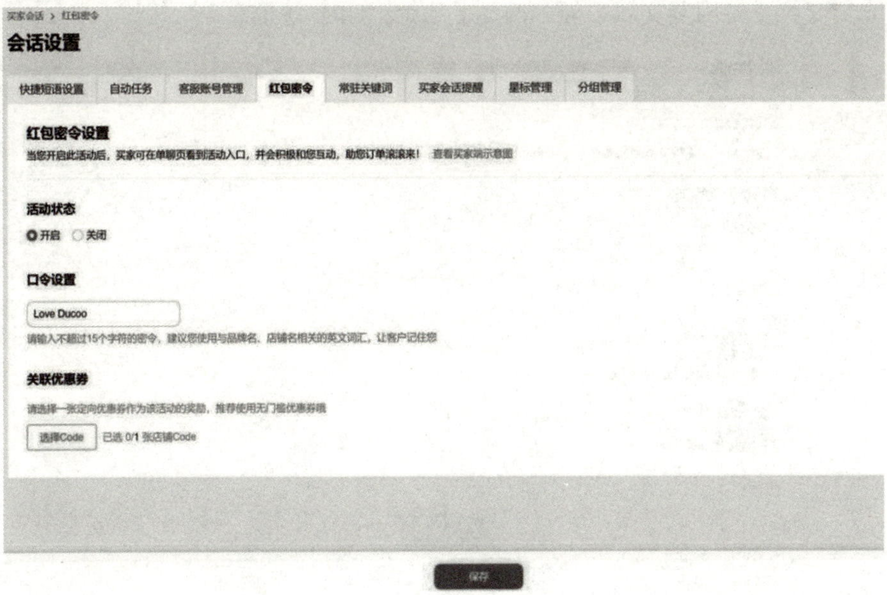

图 4-26　红包密令设置

步骤 4：设置常驻关键词。

设置常驻关键词可以更好地识别消费者意图，提升私域转化率，进行精准客户营销。消费者通过会话端直接关注店铺，有助于店铺增加客户；一键获取优惠券，可以促进客户转化。在“会话设置”页面选择“常驻关键词”，打开常驻关键词管理页面，如图 4-27 所示。

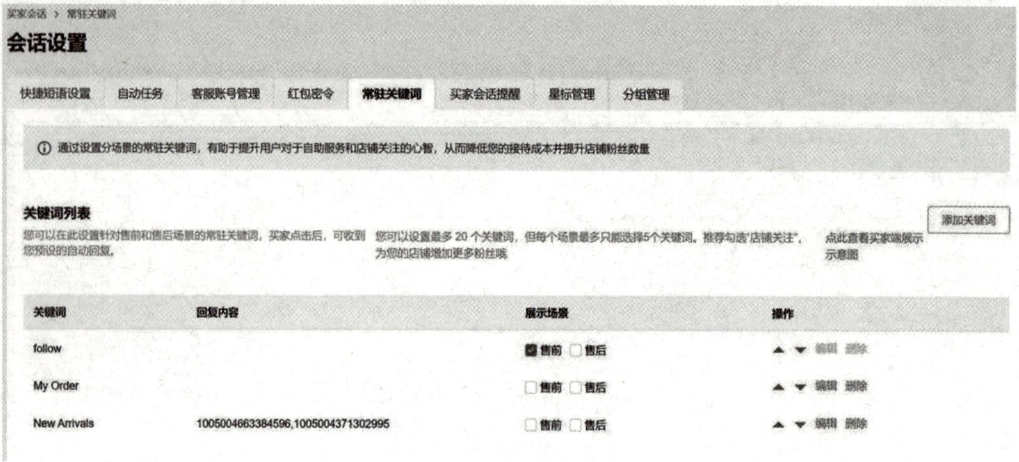

图 4-27　常驻关键词管理页面

单击【添加关键词】按钮，设置关键词，如图 4-28 所示。速卖通目前支持优惠券（Coupon）、店铺爆款（Hot items）、店铺上新（New arrivals）、我的订单（My order）、自定义五种关键词类型，最多可以展示售前、售后 5 个关键词，最多可以设置 20 个关键词。选择关键词并配置与关键词对应的内容。

（1）订单查询：默认展示消费者最近 5 个订单。

（2）热销爆款：选择店铺对应商品 ID，最多 4 个。

（3）优惠券：一次最多配置 3 张。

（4）自定义：支持回复文本、券、商品、店铺、URL 等信息。

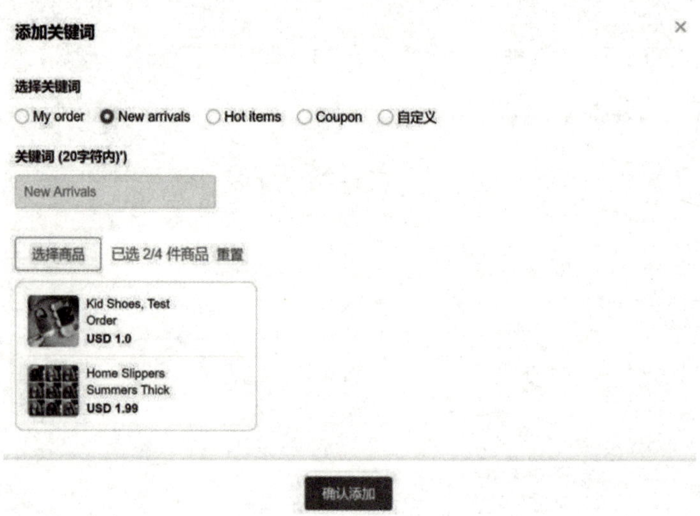

图 4-28　添加关键词

步骤 5：会话标记管理。

买家会话中的“星标自定义名称”功能可以帮助商家在会话过程中快速而准确地识别系统重要用户。商家可以针对不同星标的意义进行文字说明，从而快速筛选相同类型的用户，以提升回复效率。在“会话设置”中打开“星标管理”页面，单击【编辑】按钮，自定义星标名称，如图 4-29 所示。下面是常用的星标意义。

（1）黄色标记：补发订单，需要给客户发新单号。

（2）蓝色标记：大单客户/老客户订单持续跟进（物流与售后追踪等）。

（3）绿色标记：订单退款，通过客服或贝宝（PayPal）等。

（4）红色标记：商品质量问题，需要定期记录并汇报。

（5）紫色标记：因物流纠纷给客户退款，后续到货后催客户付款。

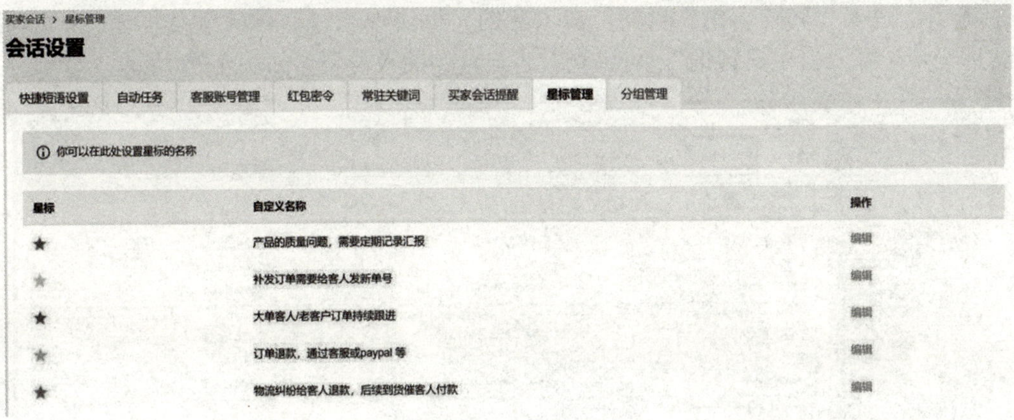

图 4-29　自定义星标名称

【任务思考】

1. 请给自己的店铺设置自动回复内容。
2. 请结合常用的客服沟通模板设置快捷短语。

工作子任务二　速卖通客户营销

【任务目标】

1. 能够根据营销目标选择营销人群。
2. 能够使用客户营销手法对潜在客户进行营销。

【任务背景】

小崔已经在速卖通平台上架了多款商品。通过一段时间的运营推广，店铺迎来了一些消费者的访问，有些商品被很多消费者加购和收藏。在最近两个月内，店铺产生了 500 多个订单，小崔想采取客户营销方法来促进加购消费者的成交。

【任务分析】

“客户营销”是速卖通平台提供给商家的，可以针对收藏、加购、领券、购买、关注店铺、算法兴趣人群等潜在客户的免费营销工具。客户营销支持商家通过买家会话、邮件与定向 Code 等渠道对潜在客户进行营销，刺激潜在客户的转化。利用客户营销功能进行营销一般有以下步骤：

1. 选择需要的潜在客户场景。
2. 选择合适的营销方式。
3. 配置营销内容。
4. 发送营销信息。
5. 查看营销效果。

【任务操作】

步骤1：进入“客户营销”页面。在“营销”板块中选择“客户营销”，找到“营销场景”。进一步选择“自定义营销”，可以查看客户营销的人群集，如图4-30所示。

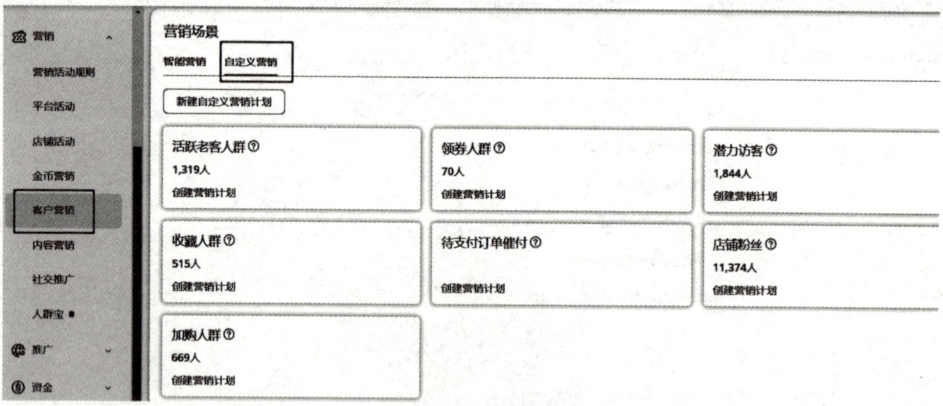

图4-30　客户营销人群集

步骤2：选择营销人群。根据题目要求，在系统提供的营销人群中选择“加购人群”，单击“创建营销计划”命令，如图4-31所示。

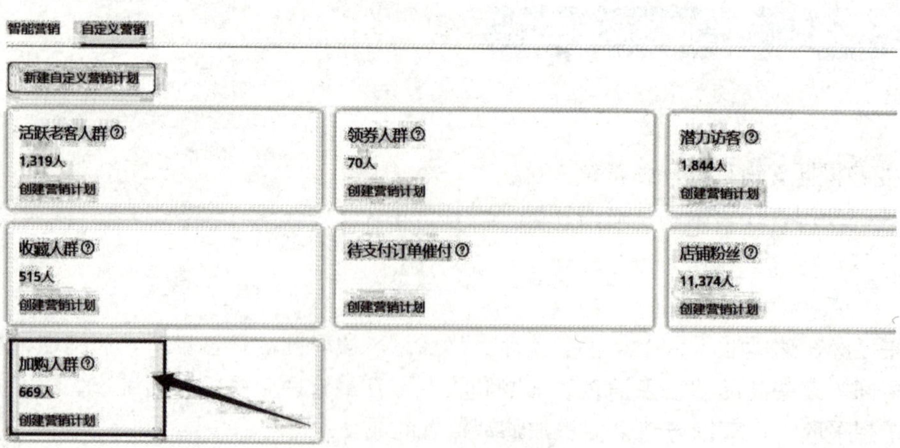

图4-31　选择加购人群

步骤3：进行会话营销。选择触达渠道“买家会话”，确认营销人群正确后，可以设置营销内容，如图4-32所示。设置营销计划名称及营销文案，选择已创建的店铺Code（仅限可传播/不可传播状态下的定向渠道发放型Code），最多3张；选择参加计划的商品，最多4种；也可以选择添加图片；最后设置发送时间。

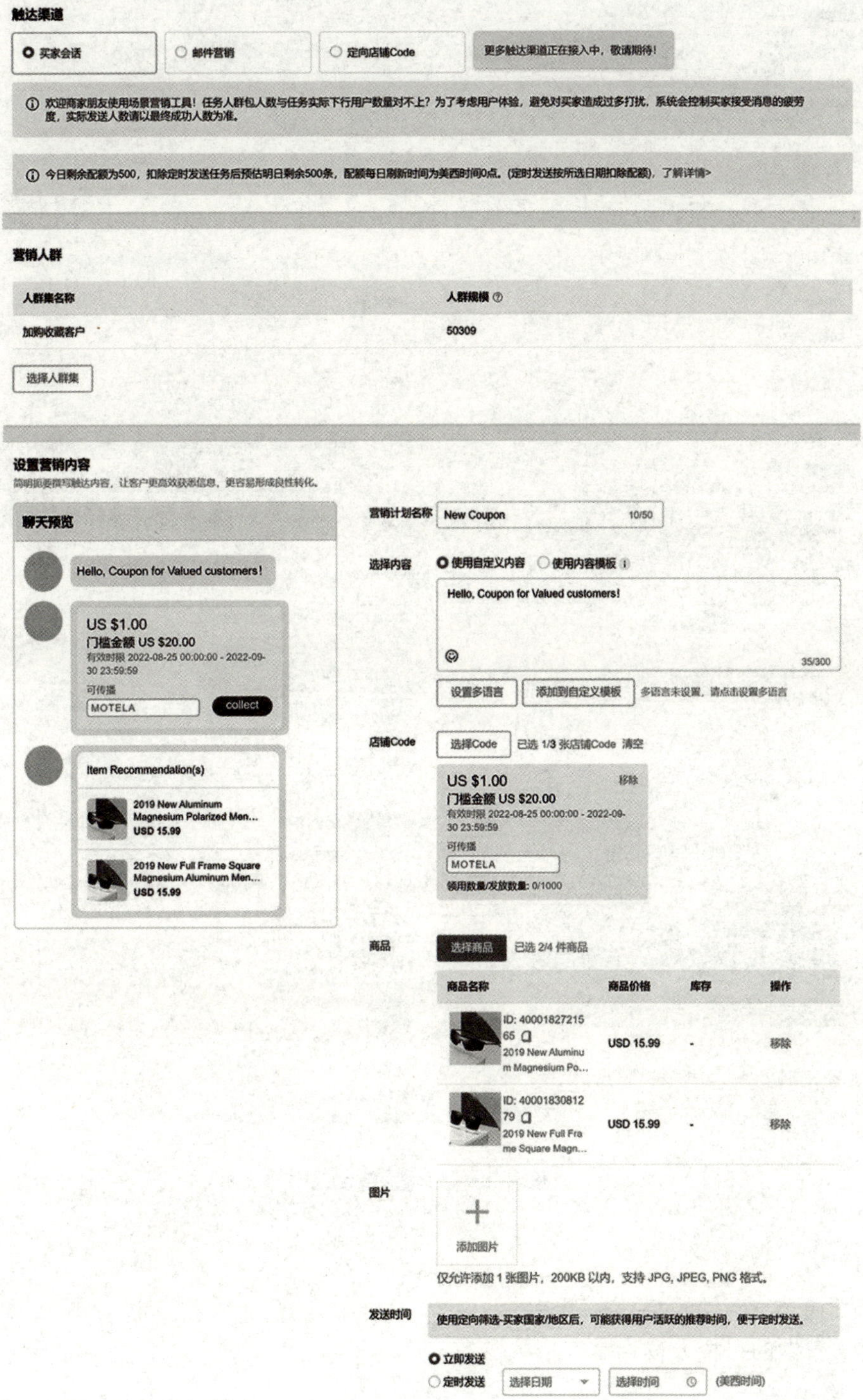

图 4-32　设置营销内容

步骤 4：进行邮件营销。邮件营销的设置与买家会话的设置类似。选择“加购人群”后，单击“创建营销计划”命令（见图 4-31），打开场景营销计划设置页面，选择“邮件营销”作为触达渠道，如图 4-33 所示。确定营销人群后进行营销内容的设置。设置营销计划名称、邮件标题，选择事先创建好的店铺 Code，选择参加计划的商品，最后设置发送时间。

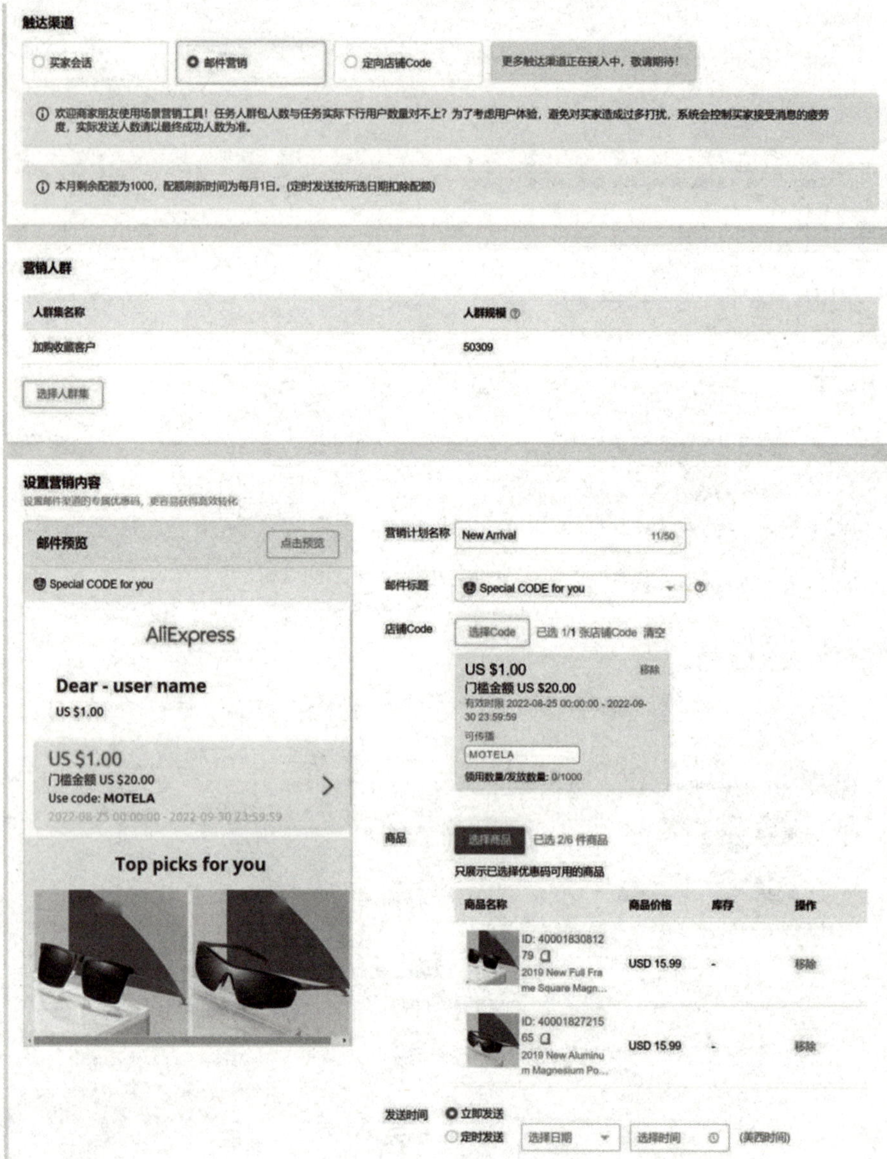

图 4-33　邮件营销设置

【任务思考】

1. 速卖通客户营销的特点有哪些？
2. 客户营销的目标人群通常有哪些？

工作子任务三　速卖通店铺纠纷处理

【任务目标】

1. 能够理解客户的售后要求，了解各种纠纷类型。
2. 能够合理处理速卖通平台的各种纠纷，降低差评率。

【任务背景】

小崔在速卖通平台销售了一些商品之后，店铺收到了一些客户提起的纠纷。有的客户因为迟迟没有收到商品提起纠纷，有的客户因为收到的商品破损提起纠纷，还有的客户因为对商品不满意提起纠纷。面对这些纠纷，小崔一时不知如何处理。小崔开始学习了解速卖通平台的纠纷类型，尝试处理各种纠纷。小崔准备先处理消费者发起的等待商家回复的订单纠纷，请你帮助小崔完成纠纷处理工作。

【任务分析】

通常来讲，自消费者提出退款或退货申请起便进入纠纷阶段，商家必须与消费者及时协商，共同解决问题。纠纷解决详细流程如图 4-34 所示。速卖通交易纠纷主要有未收到货纠纷和货不对版纠纷两大类型，这两大类纠纷又分为不同的小类，不同类型的纠纷处理思路与注意事项均有不同，商家需要根据纠纷类型与实际情况，有针对性地完成纠纷处理。

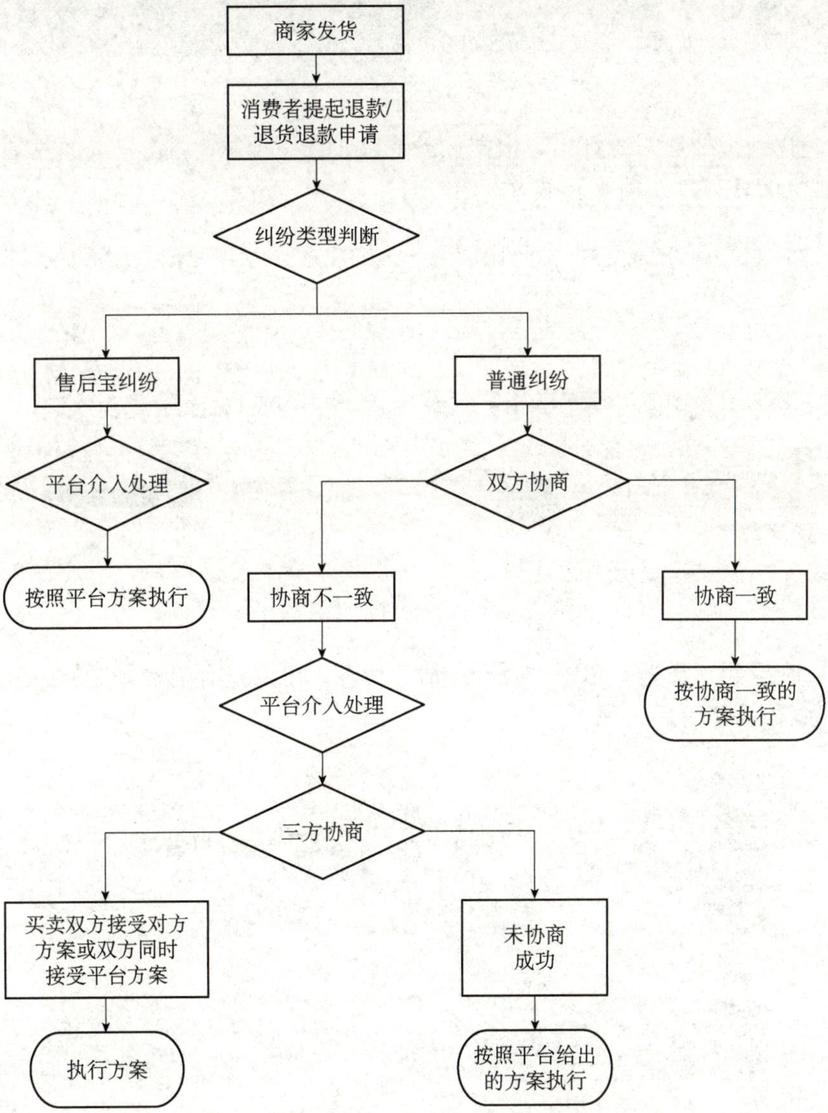

图 4-34　纠纷解决详细流程

【任务操作】

步骤 1：找到纠纷订单。

登录速卖通商家后台，在“交易”板块中选择“退款&纠纷”，查看店铺内不同状态的引起纠纷的订单，如图 4-35 所示。

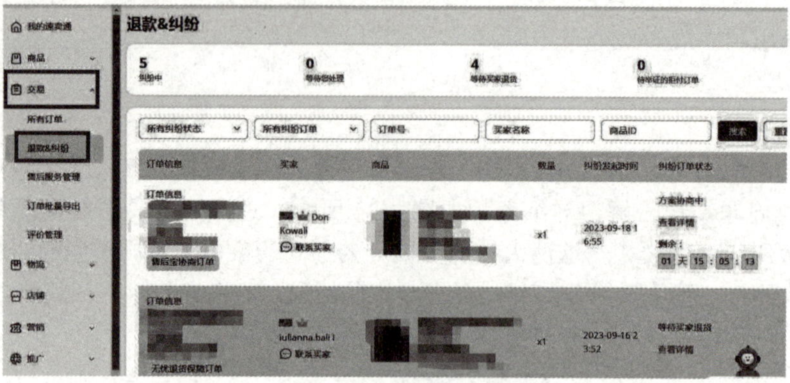

图 4-35 “退款&纠纷”订单

步骤 2：找到待处理纠纷订单。根据任务要求，在“退款&纠纷”页面找到纠纷状态为“等待您处理”的订单，如图 4-36 所示。

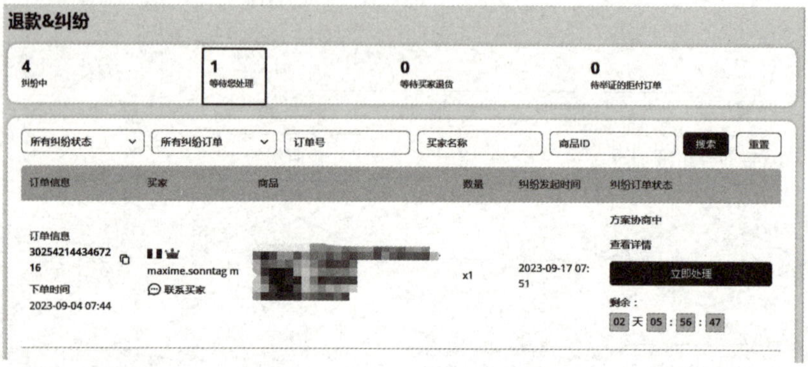

图 4-36 待处理纠纷订单

步骤 3：查看纠纷详情。单击“查看详情”命令，可以查看消费者提起纠纷的原因、诉求及证据，如图 4-37 所示。

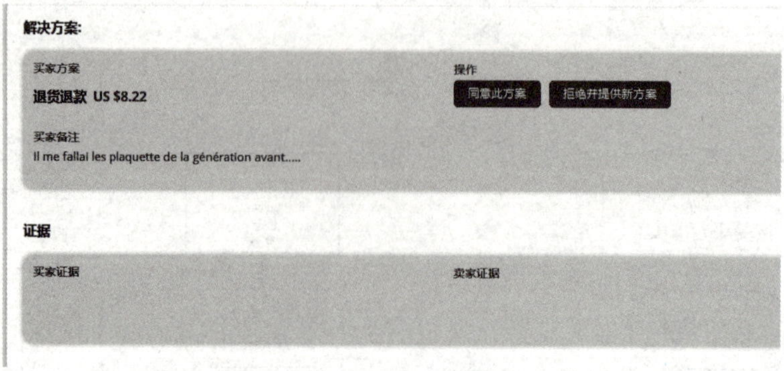

图 4-37 纠纷详情

消费者提起退款或退货退款申请的原因通常有三种：未收到货；收到的货物与约定不符；消费者自身原因。在提交纠纷页面，消费者可以看到选项“Only Refund”（仅退款）和“Return & Refund”（退货退款）。选择“Only Refund”提交仅退款申请，选择“Return & Refund”提交退货退款申请。提交退款或退货退款申请后，消费者需要描述问题与解决方案，并且上传证据。

步骤 4：同意或拒绝纠纷。

消费者提起纠纷后，等待商家处理，商家需要在 5 天内回应。如果商家同意消费者的解决方案，就直接单击【同意此方案】按钮，如图 4-38 所示。

图 4-38　同意消费者纠纷方案

如果商家不同意消费者的纠纷解决方案，就单击【拒绝并提供新方案】按钮，拒绝消费者的纠纷解决方案，并提出自己的解决方案供消费者查看，如图 4-39 所示。

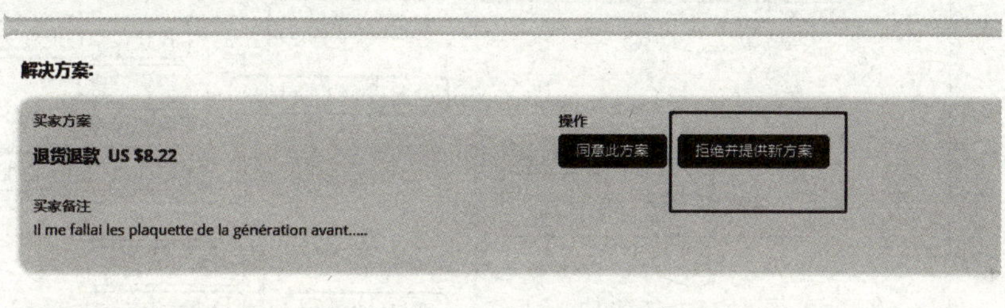

图 4-39　拒绝并提供新方案

步骤 5：提交证据。

在拒绝消费者的纠纷解决方案时，商家可以提交有利于自己的图片或者视频证据，如图 4-40 所示。

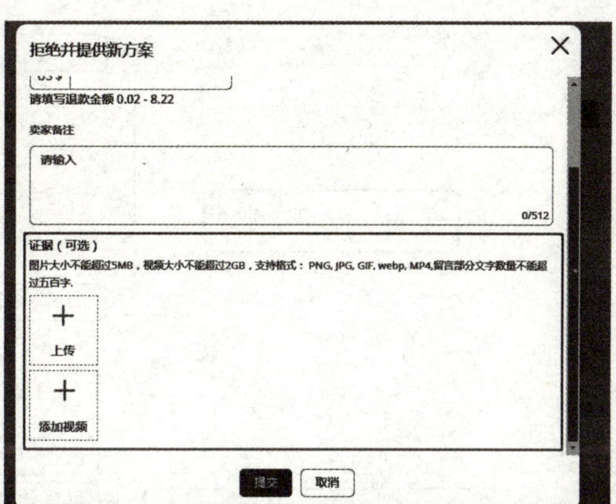

图 4-40　提交证据

【任务思考】

1. 如何尽量避免未收到货纠纷？
2. 在纠纷处理中，如何最大限度地降低商家的损失？

工作任务三 亚马逊订单发货管理

【任务目标】

1. 掌握亚马逊自发货操作步骤与相关流程。

2. 能够针对自己的店铺商品实际情况，选择合适的物流方式，以及设置自发货运费和配送方案。

3. 能够处理操作自发货订单退货相关流程。

【任务导图】

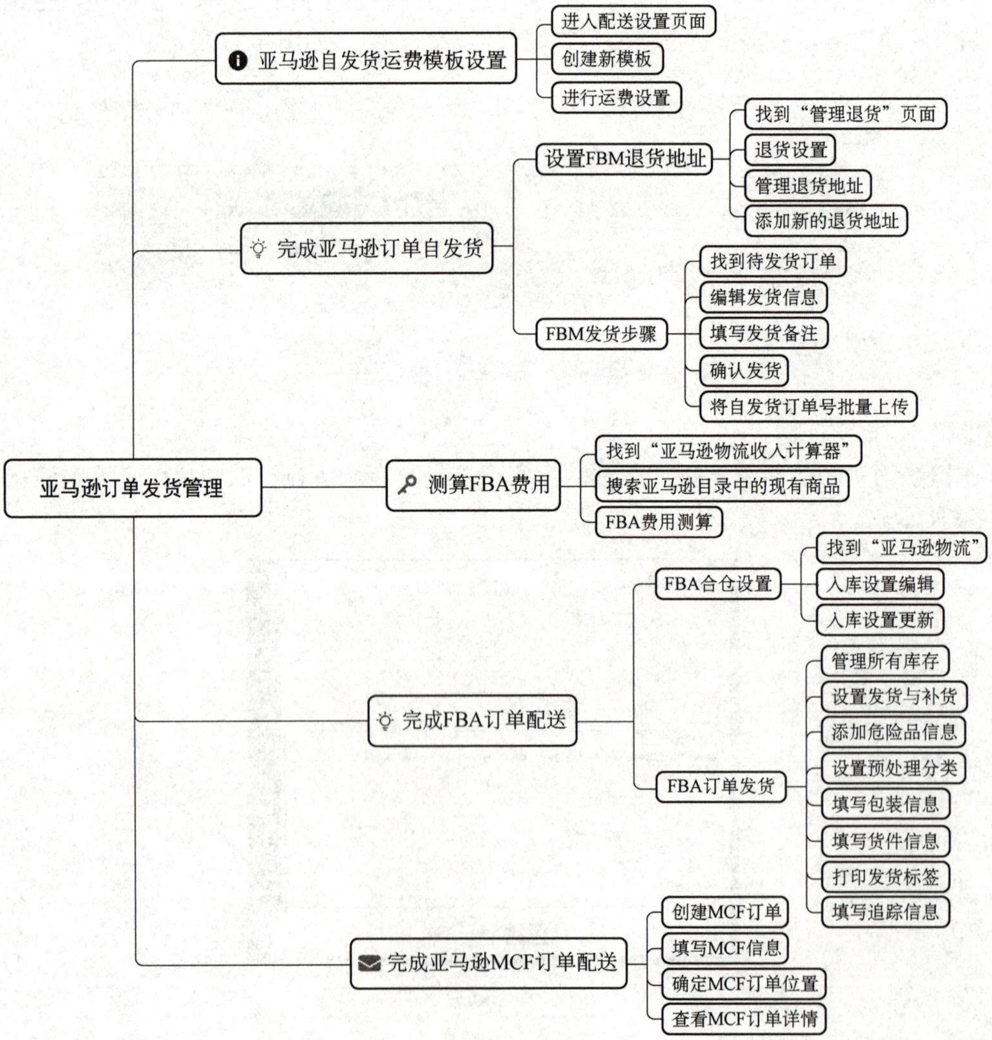

【知识回顾】

1. 在自发货之前，需要设置运费和配送方案。亚马逊提供三种标准运费模式，包括“按订单金额”“按商品/重量”，以及“图书、音乐及影视类商品”。

2. 亚马逊订单自发货（FBM）的英文全称为“Fulfillment by Merchant”，是商家接到订单后，直接发货给海外消费者的模式。简单来说，就是商家自己配送在亚马逊销售的订单商品，亚马逊只作为销售平台，存储、包装、配送、客户服务等一系列流程都由商家自行负责。

3. 亚马逊物流（FBA）全称为“Fulfillment by Amazon”，是指商家将商品批量发送至亚马逊运营中心之后，由亚马逊负责存储商品；当商品售出时，亚马逊完成订单分拣、包装和配送，并为这些商品提供消费者咨询、退货等客户服务，帮助商家节省人力、物力和财力。对于国内商家而言，即将商品配送至海外亚马逊仓库，并由亚马逊完成后续配送及售后服务。

4. 绝大多数商品都可以使用亚马逊物流，亚马逊物流基本费用由仓储费和配送费组成，同时提供多种可选付费增值服务，帮助商家减轻运营压力。

工作子任务一　亚马逊自发货运费模板设置

【任务目标】

1. 能够选择合适的物流方式。
2. 能够根据商品的特点设置运费和配送方案。
3. 能够独立完成自发货。

【任务背景】

亚马逊店铺账户开通了，小李开始在亚马逊平台上架商品。在上架商品的时候，小李需要选择配送方式，他根据公司的商品特点及公司对时效的要求，想先进行自发货，所以需要设置自发货的运费和配送方式。

【任务分析】

1. 选择合适的自发货物流方式。

自发货选择什么物流方式，一般要根据所售商品的特性（种类、货值、尺寸、安全性）、客户对时效的要求和所在地、物流预算及淡季或旺季来综合判断。一般来说，不同的物流方式有着不同的时效，价格也不相同。因此，针对不同的物流方式，控制成本的方法也会有差异。目前行业中主要有小包类物流、国际快递、专线物流和国内快递 4 种物流方式。小包类物流主要以邮政物流为代表，基本覆盖全球，而且价格较为便宜。国际快递主要有 DHL、TNT、FedEx、UPS 等。国际快递速度快，服务好，丢包率低，尤其发往欧美发达国家非常方便。专线物流主要有美国专线、欧洲专线、澳大利亚专线、俄罗斯专线、中东专线、南美专线等。国内快递主要指 EMS、顺丰和“四通一达”（中通、圆通、申通、百世汇通、韵达）。

2. 在自发货之前，需要设置运费。亚马逊提供以下三种标准运费模式。

（1）“按订单金额”运费模式。商家需要创建订单价格分段，每个价格分段对应不同的运费设置。

（2）“按商品/重量”运费模式。这种模式是基于每件商品或重量的配送方式，即按每件商品收费，或者按重量收费。

（3）图书、音乐及影视类商品的配送设置。如果商家销售的是“图书、音乐、视频和DVD”，那么运费将由亚马逊设定。

【任务操作】

下面以亚马逊北美站为例，设置运费模板。

步骤 1：进入配送设置页面。登录亚马逊后台，在“设置”下拉菜单中选择“配送设置”，如图 4-41 所示。

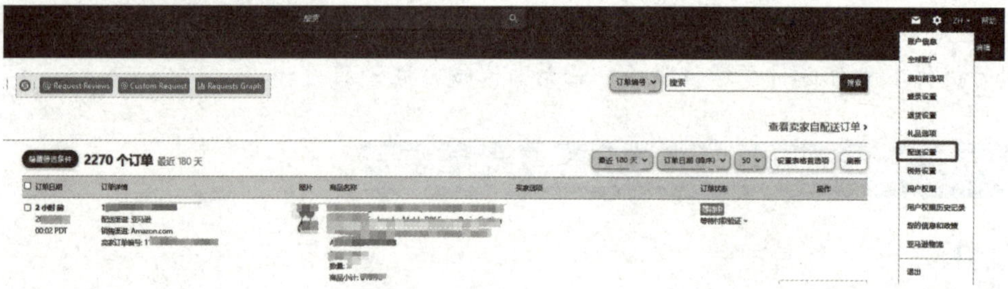

图 4-41　选择“配送设置”

步骤 2：创建新模板。单击【编辑】按钮，选择“创建新模板”，如图 4-42 所示；编辑运费模板，如图 4-43 所示。

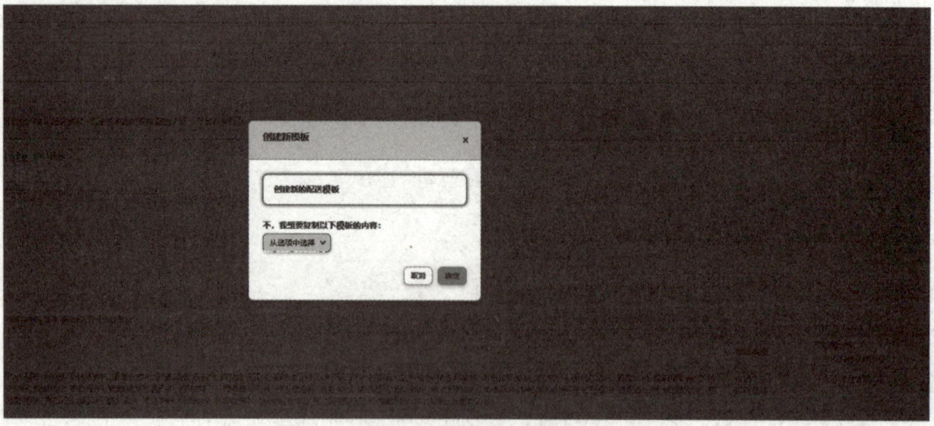

图 4-42　创建新模板

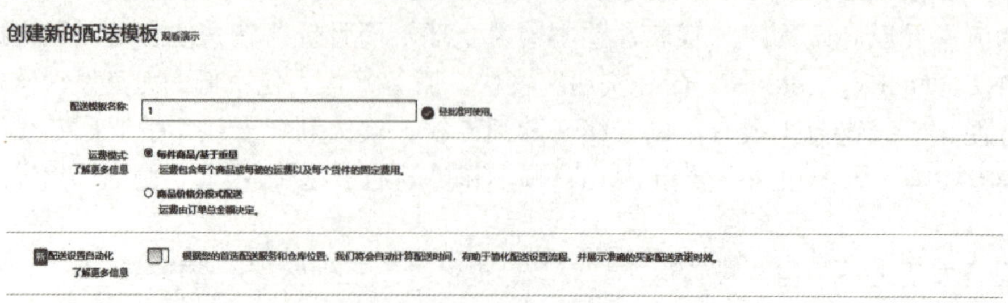

图 4-43　编辑运费模板

步骤 3：进行运费设置。运费模式分为两种——“按订单金额”和“按商品/重量”，商家可以根据自己商品的实际情况选择其中一种运费模式。

（1）“按订单金额”运费模式。选择标准配送地区和设置服务级别（配送时效），如图 4-44、图 4-45 所示。

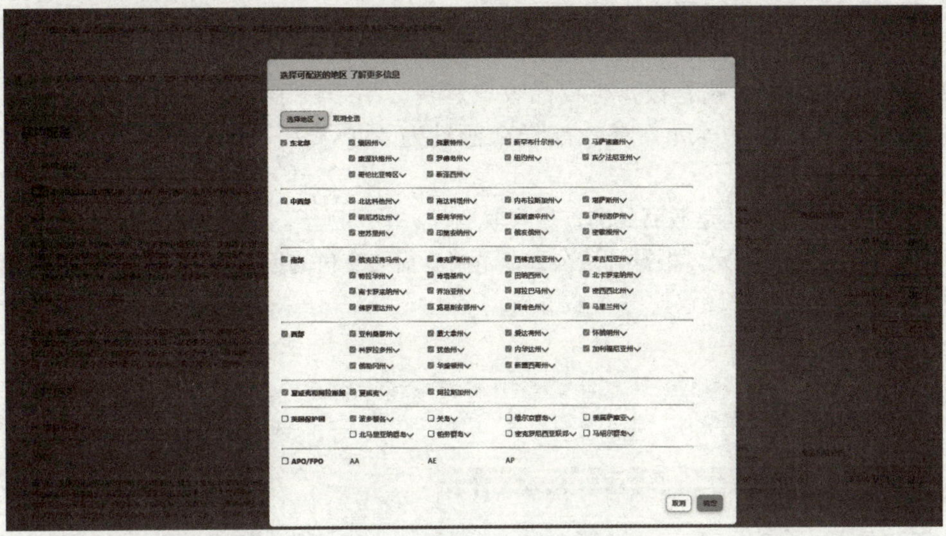

图 4-44　选择可配送的地区

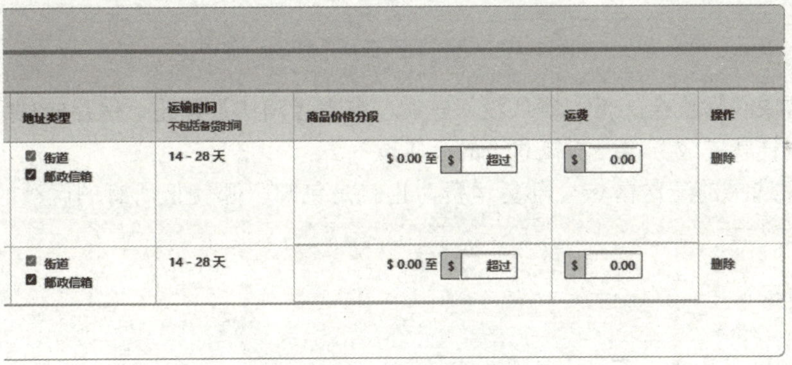

图 4-45　设置服务级别

“按订单金额”设置运费相对而言比较简单，运费是以订单总金额（包含配送运费）来决定的。如果选择分区间收取运费，就单击【添加新区域】按钮来设置，然后对每个分段的运费进行设置，如图 4-46 所示。

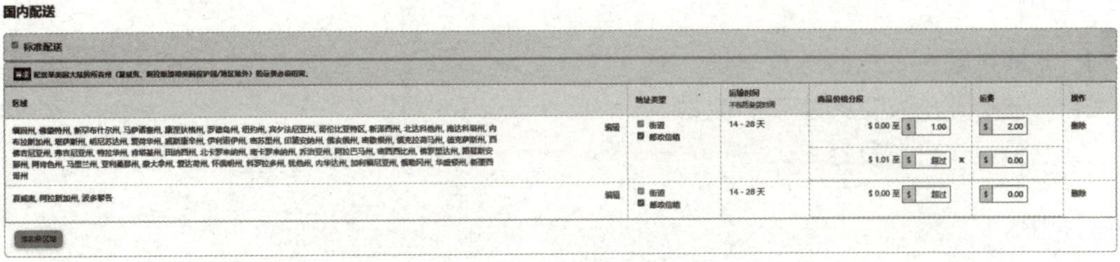

图 4-46　对每个分段的运费进行设置

设置好之后，单击【继续】按钮会跳转到下一页，检查没问题后单击【确认】按钮，设置成功后会跳回运费设置页面，若要修改就继续修改。

（2）“按商品/重量”运费模式。该运费模式的设置方法和“按订单金额”运费模式基本一样，需要选择标准配送地区和服务级别。

“按商品/重量”运费模式的计费公式：

运费=单次配送金额+商品件数/商品重量金额

① 按商品收费，也就是按每件商品收取运费。举个例子，如果消费者购买A商品1件，每件A商品收取1美元，单次配送金额设为4.99美元，客户需要支付的运费就为4.99+1=5.99美元。

② 按重量收费，也就是按商品的重量收取运费。举个例子，如果消费者购买的商品包裹总重为2磅，每磅收取1美元。根据计费公式，消费者需要支付的运费为4.99+2×1=6.99美元。

“按商品/重量”运费设置如图4-47所示。

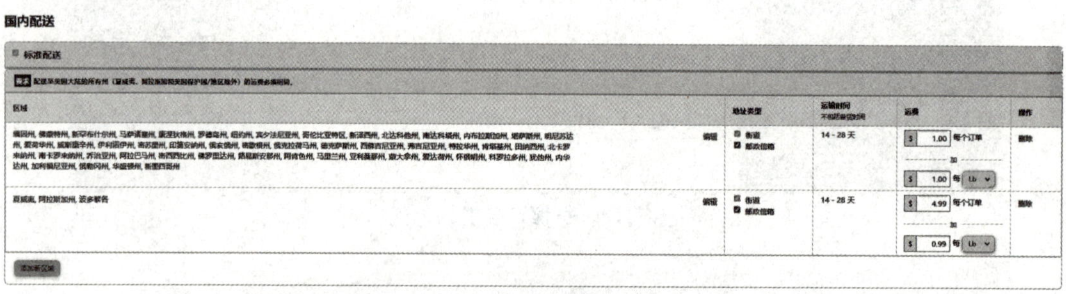

图4-47　“按商品/重量”运费设置

运费设置成功后检查一下，确认没问题后，单击【确认】按钮，保存成功后会跳回运费设置页面。这样就完成了自发货模式下的运费设置。

如果商家选择的配送区域全部免运费，也就是包邮，那就把所有的区域的运费都设置为“0”。

【任务思考】

1. 亚马逊自发货模式主要适合哪些商品？
2. 自发货物流选择什么渠道，要根据哪些信息来判断？

工作子任务二　完成亚马逊订单自发货

【任务目标】

1. 能够设置自发货的退货地址。
2. 自发货订单发货的步骤和流程。
3. 批量操作自发货订单。

【任务背景】

通过一段时间的运营，小李的亚马逊店铺很快就有了订单，而且每天都持续出单。因为还没有发货去亚马逊仓库，所以小李暂时只能用线下自发货来处理客户订单。在订单多的情况下，小李需要批量操作，如填写运单号。

【任务分析】

退货是电子商务中一个非常普遍的现象，消费者上一秒满意地下单付款，下一秒就可能申请退货，或者突然不想要了，也可能是收到货后心情不好想退货。消费者有成千上万种理由要求退货，商家无法揣测，因此退货是在销售过程中不可避免的。FBM 是由商家自己发货，所以退货的问题也得由商家自己解决。对于很多低货值商品，商家可以与消费者联系，将商品直接送给对方，一般都是退款了之。但是，对于货值高的商品，商家一般还是选择让消费者将商品退回，不然亏损比较大。商家如果在当地有海外仓或者有合作的第三方仓库，那么可以让消费者将商品退到当地仓库。如果没有海外仓，就选择让消费者将商品退回国内，只是运费比较高。所以，FBM 退货地址的设置很重要，关系到消费者将商品退到哪里。

【任务操作 1】设置 FBM 退货地址

步骤 1：找到“管理退货”页面。登录亚马逊后台，通过“订单”≫“管理订单”≫“管理退货”这一路径打开“管理退货”页面，如图 4-48 所示。

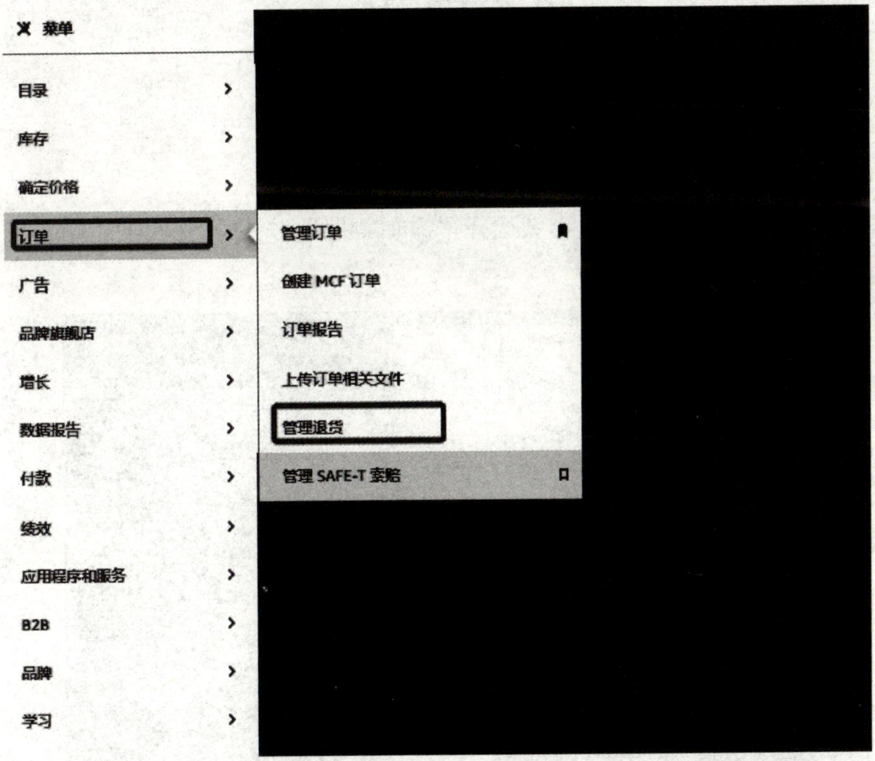

图 4-48 管理退货

步骤 2：退货设置。选择“退货设置”，如图 4-49 所示。

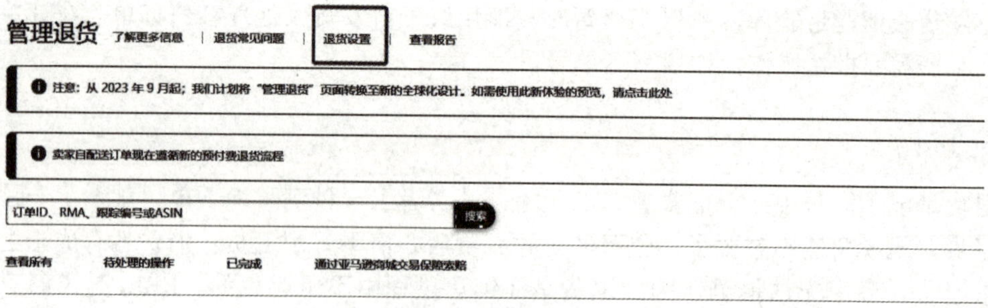

图 4-49　退货设置

步骤 3：管理退货地址。选择“管理退货地址”，在打开的页面中选择右侧“管理您的退货地址”，如图 4-50 所示。

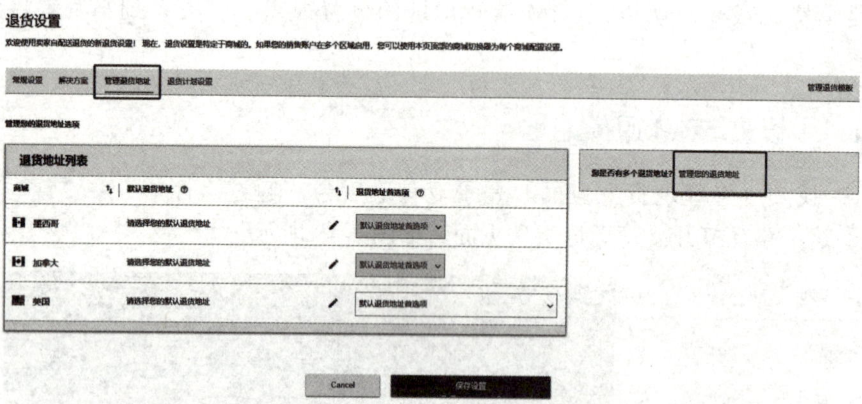

图 4-50　管理退货地址

步骤 4：添加新的退货地址。继续选择“添加新地址”，之后在页面中填写具体的地址信息，保存即可，如图 4-51 所示。

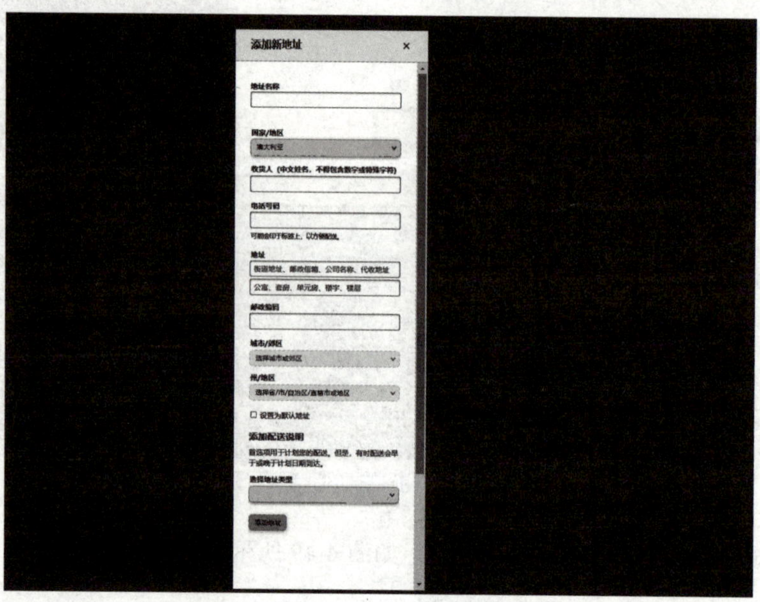

图 4-51　添加新地址

【任务操作 2】FBM 发货步骤

步骤 1：找到待发货订单。在亚马逊网站后台的“管理订单”页面找到待发货的订单，然后单击订单对应的【确认发货】按钮，如图 4-52 所示。

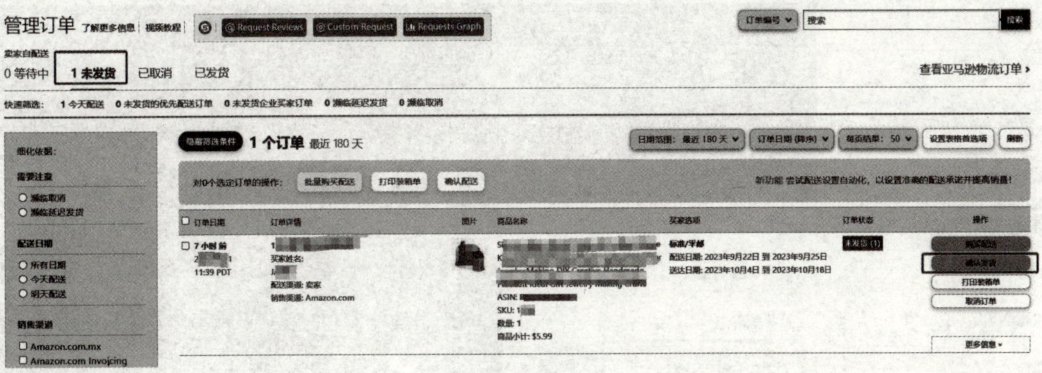

图 4-52　确认发货

步骤 2：编辑发货信息。在“确认发货”页面，输入发货日期、配送方式（包括承运人信息）和追踪编码（快递运单号，由承运人提供）等信息，如图 4-53 所示。

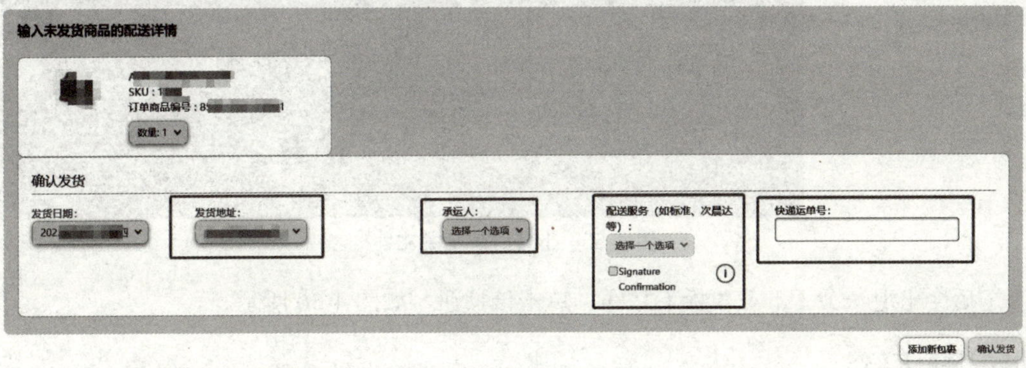

图 4-53　填写发货信息

步骤 3：填写发货备注。在右边的“卖家备注”中可以输入有关该订单的特别备注（可选）。这个不是必填项，一般都是填写商家自己想标识的信息，如图 4-54 所示。

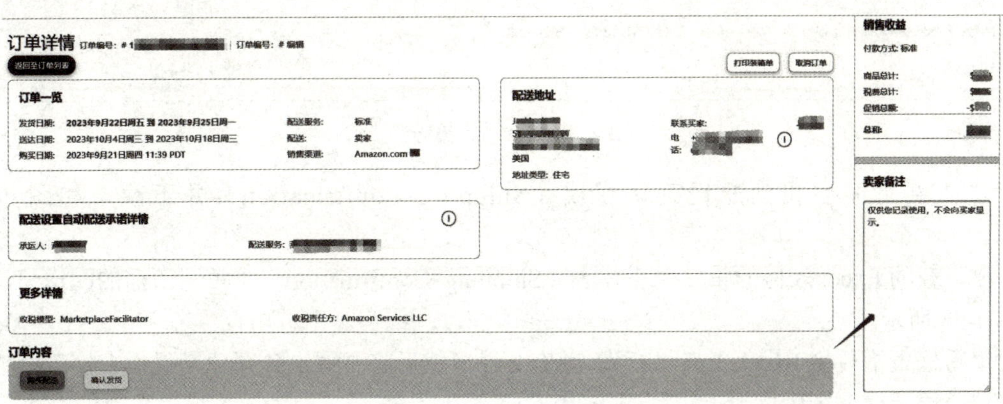

图 4-54　卖家备注

步骤 4：确认发货。确认发货信息无误后，直接单击【确认发货】按钮。

步骤 5：将自发货订单号批量上传。在亚马逊后台主页菜单栏找到“订单”选项，在“订单”下拉菜单中选择“上传订单相关文件”，如图 4-55 所示。

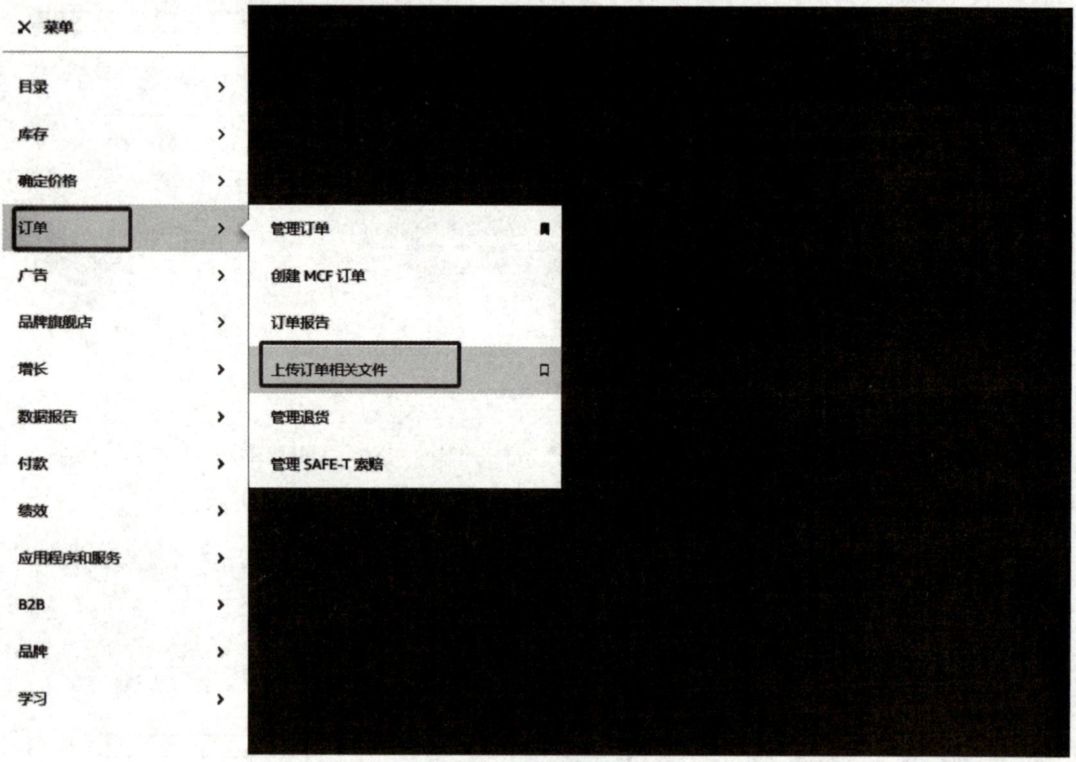

图 4-55　上传订单相关文件

之后会出现一个【下载模板】按钮，单击该按钮，如图 4-56 所示。

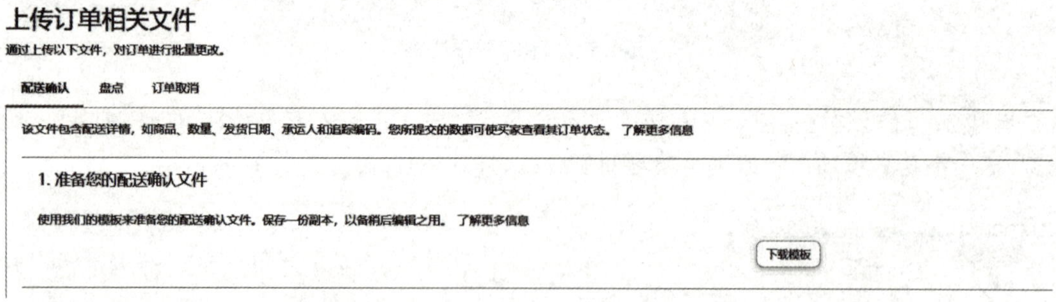

图 4-56　下载模板

进入新页面后找到配送确认模板（Shipping Confirmation）并下载，如图 4-57 所示。

在下载的 Excel 表格的第二个工作表“Shipping Confirmation”中填写所需的配送信息，如图 4-58 所示。

填写好表格后将 Excel 表格另存为 TXT 文件，然后将文件上传至亚马逊后台；若上传失败则按照提示修改之后重新上传。

帮助　　　　　　　　　　　　　　　　　　　　关闭窗口

配送确认模板

Individual sellers： 此功能仅适用于参与"专业销售计划"的卖家。有关更多信息，请访问销售计划对比。

使用【发货确认】模板创建发货确认文件。 亚马逊将根据您提供的信息更新买家账户信息中的相关配送数据。

1. 下载并保存发货确认模板。
2. 查看【数据定义】选项卡，并在【发货确认】模板选项卡中输入您的发货信息。
3. 转至【订单】 > 【上传订单相关文件】上传此模板。
4. 在【上传您的发货确认文件】下，点击【浏览】以找到您的模板文件。
5. 选择相应的模板文件，然后点击【立即上传】。

要了解有关发货确认流程的更多信息，请参阅使用上传数据确认多个货件。

提示：您可以转至【设置】 > 【配送设置】，下载其他配送模板。 您可以在此页面上创建、编辑和迁移配送模板，并将库存 SKU 分配给这些模板。

此页面对您是否有帮助？ 是 否

图 4-57　下载配送确认模板

Label Name	Example
order-id	123-1234567-1234567
order-item-id	12345678901234
quantity	23456
ship-date	2002-12-02
carrier-code	USPS
carrier-name	Airborne Express
tracking-number	22344455
ship-method	First Class

图 4-58　填写配送信息

【任务思考】

1. 自发货订单多了，如何及时发货？
2. 遇到超时发货，商家应该如何处理？

工作子任务三　测算 FBA 费用

【任务目标】

1. 能够选择适合 FBA 配送的商品。
2. 能够根据商品的尺寸等信息计算出 FBA 费用。

【任务背景】

小李在运营了一段时间的店铺之后，自发货订单越来越多，他想更快地提升商品排名，带来更多的转化。小李有几种持续稳定出单的商品，而且是便于运输的体积小的商品，他准备将这些商品发往 FBA 仓库，以提高店铺的整体权重。从账户维护和长期运营的角度来说，采取 FBA 配送方式是非常有必要的。小李首先要了解 FBA 的费用，选择适合 FBA 配送的商品。

【任务分析】

FBA 是亚马逊将自身平台开放给第三方商家，将其库存纳入亚马逊全球物流网络，为商家提供拣货、包装及终端配送的服务，亚马逊在这个过程中收取服务费用。想计算 FBA 费用，商家需要了解 FBA 费用包括哪些方面。FBA 涉及的费用主要包括亚马逊销售佣金、订单配送费（操作费）、库存仓储费（月度+长期）、移除订单费、多渠道配送费、退货处理费，以及计划外预处理服务费。商家可以在发货前使用亚马逊物流收入计算器来预估特定商品的 FBA 费用。

【任务操作】

步骤 1：找到“亚马逊物流收入计算器”。要了解 FBA 费用问题，首先需要进入亚马逊商家后台。搜索“亚马逊物流收入计算器”，单击进入，如图 4-59 所示。

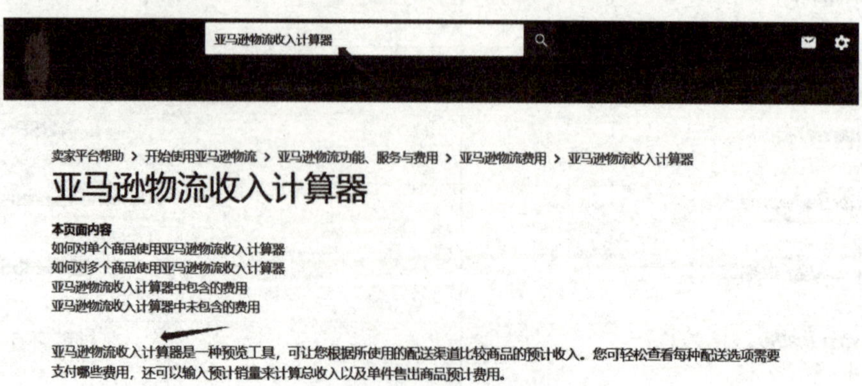

图 4-59　亚马逊物流收入计算器

4

步骤 2：搜索亚马逊目录中的现有商品。在使用这个计算器之前，商家需要先在亚马逊平台找到与自己的商品相同或者类似的商品的详情页，并将对应的 ASIN 码复制粘贴在如图 4-60 所示的搜索框中。

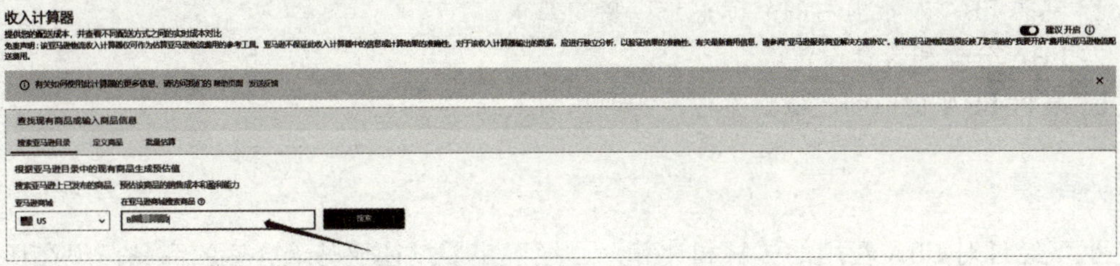

图 4-60　搜索亚马逊目录中的现有商品

步骤 3：FBA 费用测算。搜索后，商家可以看到亚马逊现有的与自己的商品相同或者类似的商品的 FBA 费用情况，如图 4-61 所示。如果自身商品与亚马逊现有商品属于同类型商品，并且尺寸与重量相似，就可以预估 FBA 费用。

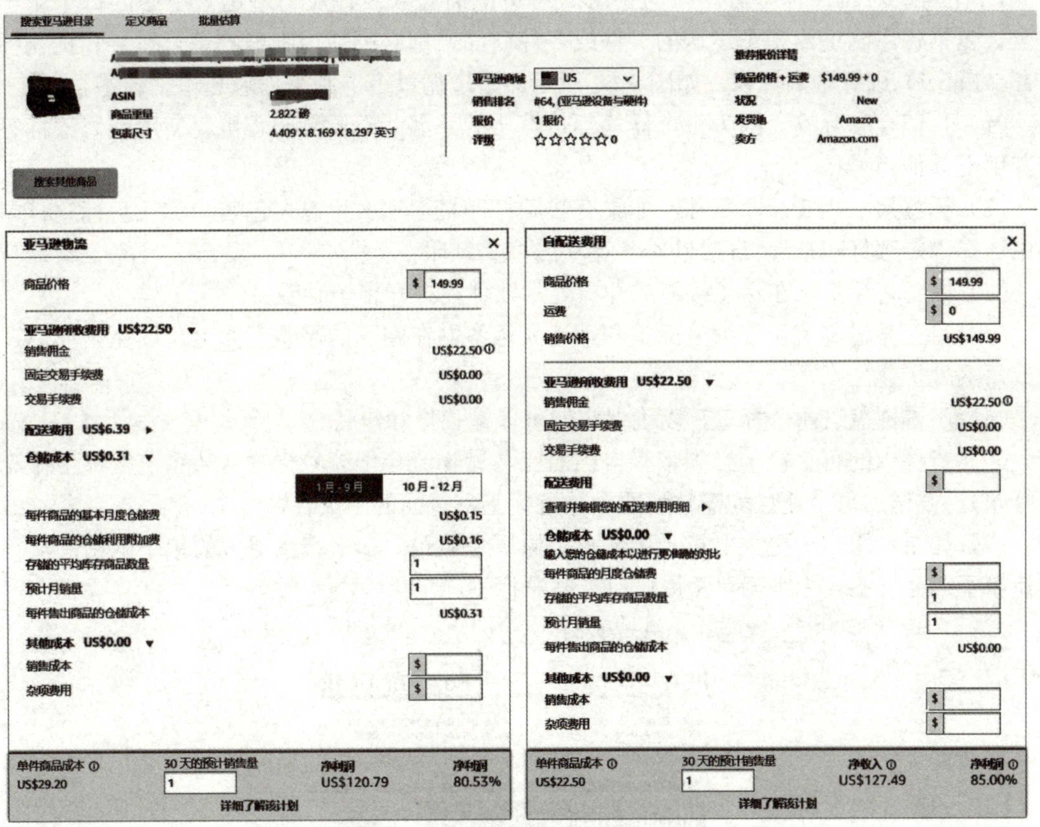

图 4-61　FBA 费用测算

【任务思考】

1. FBA 费用受到哪些因素的影响？
2. 结合 FBA 费用的影响因素说一说大型家电产品是否适合 FBA 模式。

工作子任务四　完成 FBA 订单配送

【任务目标】

1. 熟悉 FBA 发货前对商品标签与包装的要求。
2. FBA 分仓和合仓设置。
3. 掌握 FBA 货件创建步骤流程，实现高效入仓。

【任务背景】

小李经过对 FBA 费用的了解和计算，已经确定要发往亚马逊仓库的商品，现在还不知道亚马逊后台的货件创建如何操作，需要对其进行引导，包括分仓和合仓的设置、对标签与包装的要求等。

【任务分析】

1. 亚马逊对货件标签有严格的要求。跨境电商商家发往亚马逊运营中心的每个箱子和托盘（包括使用制造商箱子运送的一件或多件商品）都必须使用唯一的箱子编号和托盘标签（Pallet Label）进行正确标识，如图 4-62 所示。请遵循以下准则来为包装箱贴标签。

（1）打印全套标签。因为每个标签都是唯一的，因此不要复印、重复使用或修改标签以将其用于其他箱子。

（2）标签尺寸为 $3^1/_3$×4 英寸。如果有热敏打印机，那么可以在包装箱和托盘标签打印选项中选择“热敏打印纸”，直接以 4×6 英寸的格式打印。

（3）请勿将标签贴在箱子接缝或开口处，以免在打开箱子时受损。

（4）将亚马逊物流箱子编号标签和承运人标签贴在箱子的平整表面上，以免条形码在边缘或角落处折叠。

（5）不得覆盖这两个标签，以确保它们可以被扫描和辨认。

（6）货件中的每个箱子必须带有自己的亚马逊物流箱子编号标签（从系统货件工作流程中打印）。发送的每个托盘均需粘贴四个托盘标签，每面的中央各贴一个。

（7）如果使用一个更大的箱子运输多个原厂包装箱，那么请在更大的箱子上粘贴亚马逊物流箱子编号标签。无须为单个原厂包装粘贴标签。

图 4-62　FBA 货件标签

2. 亚马逊默认分仓。因为合仓要收取费用，所以在商家没有同意合仓之前，亚马逊默认每单货都会根据仓库的实际情况来分配具体的仓库。虽然分仓有一定的好处，但对商家来说，分仓也是要付出高额费用的。合仓就是将商家发给亚马逊的商品都存放在亚马逊的同一个仓库中。合仓需要按照商品的尺寸和重量来收费，不同站点的收费有所不同。

【任务操作 1】FBA合仓设置

步骤 1：找到亚马逊物流。在“设置”菜单中选择“亚马逊物流”，如图 4-63 所示。

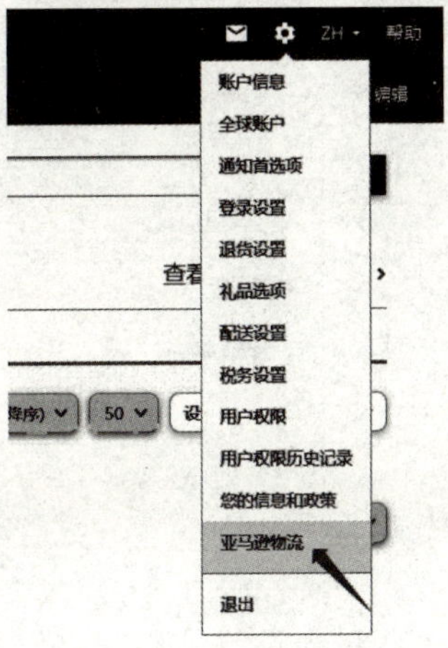

图 4-63　选择“亚马逊物流”

步骤 2：入库设置编辑。单击“入库设置”中的【编辑】按钮，如图 4-64 所示。

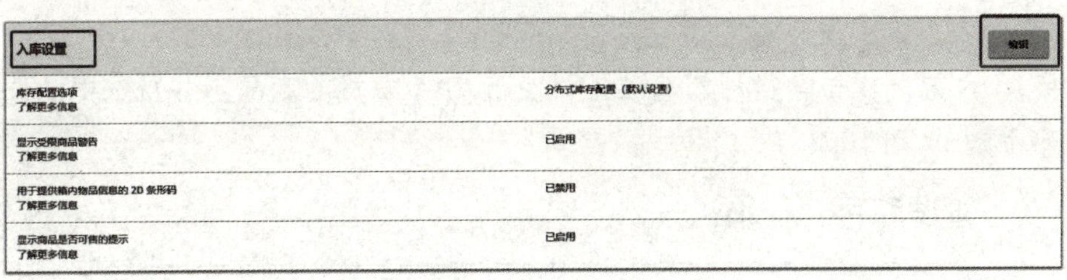

图 4-64　入库设置编辑

步骤 3：入库设置更新。勾选“库存配置服务”，单击【更新】按钮，如图 4-65 所示。

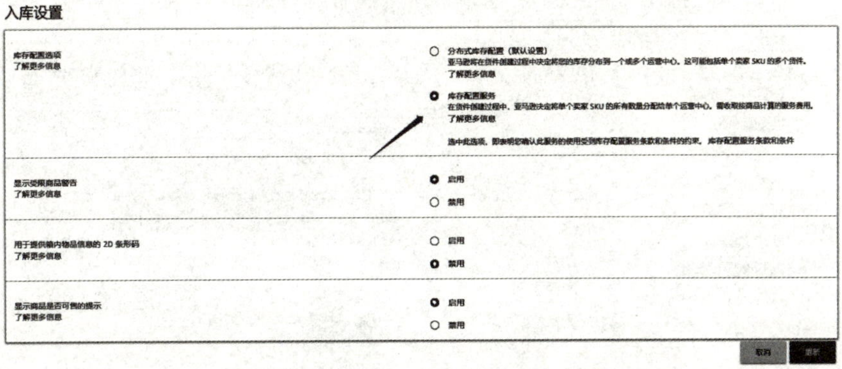

图 4-65　入库设置更新

【任务操作 2】FBA订单发货

步骤 1：管理所有库存。打开商家中心，在菜单栏“库存”的下拉菜单中选择“管理所有库存”，如图 4-66 所示。

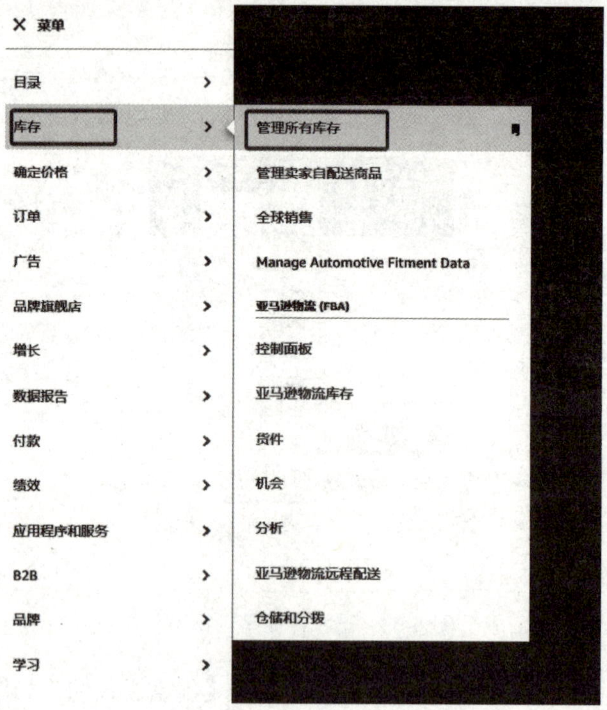

图 4-66　管理所有库存

步骤 2：设置发货与补货。勾选准备要使用 FBA 发货的商品，并且选中，选择“发/补货”，如图 4-67 所示。

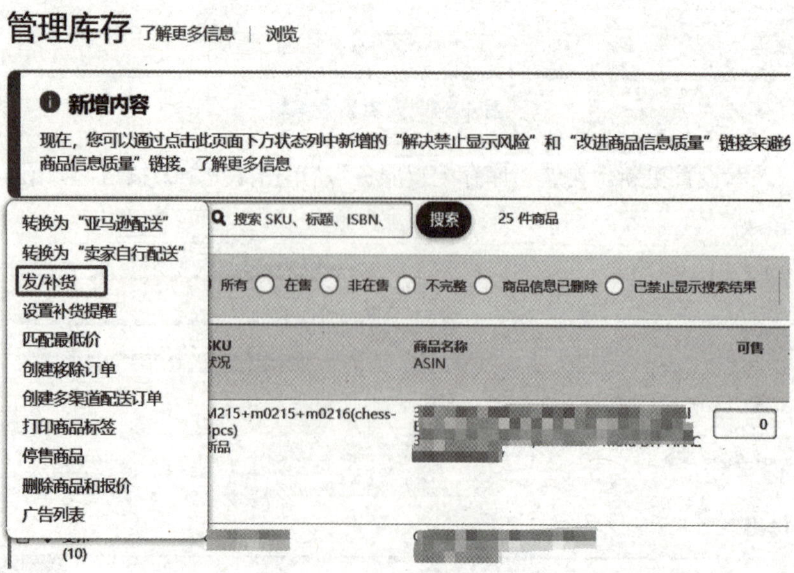

图 4-67　设置发货与补货

步骤 3：添加危险品信息。单击【添加危险品信息】按钮，按实际要求选择，一般选择“否”，单击【提交】按钮，再单击【发布为亚马逊物流商品并发送至亚马逊】按钮，如图 4-68、图 4-69 所示。

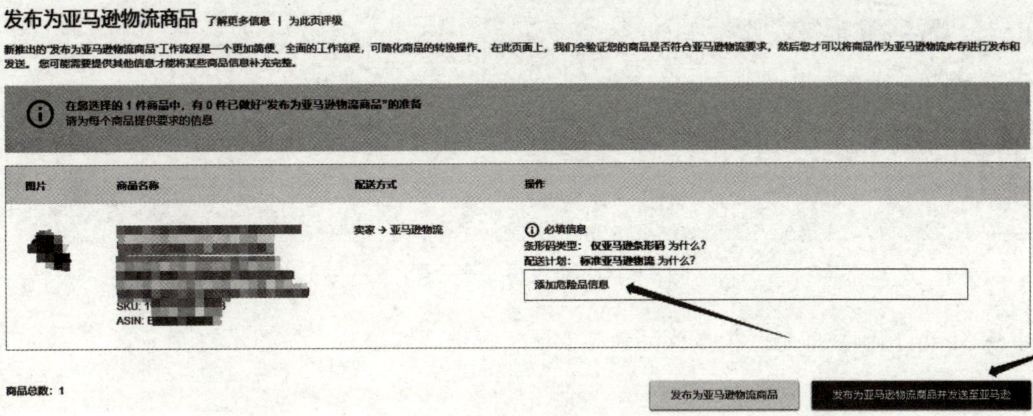

图 4-68　添加危险品信息

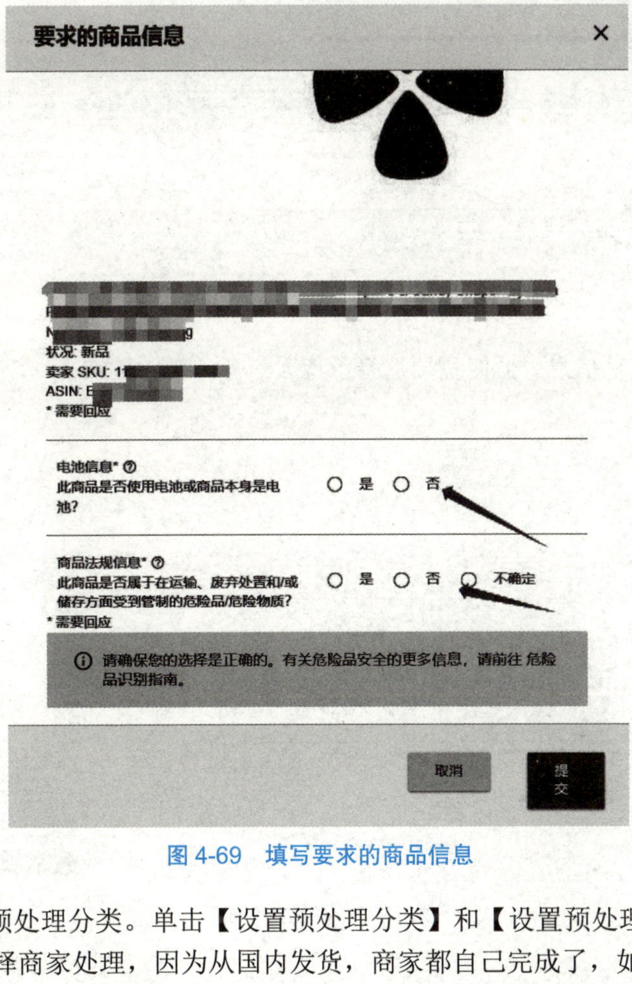

图 4-69　填写要求的商品信息

步骤 4：设置预处理分类。单击【设置预处理分类】和【设置预处理和标签所有者】按钮，这里基本都选择商家处理，因为从国内发货，商家都自己完成了，如图 4-70 所示。

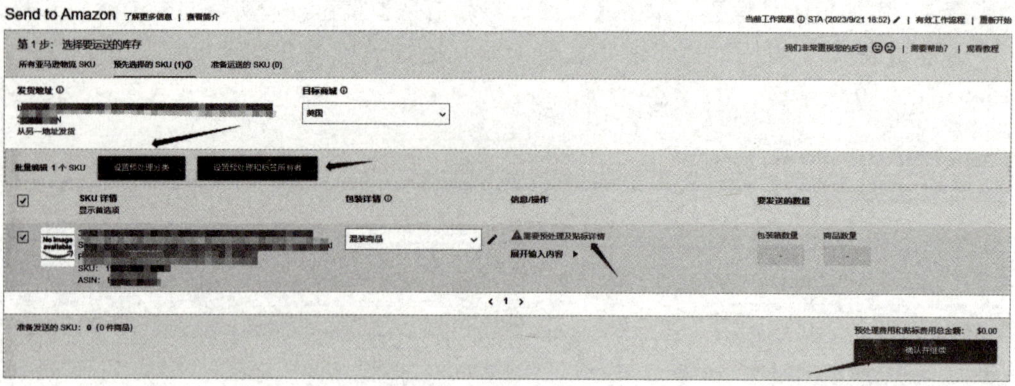

图 4-70　设置预处理分类

步骤 5：填写包装信息。根据商品包装实际情况选择和填写，如图 4-71 所示。

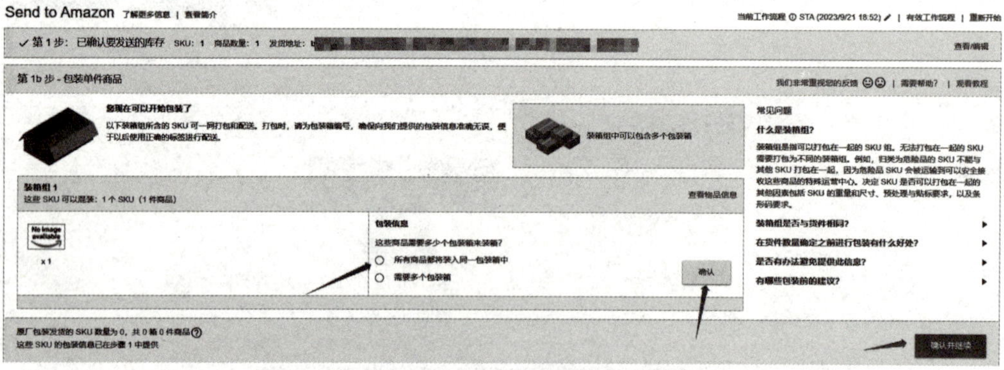

图 4-71　填写包装信息

步骤 6：填写货件信息。此时需要选择承运人信息，如图 4-72 所示。

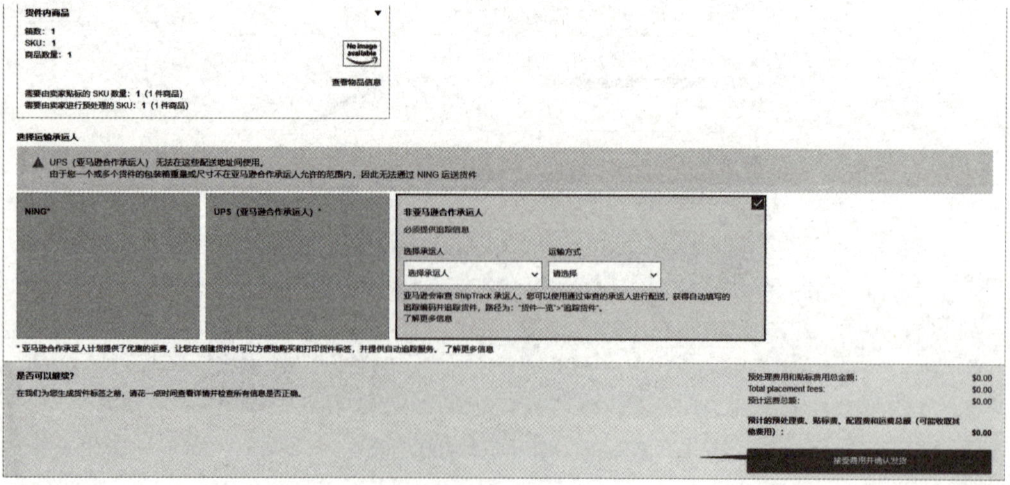

图 4-72　填写货件信息

步骤 7：打印发货标签。填写完所有信息并提交后，就可以打印发货标签，如图 4-73 所示。

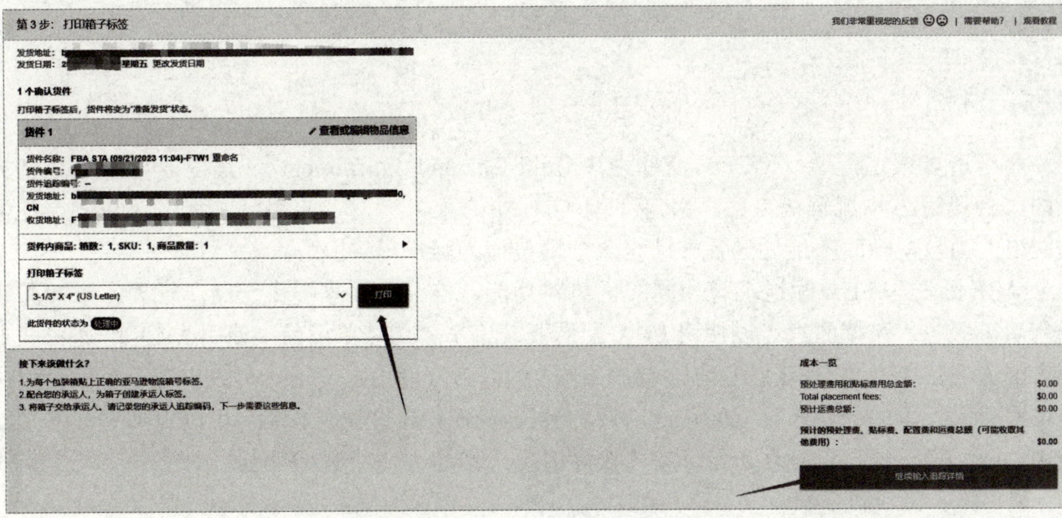

图 4-73　打印发货标签

步骤 8：填写追踪信息。填写每个包装箱内的商品信息并上传，再填写追踪信息，如图 4-74 所示。

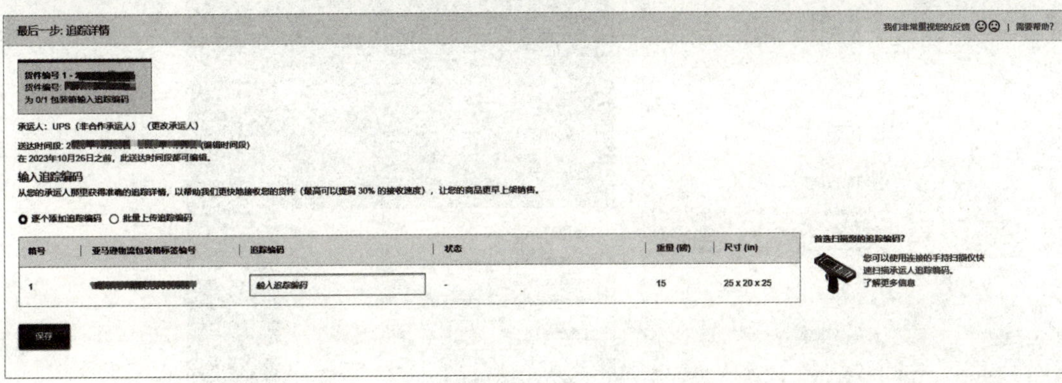

图 4-74　填写追踪信息

【任务思考】

如果使用 FBA 发货的商品被分仓了怎么办？

工作子任务五　完成亚马逊 MCF 订单配送

【任务目标】

1. 了解亚马逊多渠道配送的流程原理和优势。
2. 熟悉并操作多渠道配送。

【任务背景】

小李已经成功把自己的主推商品发往亚马逊美国仓库，顺利入仓。现在，他想用入库的库存商品进行多渠道配送，配送其他地方的一些订单商品。请帮助小李完成 MCF 订单配送。

【任务分析】

亚马逊多渠道配送（MCF）全称为“Multi-Channel Fulfillment”，是由亚马逊供应链提供的一种第三方物流解决方案。MCF 使不同行业的大中小型企业都可以利用亚马逊全球配送网络的力量，随时随地通过各类销售或分销渠道为客户提供服务。

MCF 配送与 FBA 配送拥有相同的优势与功能，能够为商家提供仓储、管理、末端配送及售后等服务。跨境商家可以使用 FBA 配送亚马逊平台的订单商品，使用 MCF 配送第三方销售渠道的订单商品。FBA 配送与 MCF 配送可以结合使用，使用一个账户在一个平台解决全渠道跨境订单的仓储与物流问题，消费者最快可在 1 天内收到商品，可以提高好评率及复购率。商家可以根据自身需求与订单的实际情况选择是否使用 MCF 配送。

【任务操作】

步骤 1：创建 MCF 订单。在亚马逊后台首页菜单栏“订单”的下拉菜单中选择“创建 MCF 订单”，如图 4-75 所示。

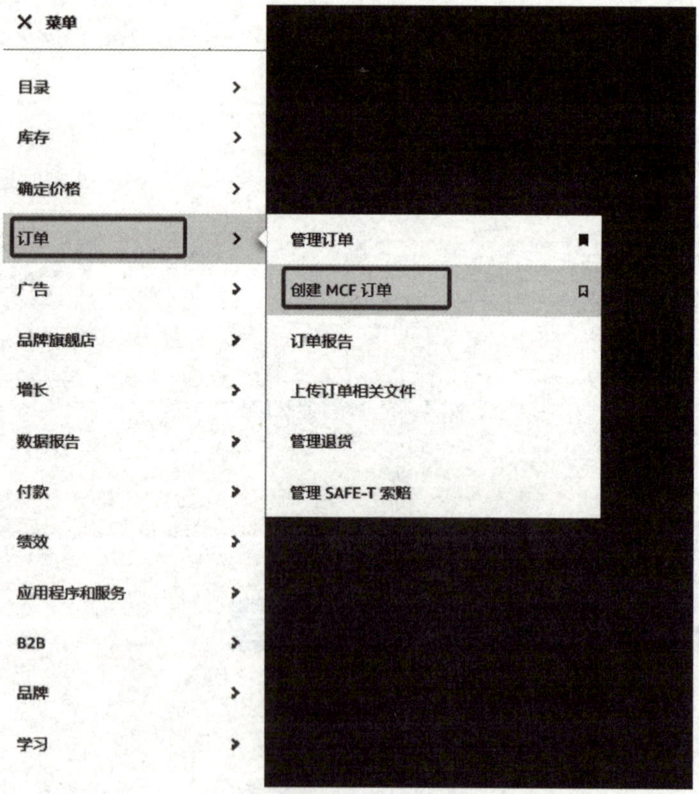

图 4-75　创建 MCF 订单

步骤 2：填写 MCF 信息。在 MCF 订单创建页面，根据要求填写 MCF 信息，如图 4-76 所示。

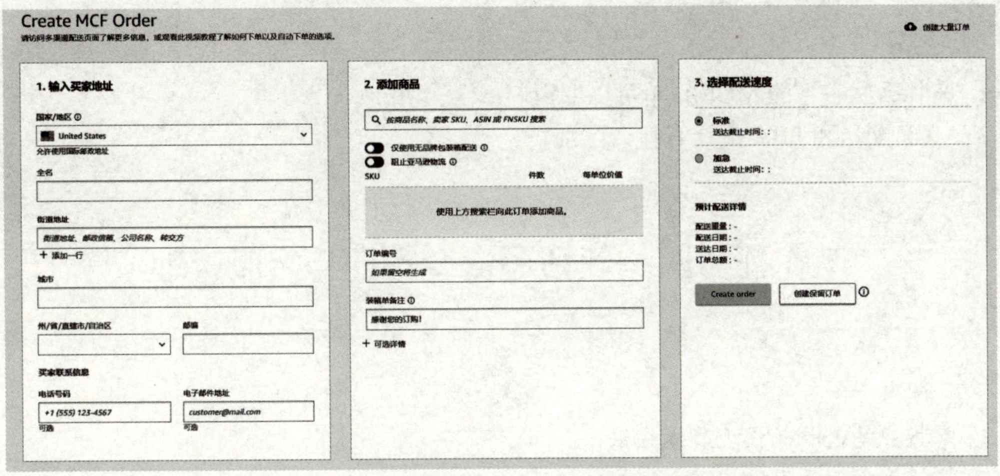

图 4-76　填写 MCF 信息

步骤 3：确定 MCF 订单位置。创建 MCF 订单后，就可以在订单列表中找到此订单，如图 4-77 所示。

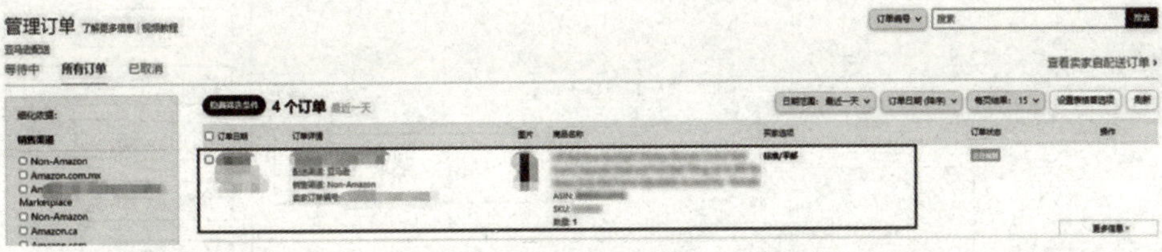

图 4-77　MCF 订单位置

步骤 4：查看 MCF 订单详情。在 MCF 订单创建好后，这个时候订单状态是“处理中”，此时可以取消订单，如图 4-78 所示。

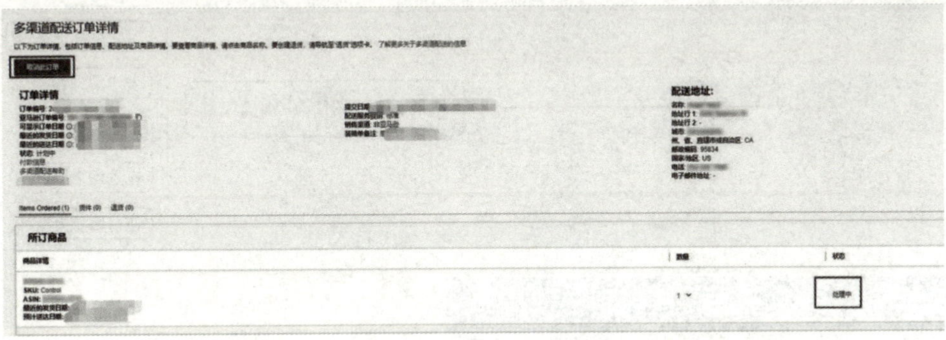

图 4-78　MCF 订单详情

在配送阶段，商家无法取消订单，如图 4-79 所示。

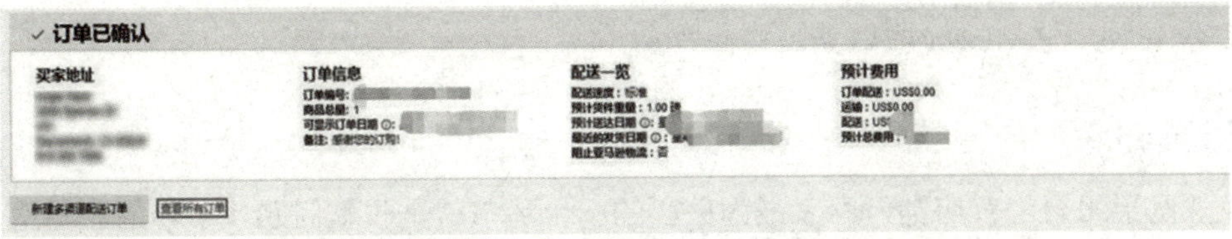

图 4-79　订单处于配送阶段

【任务目标】

1. 在什么状态下的 MCF 订单可以取消？
2. MCF 配送和 FBA 配送有什么区别？

工作任务四　亚马逊资金管理与客服管理

【任务目标】

1. 掌握亚马逊收款提现基本方法。
2. 能够利用亚马逊站内信与客户沟通。

【任务导图】

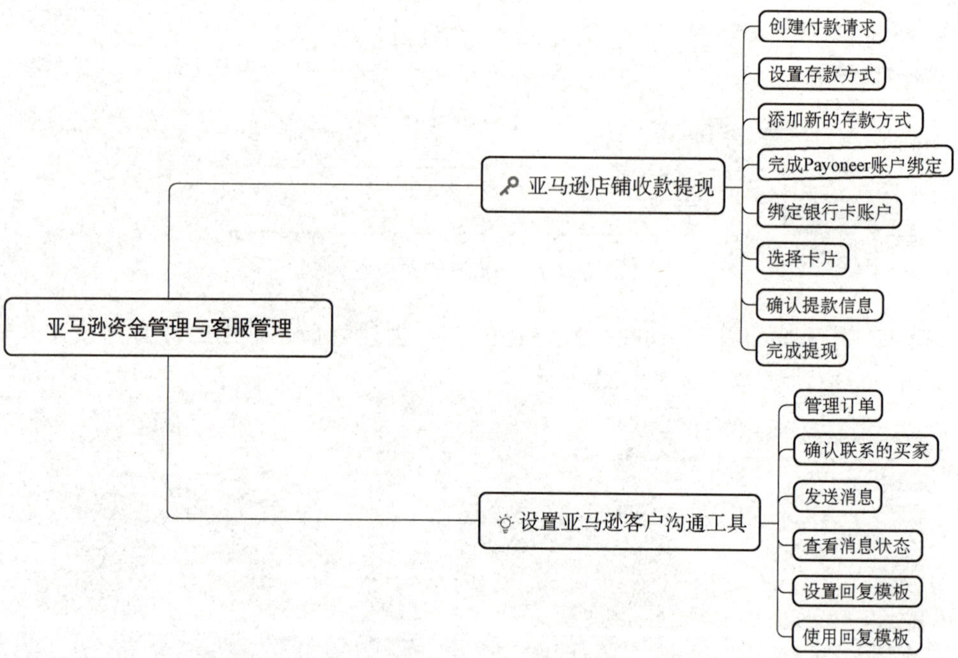

工作子任务一　亚马逊店铺收款提现

【任务目标】

1. 能够对亚马逊账户的资金进行提现。
2. 能够使用 Payoneer 收取美国路向资金。

【任务背景】

在亚马逊平台经营店铺，商家最为关心的一个环节就是收款问题。小李的亚马逊店铺卖出的商品陆续被客户签收，部分订单资金已经回款。为了加速资金流转，提升资金的利用率，小李需要将回款提现。

【任务分析】

目前市场上主流的几种亚马逊收款途径是万里汇、Payoneer、PingPong、Lianlian Pay、美国银行账户和中国香港银行账户。在任务目标中要求以 Payoneer 收款。

【任务操作】

步骤 1：创建付款请求。注册 Payoneer 账户后登录，在菜单栏“收款”的下拉菜单中选择“Global Payment Service”。在打开的界面中选择“USD”，然后单击【创建一个付款请求】按钮，如图 4-80 所示。

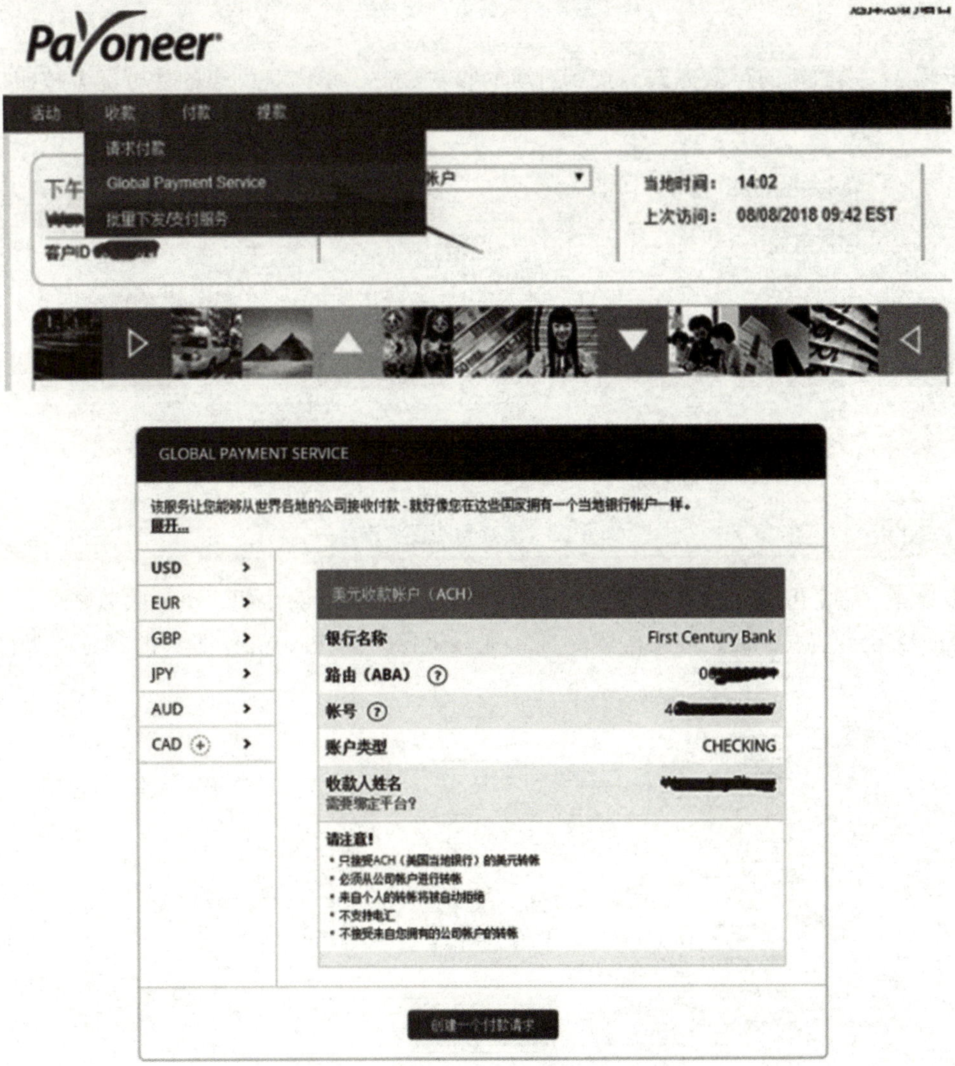

图 4-80　创建付款请求

步骤 2：设置存款方式。登录亚马逊账户，在“设置”菜单中选择“存款方式”，单击【添加】按钮，然后填写信息，如图 4-81 所示。

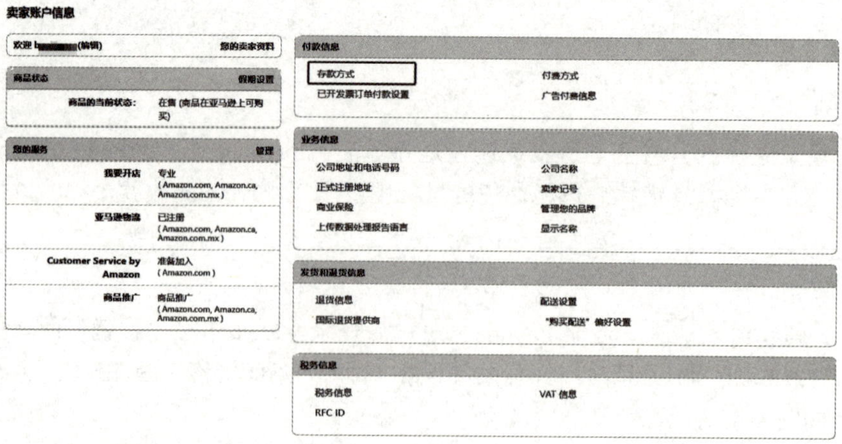

图 4-81　设置存款方式

步骤 3：添加新的存款方式。找到对应的收款账户，单击各站点的【分配】按钮，然后选择“添加新的存款方式”，如图 4-82 所示。

图 4-82　添加新的存款方式

步骤 4：完成 Payoneer 账户绑定。填写 Payoneer 账号、路由码、美元收款账号，然后单击【Set Deposit Method】按钮，就完成了亚马逊账户与 Payoneer 账户的绑定，如图 4-83 所示。

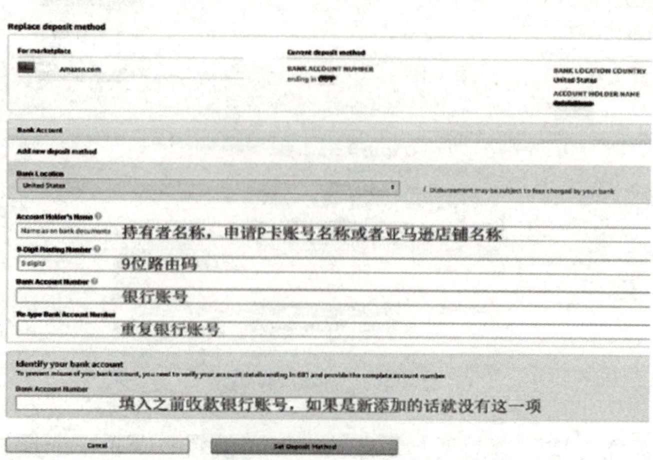

图 4-83　完成亚马逊账户与 Payoneer 账户的绑定

步骤 5：绑定银行卡账户。如图 4-84 所示，登录 Payoneer 账户，在菜单栏“Withdraw”的下拉菜单中选择“至银行账户”。注意，需要先绑定银行卡账户才能提现。

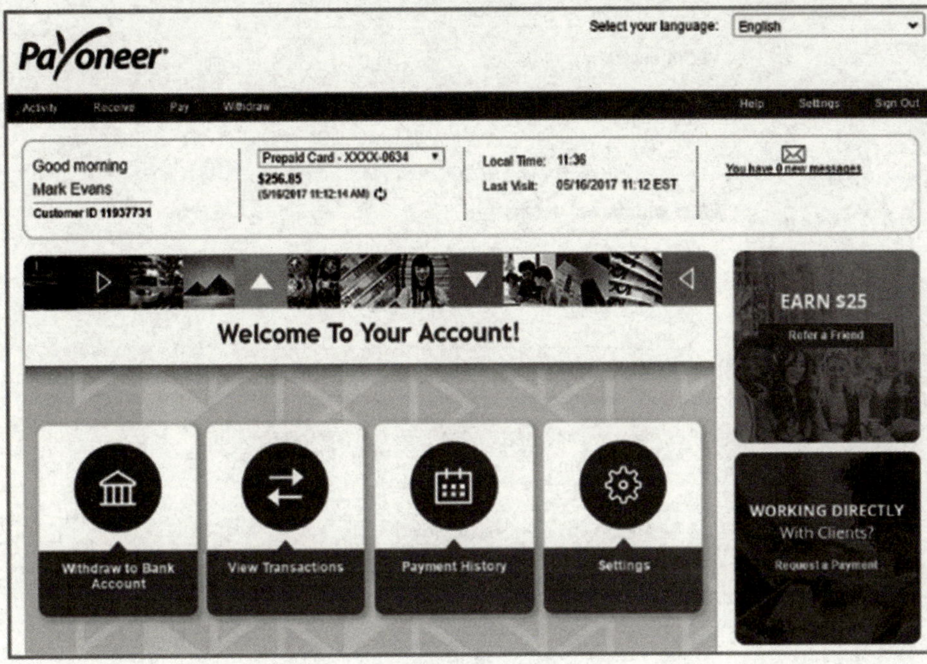

图 4-84　绑定银行卡账户

步骤 6：选择卡片。选择需要提现的币种对应的卡片，如图 4-85 所示。

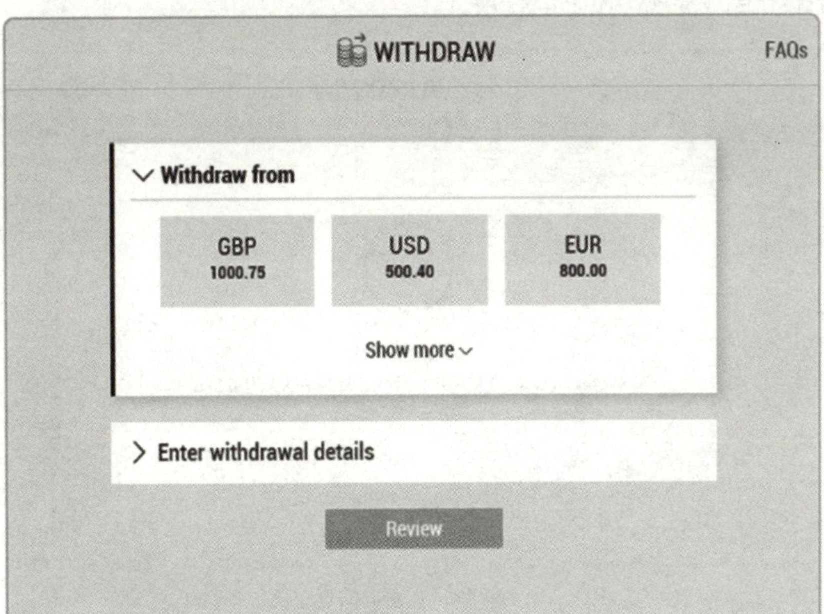

图 4-85　选择卡片

步骤 7：确认提款信息，选择提现的收款银行账户及提取金额，单击【Review】按钮，检查提款信息是否有误，如图 4-86 所示。

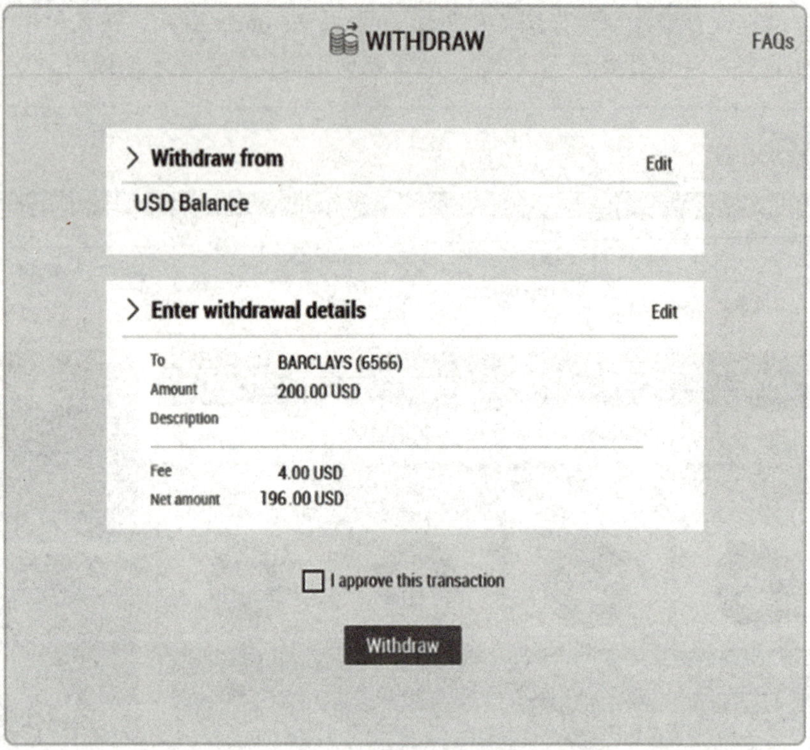

图 4-86　确认提款信息

步骤 8：完成提现。在确认无误后，勾选“I approve this transaction”，然后单击【Withdraw】按钮完成提现，如图 4-87 所示。

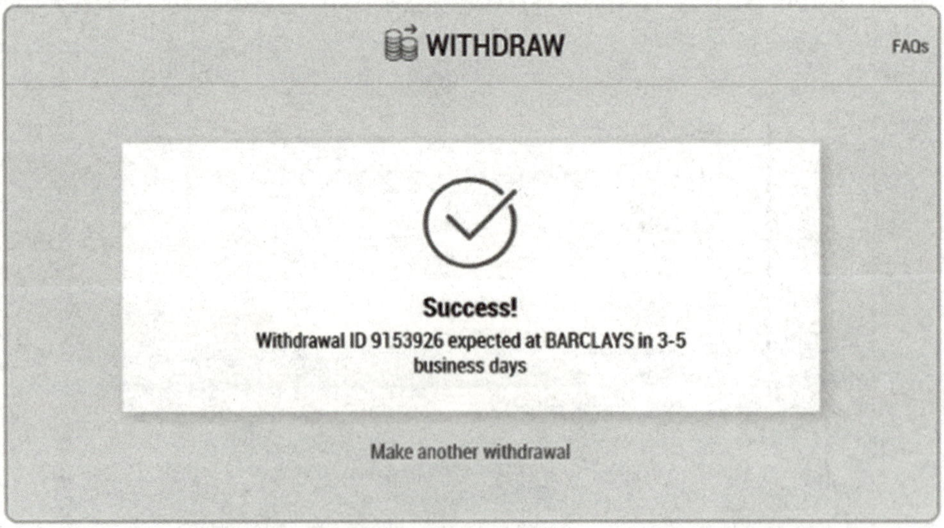

图 4-87　完成提现

【任务思考】

1. 亚马逊平台支持哪些收款方式？
2. 不同的收款方式有什么优势和劣势？

工作子任务二　设置亚马逊客户沟通工具

【任务目标】

1. 能够使用亚马逊站内信的各项功能。
2. 能够运用亚马逊站内信解决与消费者相关的问题。

【任务背景】

通过一段时间的运营推广，小李的亚马逊店铺迎来了不少客户。有些客户通过站内信联系小李，了解商品的详情、订单状态、收货时长等。小李开始使用亚马逊站内信来服务客户。

【任务分析】

根据亚马逊相关政策规定，在一般情况下，商家只有在处理客户订单或消费者咨询时，才可以联系亚马逊用户（买家）。

【任务操作】

在“联系买家”页面，商家可以根据订单状态和特定商品分类选择某些联系原因。

步骤 1：管理订单。在菜单栏“订单”的下拉菜单中选择“管理订单”，如图 4-88 所示。

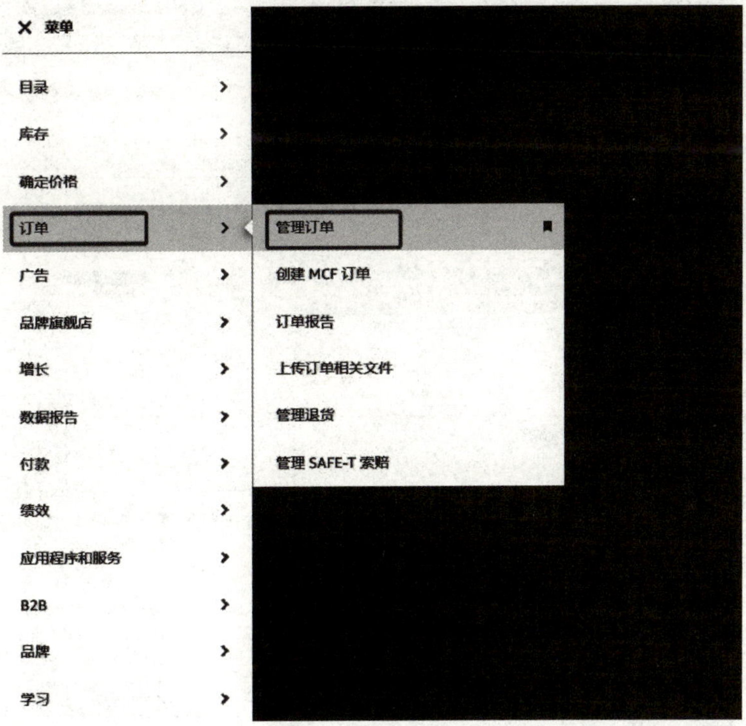

图 4-88　管理订单

步骤 2：确认联系的买家。找到需要联系的买家所下的订单，单击“买家姓名”，如图 4-89 所示。

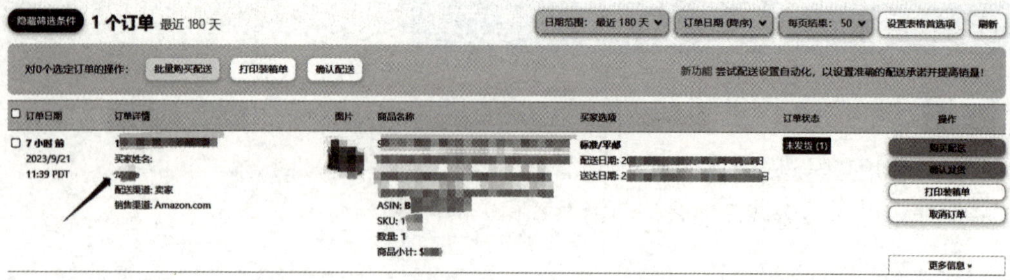

图 4-89　确认联系的买家

步骤 3：发送消息。在新出现的界面中选择联系买家的原因，填写要发送消息，然后单击【发送】按钮，如图 4-90 所示。注意，商家撰写的站内信内容不能出现诱导买家的信息，所以只能选择平台给出的原因。商家选择联系买家的理由后可以编辑相关信息。

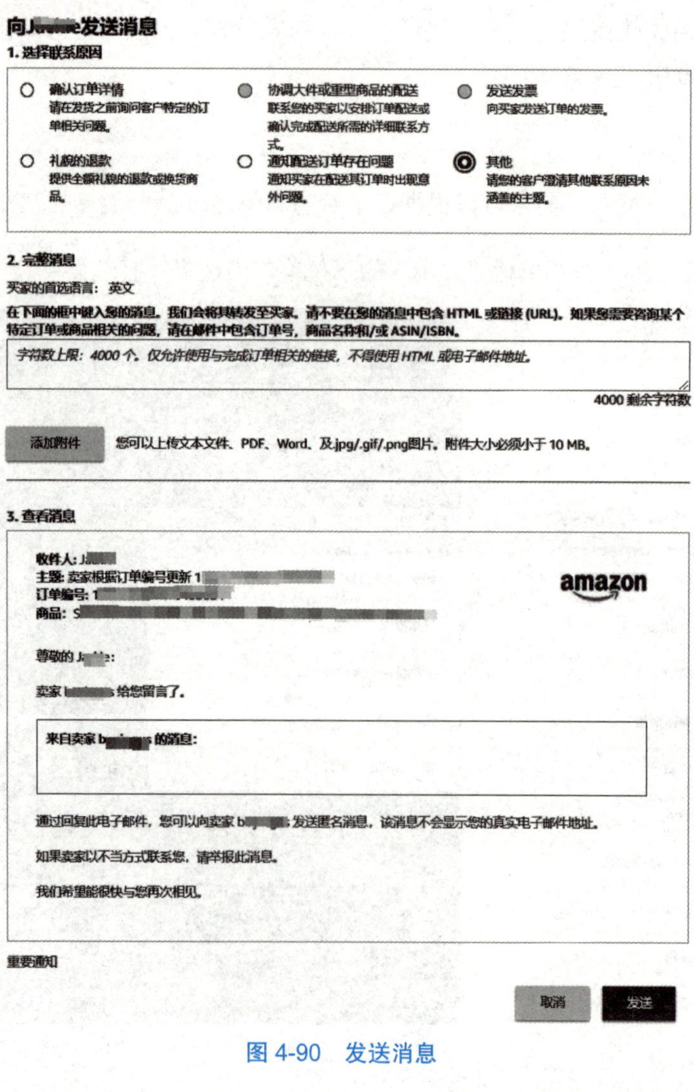

图 4-90　发送消息

步骤 4：查看消息状态。选择商家后台页面右上角的“买家消息”，在“买家消息”页面可以查看消息的各种状态，如图 4-91 所示。

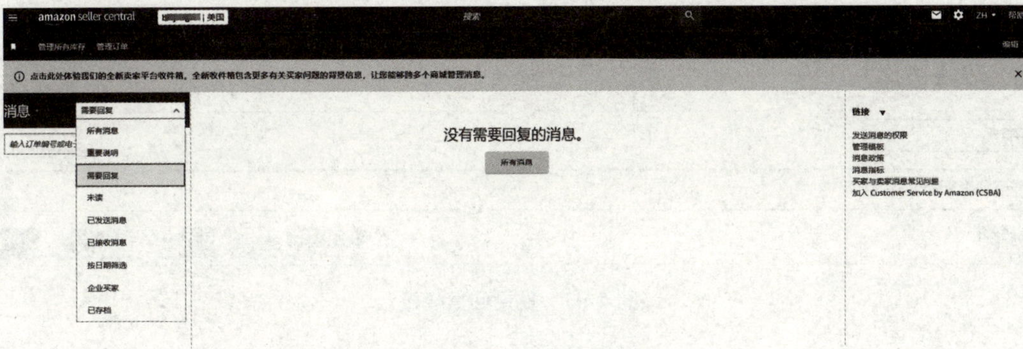

图 4-91　查看消息状态

步骤 5：设置回复模板。在该页面还可以设置回复模板。商家可以针对共性问题，预先设置一些邮件回复模板，在回复时快速预览，用合适的模板进行回复，可以提高沟通效率，如图 4-92、图 4-93 所示。

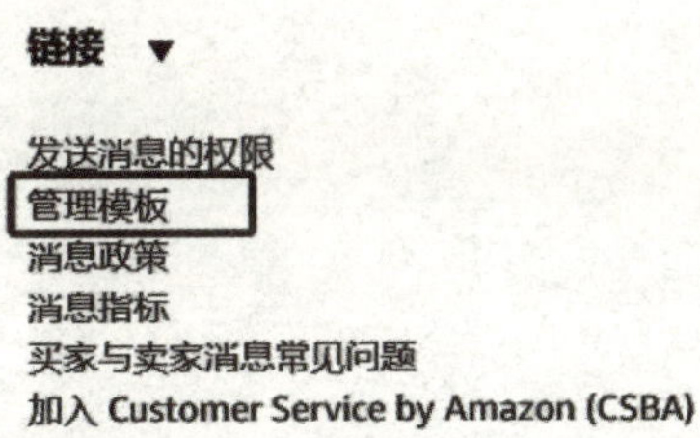

图 4-92　管理邮件模板

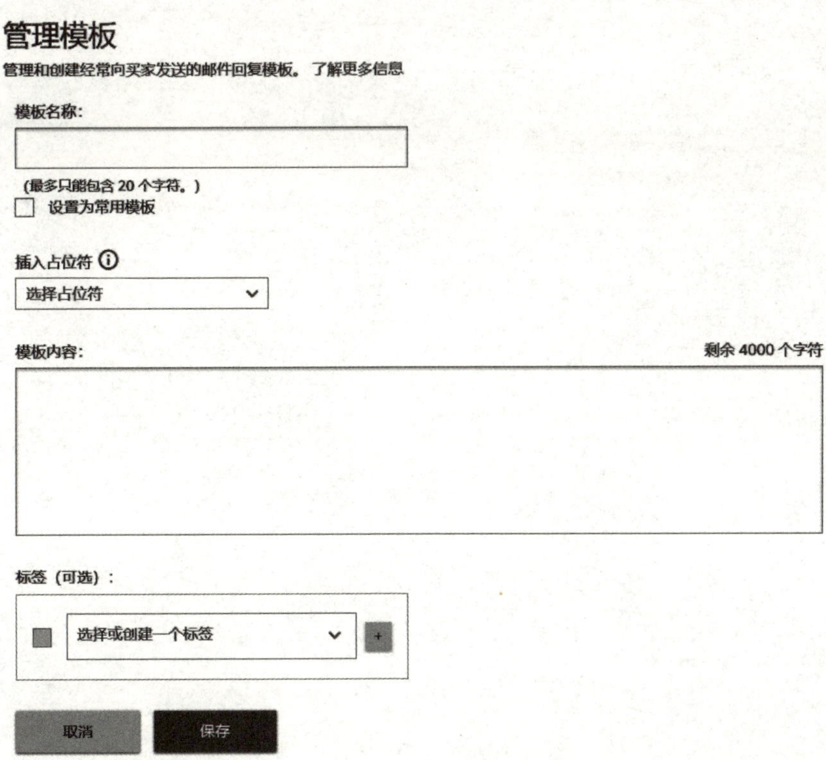

图 4-93　编辑邮件模板

步骤 6：使用回复模板。回复模板设置好后，在“买家消息”聊天页面可以选择回复模板，单击【发送】按钮，即可将邮件发出，如图 4-94 所示。

图 4-94　使用回复模板

【任务思考】

在亚马逊平台联系消费者需要注意哪些问题？

工作领域五　数据分析概述

工作任务一　跨境电商数据基础分析

【任务目标】

1. 能够熟练掌握后台数据，下载与使用后台数据。
2. 能够对数据进行分类，使用适当的数据分析体系。
3. 能够使用数据分析方法解决业务问题。

【任务导图】

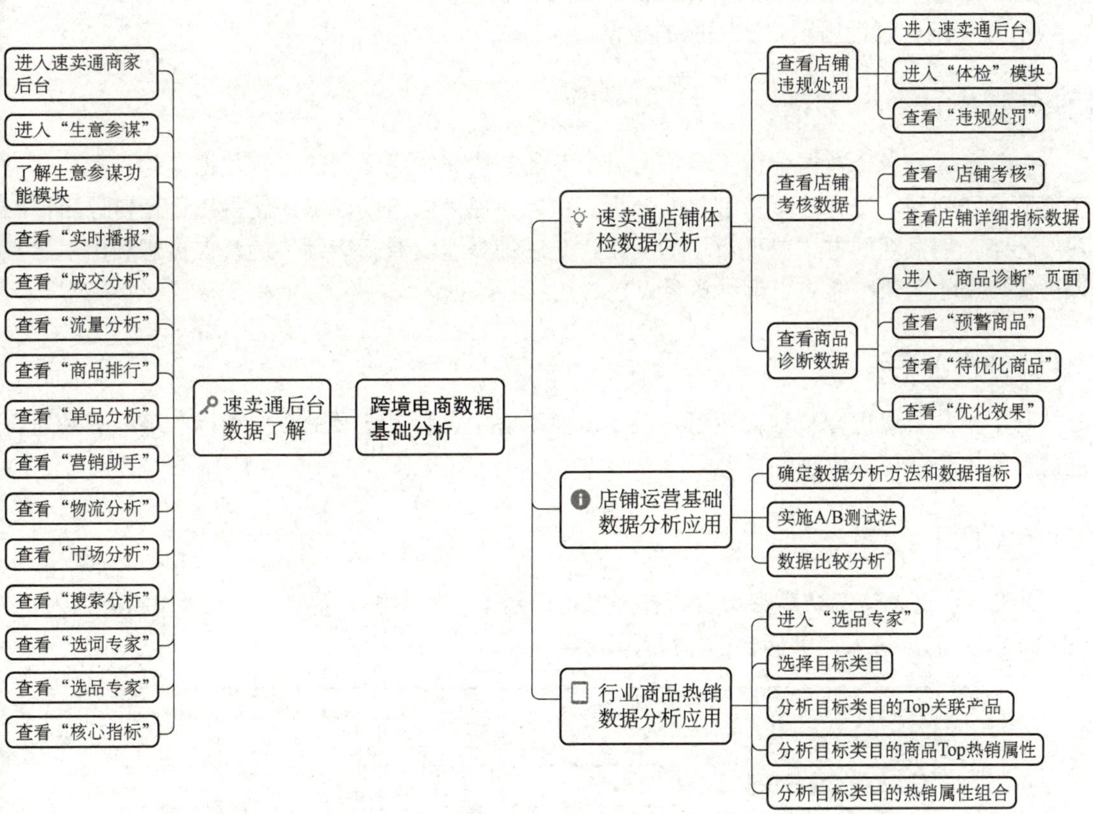

【知识回顾】

跨境电商数据运营的基本流程为确定目标、采集数据、清洗数据、分析数据、优化决策。数据分析是进行跨境电商数据运营的重要环节之一，而要进行跨境电商数据分析，不仅要了解跨境电商数据类型及其含义，还要能够明确数据与数据之间的数学关系和逻辑关系。店铺流量类指标数据、交易转化类指标数据、商品类指标数据、市场营销类指标数据、风控类指标数据、市场竞争类指标数据等是跨境电商数据分析的重要数据类型，要全面了解跨境电商运营相关情况，就要全面分析店铺、交易、商品、市场等相关数据，通过数据明确店铺经营状况，为企业经营决策提供数据支撑。

数据分析的方法主要有直接观察法、对比分析法、转化漏斗法、5W2H分析法等。不同的数据分析方法有不同的特点及作用，要根据分析目标、分析内容选择合适的数据分析方法，还可以将不同的数据分析方法结合起来使用，以提高数据分析的效率。

工作子任务一　速卖通后台数据了解

【任务目标】

1. 能够认知速卖通后台数据的分类与种类。
2. 能够独立进行速卖通后台数据的分析与下载。
3. 能够结合店铺问题找到相应的数据。

【任务背景】

生意参谋是一个数据分析工具，可以帮助商家快速知晓最近的平台数据变化，尤其针对店铺流量、商品、访客进行精细化的分析。生意参谋可以帮助商家快速得出适合自己店铺的发展之路，用直观的方式展现市场的变化。某店铺是速卖通新店铺，运营人员想利用生意参谋进行数据化运营，需先了解生意参谋包含的核心数据。

【任务分析】

利用生意参谋进行数据化运营，关键是要了解生意参谋涉及的数据指标，可以登录速卖通后台的生意参谋板块进行了解。

【任务操作】

步骤1：进入速卖通商家后台。打开速卖通网站，如图5-1所示，找到“卖家登录入口”（Seller Log In），进入商家后台的“跨境卖家中心”。

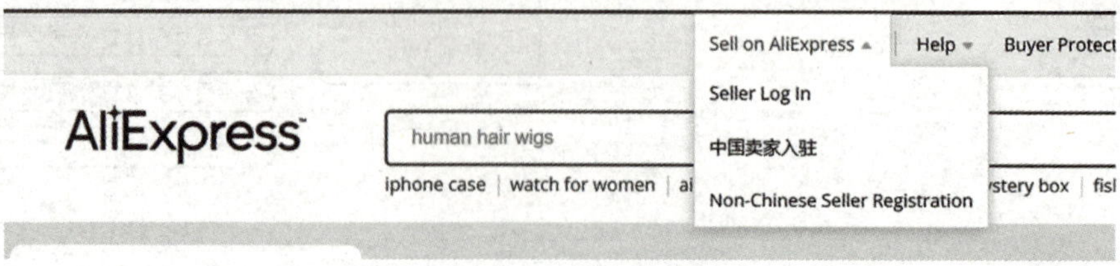

图5-1　卖家登录入口

步骤 2：进入“生意参谋”。在“跨境卖家中心”页面找到“生意参谋”选项，如图 5-2 所示。

图 5-2　“生意参谋”选项

步骤 3：了解生意参谋功能模块。除了数据概览，生意参谋的核心功能模块包括“实时播报”“成交分析”“流量分析”“商品排行”“单品分析”“营销助手”“物流分析”“市场分析”“搜索分析”“选词专家”“选品专家”等，如图 5-3 所示。商家可以结合上述数据指标，开展针对跨境店铺与跨境选品的优化工作，精准拟订营销方案，为跨境店铺的成长提供数据支撑。

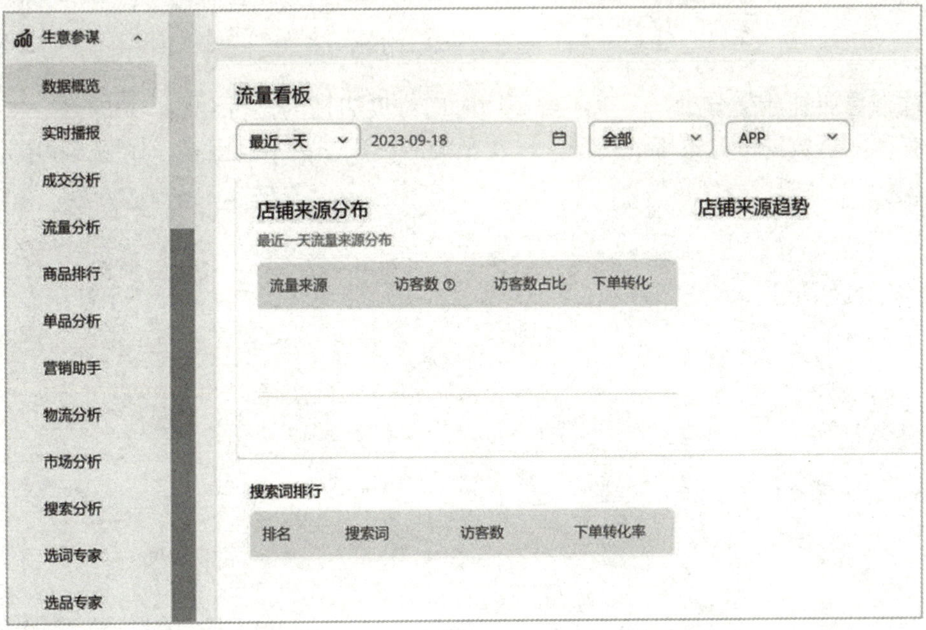

图 5-3　“生意参谋”核心功能模块

步骤 4：查看“实时播报”。在“实时播报”模块可以实时查看店铺概况，包括支付金额、访客数和支付买家数，还可以查看店铺层级内容中近 30 天支付金额、近 30 天支付金额排行、较前一日排名、支付金额高于同行商家情况等，如图 5-4 所示。

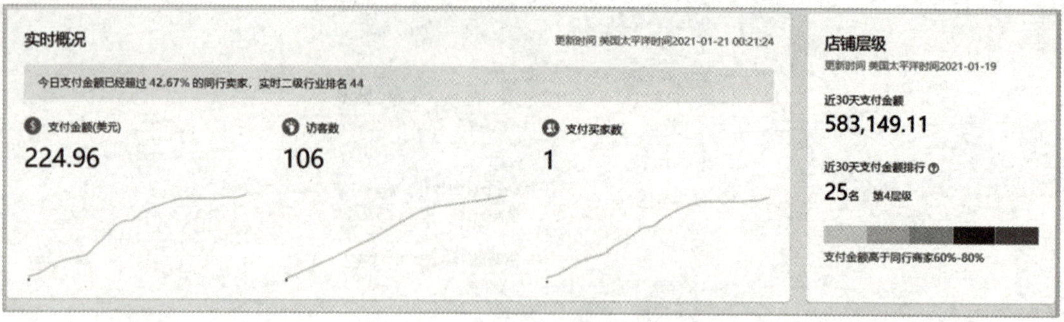

图 5-4 “实时播报”模块

步骤 5：查看“成交分析”。销售额是商家最为关注的数据，在“成交分析”功能模块可以查看店铺近 30 天支付金额及近 30 天支付金额排行，从而了解目前店铺的排名及支付金额的表现情况，如图 5-5 所示。

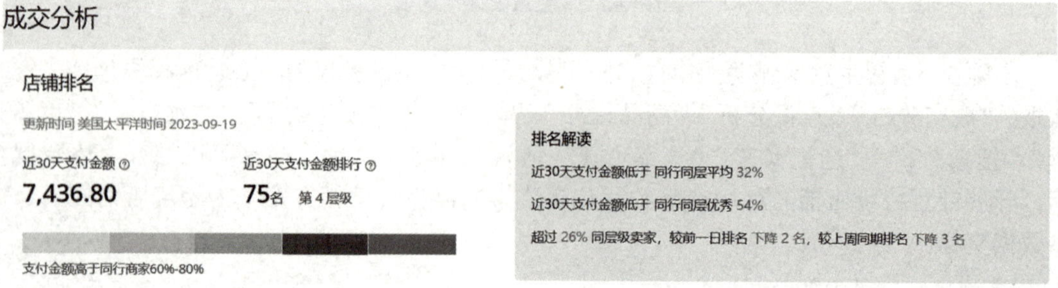

图 5-5 成交分析——店铺排名

通过查看店铺成交分析，可以了解不同时间维度店铺的支付金额、访客数、支付转化率，还有客单价数据上升下降的情况，以及影响店铺成交的不同因素，如图 5-6 所示。

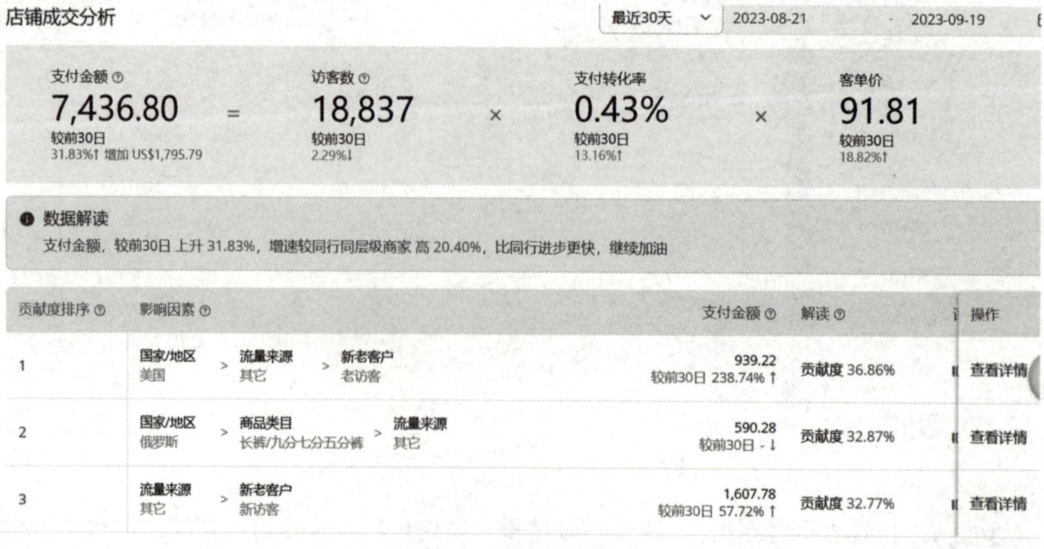

图 5-6 店铺成交分析

在“成交分布”板块可以查看不同时间段不同国家/地区、平台、行业、价格带，以及新老买家的分布情况，也可以看到 90 天内支付次数的分布情况，如图 5-7 所示。

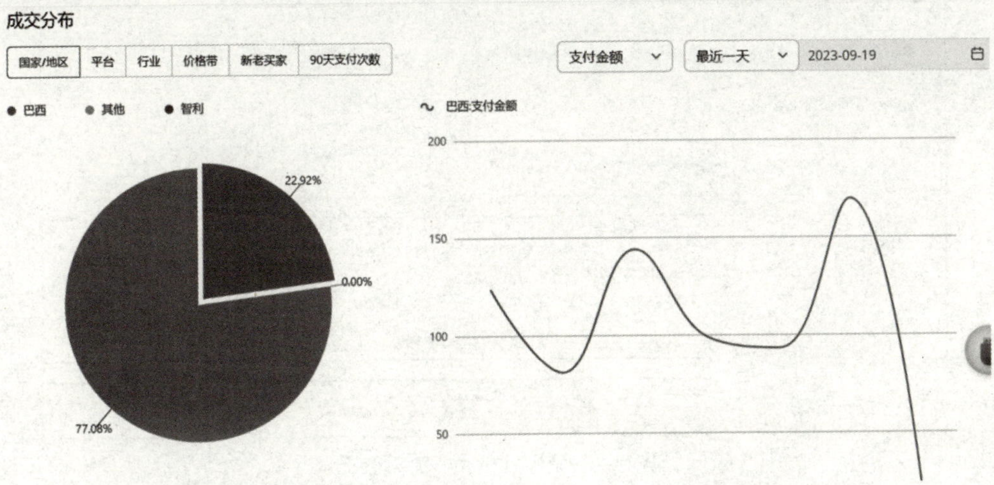

图 5-7　成交分析——成交分布

在“核心指标”板块可以查看店铺支付、下单、流量、加购收藏及逆向指标，还可以根据需求下载数据，如图 5-8 所示。

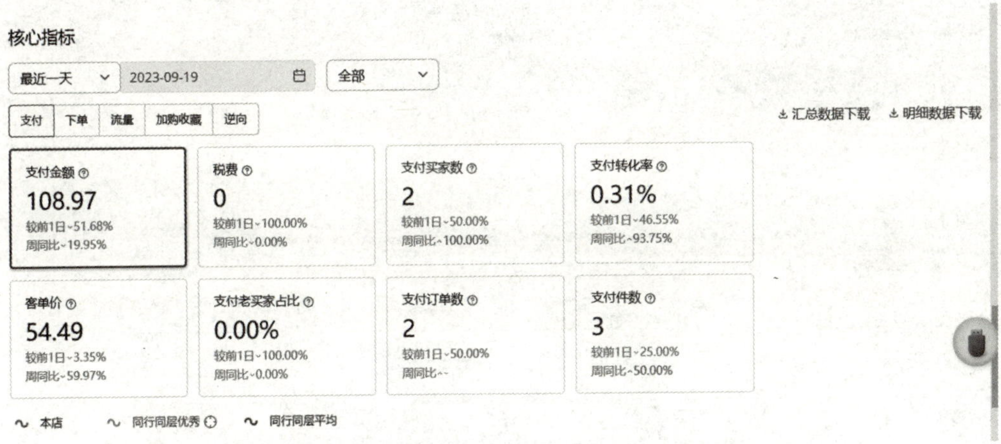

图 5-8　成交分析——核心指标

步骤 6：查看“流量分析”。流量结构数据一直是商家重点关注的数据，商家通过该模块可以清楚了解不同流量渠道的访客数及支付转化率，进而针对某个运营渠道进行优化。“流量分析”模块包含“流量概况”和“流量来源”两部分。其中，“流量概况”提供核心指标（店铺、商品、转化核心指标）、流量分布（按国家/地区、按行业等）数据分析；“流量来源”提供店铺来源承接和离店页面排行等数据分析，如图 5-9、图 5-10 所示。

步骤 7：查看“商品排行”。在“商品排行”模块可以查看全部商品（在统计时间内有销量或者访客的商品才会显示。支付榜中的商品默认按照支付金额降序排列，访客榜中的商品默认按照访客数降序排列）、商品来源、超级权益、商品分层、前台透标商品等商品数据，如图 5-11 所示。

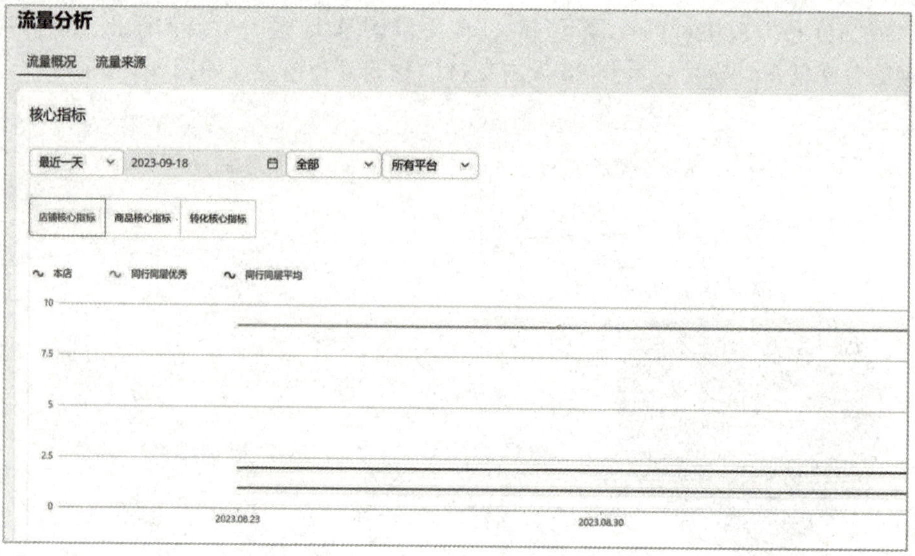

图 5-9　流量分析——流量概况

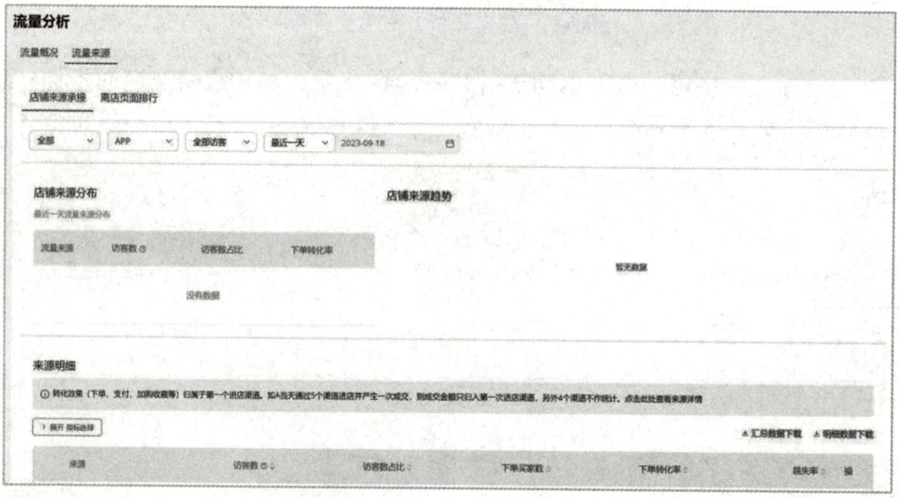

图 5-10　流量分析——流量来源

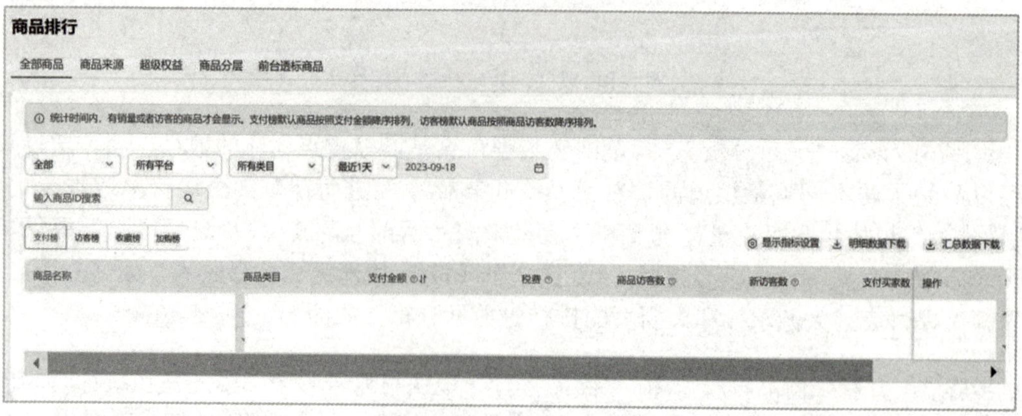

图 5-11　“商品排行”模块

步骤 8：查看“单品分析”。在“单品分析”模块可以输入要查询的商品 ID 进行查询。

“单品分析”模块包括基础信息、核心指标、关键词、服务等内容，如图 5-12 所示。

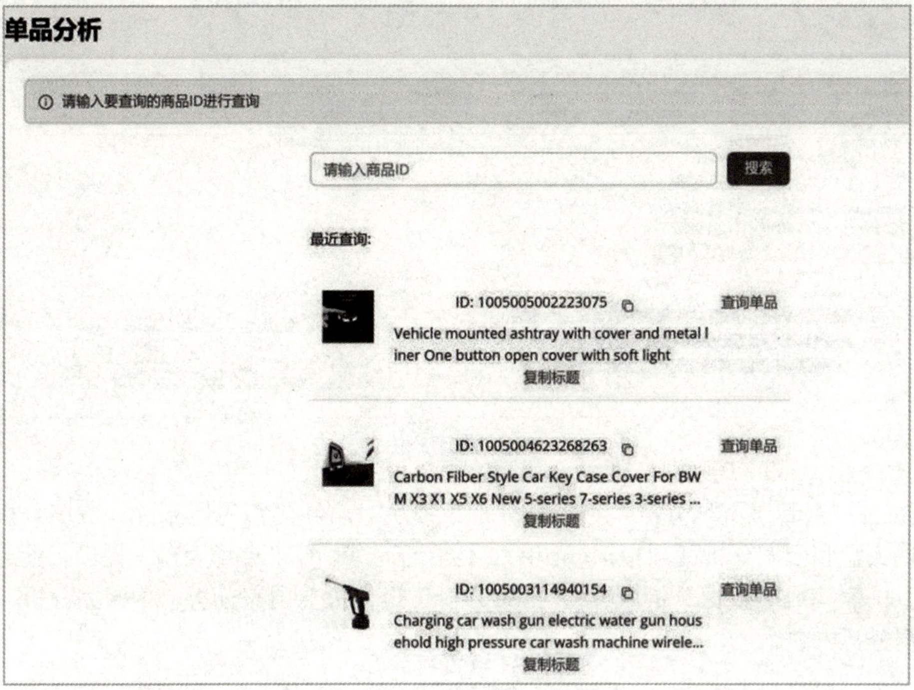

图 5-12　“单品分析”模块

步骤 9：查看“营销助手”。商家日常都会参加或者设置大量的店铺活动及平台活动，每次活动的好坏直接影响店铺的转化。为了帮助商家更好地分析店铺活动及平台活动的运营效果，速卖通全新上线“营销助手”模块，向商家提供每次活动的数据，如活动的商品交易总额（GMV）、支付客户（买家）、订单数等关键指标，从而为商家的下一次活动设置优化提供更好的决策支持，如图 5-13 所示。

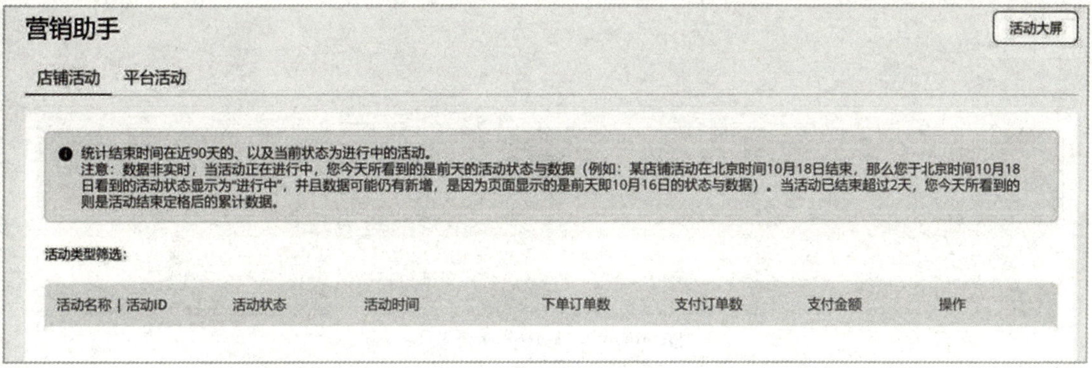

图 5-13　“营销助手”模块

步骤 10：查看“物流分析”。商品的发货、物流的运输及配送效率越来越成为海外消费者购物的关键决策点，为了帮助商家更好地分析店铺发货物流表现，进而优化发货线路及商品，生意参谋上线全新的物流分析内容。打开“物流分析”模块，商家可以查看、分析、下载店铺及全部商品的物流数据，如图 5-14 所示。

5

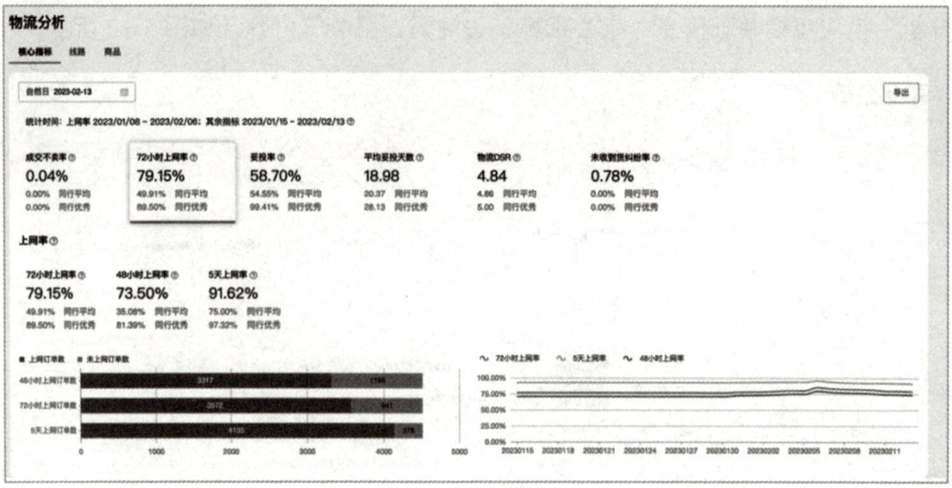

图 5-14 “物流分析”模块

步骤 11：查看“市场分析”。“市场分析”模块对店铺经营的商品进行市场分析，主要包括市场大盘和国家分析两项指标，如图 5-15 所示。其中，“市场大盘”提供行业趋势、行业构成、国家构成等数据分析内容；“国家分析”提供机会国家分析、单国家分析、商品研究等数据分析内容。

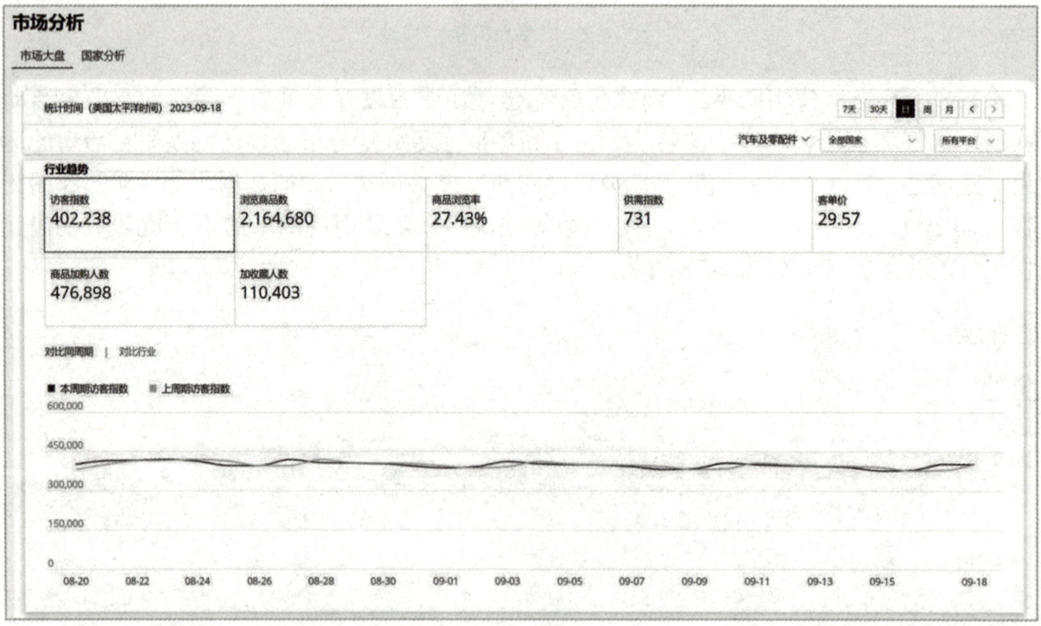

图 5-15 “市场分析”模块

步骤 12：查看“搜索分析”。“搜索分析”模块主要包括热搜词、飙升词和零少词三个分类。其中，“热搜词”提供搜索词、是否品牌原词、搜索人气、搜索指数、点击率、支付转化率、竞争指数、Top3 热搜国家等数据分析内容；“飙升词”提供搜索词、是否品牌原词、搜索指数、搜索指数飙升幅度、曝光商品数增长幅度、曝光商家数增长幅度等数据分析内容；“零少词”提供搜索词、是否品牌原词、曝光商品数增长幅度、搜索指数、搜索人气等数据分析内容，如图 5-16～图 5-18 所示。

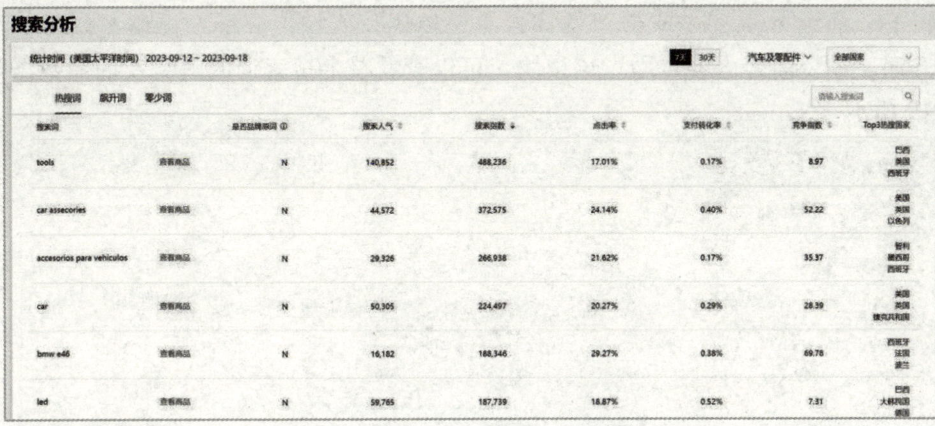

搜索分析

统计时间（美国太平洋时间）2023-09-12 ~ 2023-09-18　7天　30天　汽车及零配件　全部国家

热搜词　飙升词　零少词

搜索词		是否品牌原词	搜索人气	搜索指数	点击率	支付转化率	竞争指数	Top3热搜国家
tools	查看商品	N	140,852	488,236	17.01%	0.17%	8.97	巴西 美国 西班牙
car assecories	查看商品	N	44,572	372,575	24.14%	0.40%	52.22	美国 英国 以色列
accesorios para vehiculos	查看商品	N	29,326	266,938	21.62%	0.17%	35.37	智利 墨西哥 西班牙
car	查看商品	N	50,305	224,497	20.27%	0.29%	28.39	美国 英国 捷克共和国
bmw e46	查看商品	N	16,182	188,346	29.27%	0.38%	69.78	西班牙 法国 波兰
led	查看商品	N	59,765	187,739	18.87%	0.52%	7.31	巴西 大韩民国 德国

图 5-16　搜索分析——热搜词

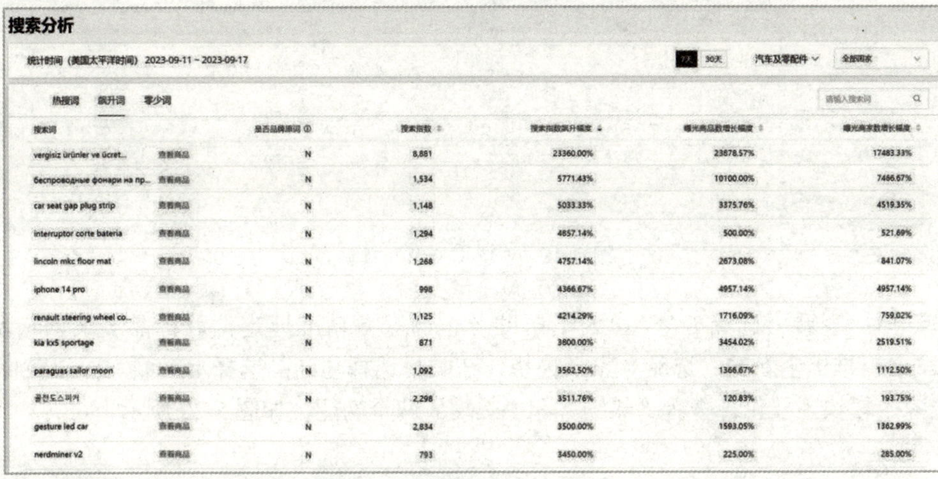

搜索分析

统计时间（美国太平洋时间）2023-09-11 ~ 2023-09-17　7天　30天　汽车及零配件　全部国家

热搜词　飙升词　零少词

搜索词		是否品牌原词	搜索指数	搜索指数飙升幅度	曝光商品数增长幅度	曝光商家数增长幅度
vergisiz ürünler ve ücret...	查看商品	N	8,881	23360.00%	23878.57%	17483.33%
беспроводные фонари на пр...	查看商品	N	1,534	5771.43%	10100.00%	7466.67%
car seat gap plug strip	查看商品	N	1,148	5033.33%	3375.76%	4519.35%
interruptor corte bateria	查看商品	N	1,294	4857.14%	500.00%	521.69%
lincoln mkc floor mat	查看商品	N	1,268	4757.14%	2673.08%	841.07%
iphone 14 pro	查看商品	N	998	4366.67%	4957.14%	4957.14%
renault steering wheel co...	查看商品	N	1,125	4214.29%	1716.09%	759.02%
kia kx5 sportage	查看商品	N	871	3800.00%	3454.02%	2519.51%
paraguas sailor moon	查看商品	N	1,092	3562.50%	1366.67%	1112.50%
골전도스피커	查看商品	N	2,298	3511.76%	120.83%	193.75%
gesture led car	查看商品	N	2,834	3500.00%	1593.05%	1362.99%
nerdminer v2	查看商品	N	793	3450.00%	225.00%	285.00%

图 5-17　搜索分析——飙升词

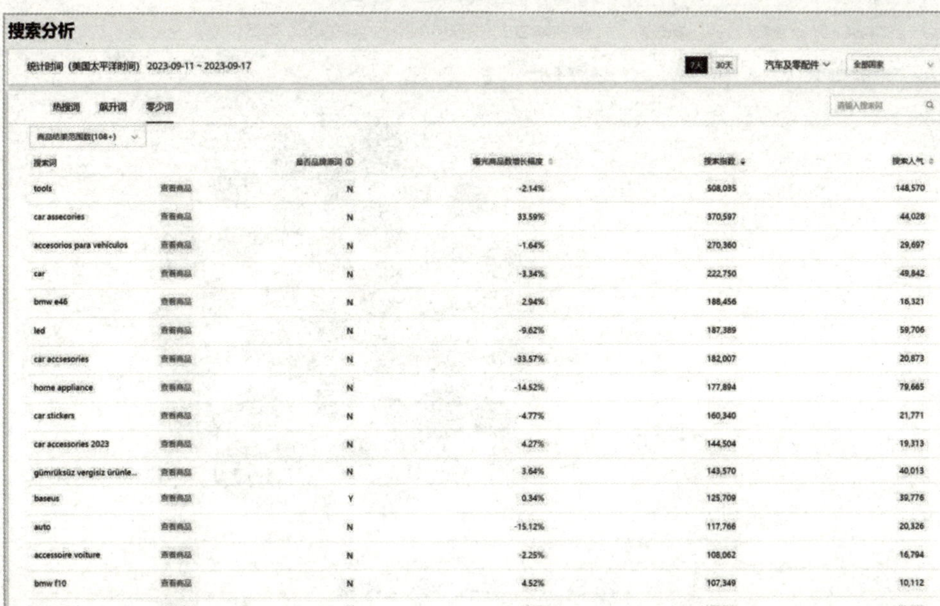

搜索分析

统计时间（美国太平洋时间）2023-09-11 ~ 2023-09-17　7天　30天　汽车及零配件　全部国家

热搜词　飙升词　零少词

商品结果范围数(108+)

搜索词		是否品牌原词	曝光商品数增长幅度	搜索指数	搜索人气
tools	查看商品	N	-2.14%	508,035	148,570
car assecories	查看商品	N	33.59%	370,597	44,028
accesorios para vehiculos	查看商品	N	-1.64%	270,360	29,697
car	查看商品	N	-3.34%	222,750	49,842
bmw e46	查看商品	N	2.94%	188,456	16,321
led	查看商品	N	-9.62%	187,389	59,706
car accsesories	查看商品	N	-33.57%	182,007	20,873
home appliance	查看商品	N	-14.52%	177,894	79,665
car stickers	查看商品	N	-4.77%	160,340	21,771
car accessories 2023	查看商品	N	4.27%	144,504	19,313
gümrüksüz vergisiz ürünle...	查看商品	N	3.64%	143,570	40,013
baseus	查看商品	Y	0.34%	125,709	39,776
auto	查看商品	N	-15.12%	117,766	20,326
accessoire voiture	查看商品	N	-2.25%	108,062	16,794
bmw f10	查看商品	N	4.52%	107,349	10,112
tesla model 3	查看商品	N	0.92%	106,226	11,842

图 5-18　搜索分析——零少词

步骤 13：查看“选词专家”。“选词专家”模块与“搜索分析”模块类似，包括热搜词、飙升词、零少词等内容。通过该模块，可以查看单个搜索词的趋势及商品数据信息，如图 5-19 所示。

图 5-19　“选词专家”模块

步骤 14：查看“选品专家”。为了帮助各位商家更精准地定位目标品类及对应品类属性，生意参谋推出全新的“选品专家”模块，在类目选择与商品选择上对商家予以数据支持。“选品专家”模块主要包含查看“热销”和“热搜”两个功能，如图 5-20 所示。

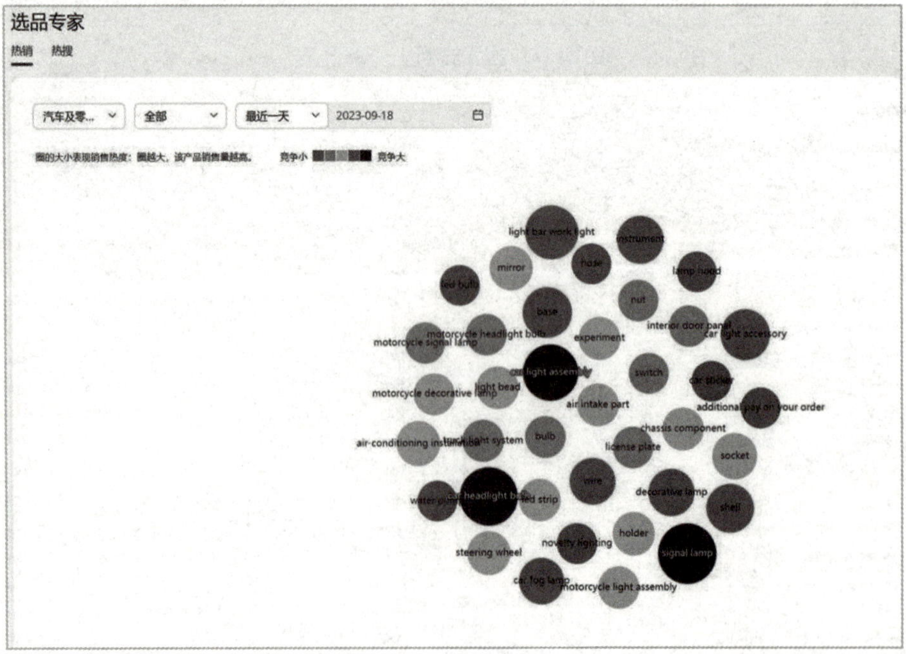

图 5-20　“选品专家”模块

步骤 15：查看“核心指标”。根据数据类型，“核心指标”模块一共包含五类指标，分别是“支付”“下单”“流量”“加购收藏”“逆向”，五类指标下面又含有不同的指标，如图 5-21 所示。

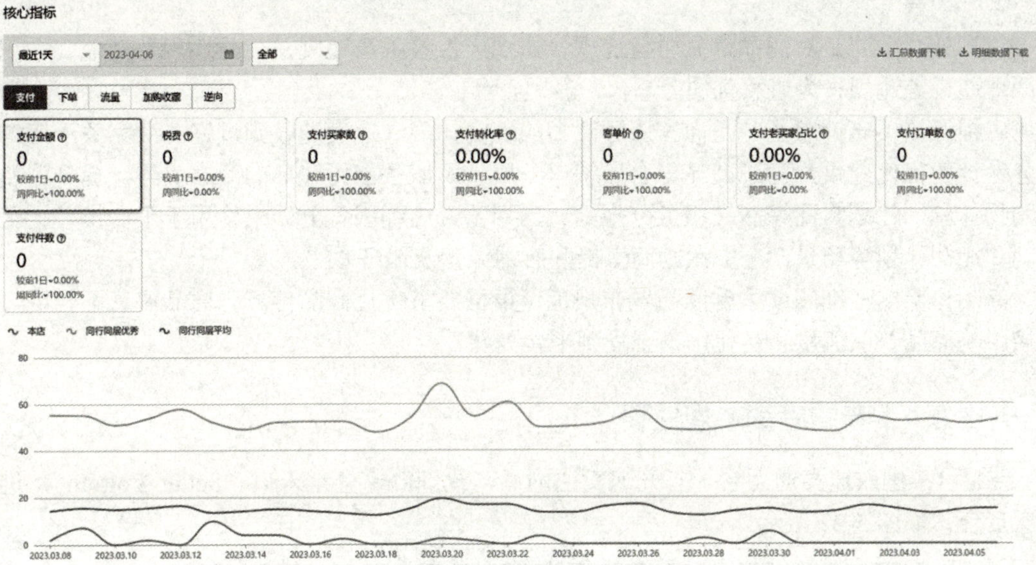

图 5-21　“核心指标”模块

根据后台数据信息，填写表 5-1。

表 5-1　后台数据信息

数据名称	数据类型	数据含义	计算公式	特别说明

【任务思考】

通过这一任务初步了解了速卖通商家后台的指标体系，速卖通生意参谋提供给商家许多类型的指标，分别有什么指标？根据指标分类体系，这些指标可以分为哪几类指标？

工作子任务二　速卖通店铺体检数据分析

【任务目标】

1. 能够结合店铺体检数据指标调整违规商品。

2. 能够通过店铺“体检”模块查看店铺违规处罚、品牌管理、服务分、类目考核、商品诊断、资质诊断等数据及信息，了解店铺及商品存在的问题。

【任务背景】

速卖通店铺体检和店铺考核是速卖通平台为提升商家店铺质量而设立的一项服务。通过店铺体检和考核，速卖通可以评估商家店铺的综合表现，包括商品质量、服务质量、物流时效、售后服务等方面。

【任务分析】

违规处罚主要是对商品信息质量违规、知识产权禁限售违规、交易违规及其他、知识产权严重违规等违规行为进行处罚。

店铺考核：店铺服务分是商家服务能力的综合体现。速卖通收到过许多商家关于店铺服务分考评的优化建议，为了凸显平台店铺服务质量及服务能力较好的商家优势，提升消费者的购物体验，计划将商家店铺服务分规则适当调整，店铺服务分结果将用于平台推荐、平台活动和相关计划等场景，全面激励商家提升店铺经营及服务水平。

商品诊断：仔细阅读平台商品发布规范，根据要求优化商品信息。商品信息不合格，会直接影响商品获取流量和转化，甚至受到平台处罚。

【任务操作1】查看店铺违规处罚

步骤1：进入速卖通后台。打开速卖通网站，找到商家登录入口“Seller Log In”，进入商家后台，如图5-22所示。

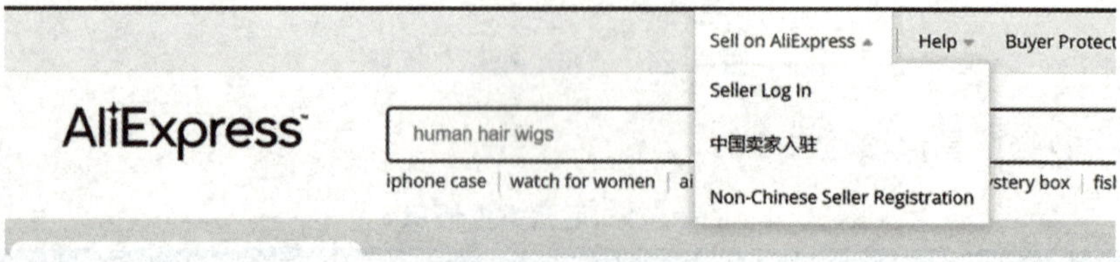

图5-22 商家登录入口

步骤2：进入“体检”模块。在打开的商家后台（跨境卖家中心）页面找到“体检”模块，如图5-23所示。

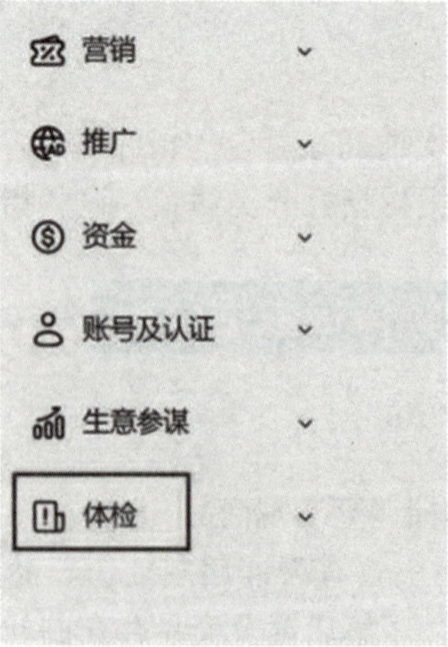

图5-23 “体检”模块

步骤3：查看“违规处罚”。“体检”模块包括体检概览、违规处罚、店铺考核与商品诊断等功能。“违规处罚”部分统计店铺违规行为及扣分情况，如图 5-24 所示。

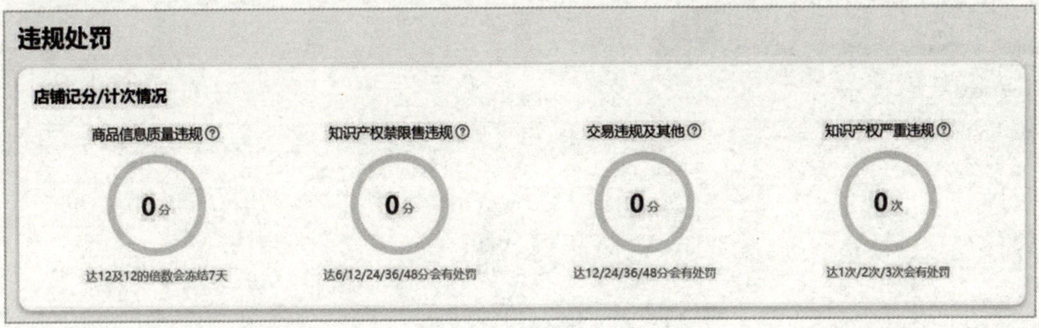

图 5-24 违规处罚统计

结合店铺数据信息，填写表 5-2。

表 5-2 违规数据记录

店铺违规项目	店铺违规行为	违规处罚	违规处罚
商品信息质量违规	□盗图 □水印盗用 □搜索作弊 □不当发布	扣分	累积到　　分，冻结店铺　　天
知识产权禁限售违规		扣分	扣分达到　　分，受到　　处罚； 扣分达到　　分，受到　　处罚
交易违规及其他		扣分	扣分达到　　分，受到　　处罚； 扣分达到　　分，受到　　处罚
知识产权严重违规			

【任务操作 2】查看店铺考核数据

步骤 1：查看“店铺考核”。选择“店铺考核”模块，店铺考核包括服务分考核与违背发货承诺订单两项内容，如图 5-25、图 5-26 所示。

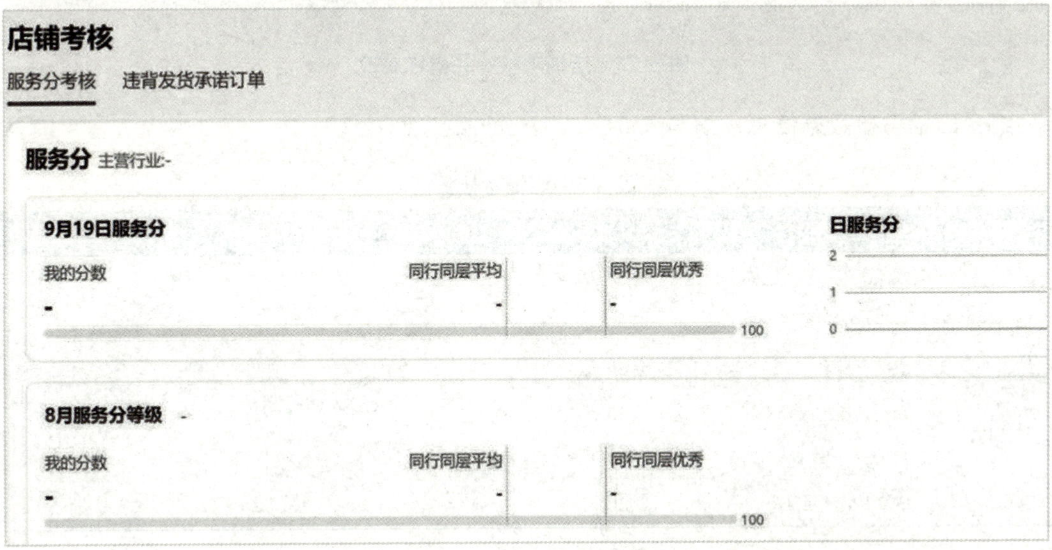

图 5-25 店铺考核——服务分考核

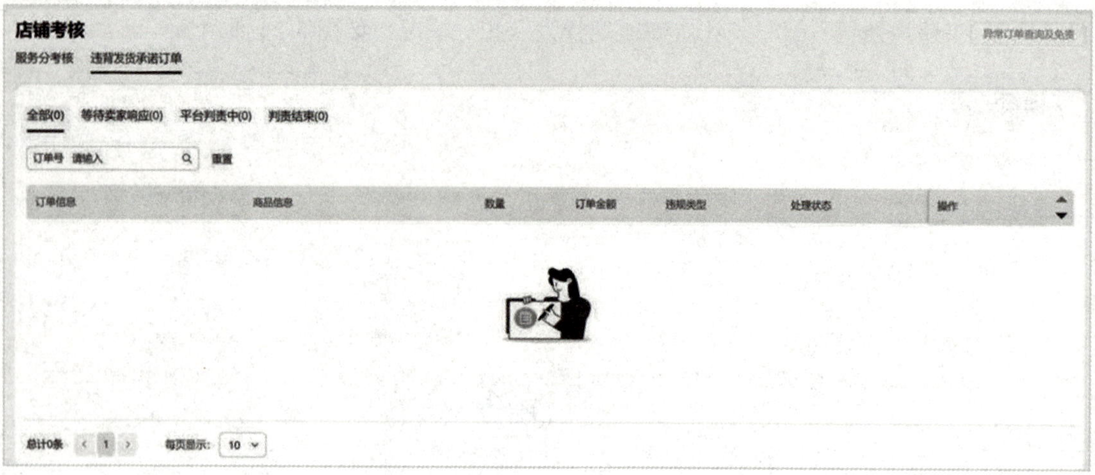

图 5-26　店铺考核—违背发货承诺订单

步骤 2：查看店铺详细指标数据。查找店铺近 30 天数据指标情况，包括 IM 24 小时回复率、DSR 商品描述分、货不对版纠纷提起率、成交不卖率、未收到货物纠纷提起率、5 天上网率、好评率、48 小时上网率、72 小时上网率等数据指标，如图 5-27 所示。

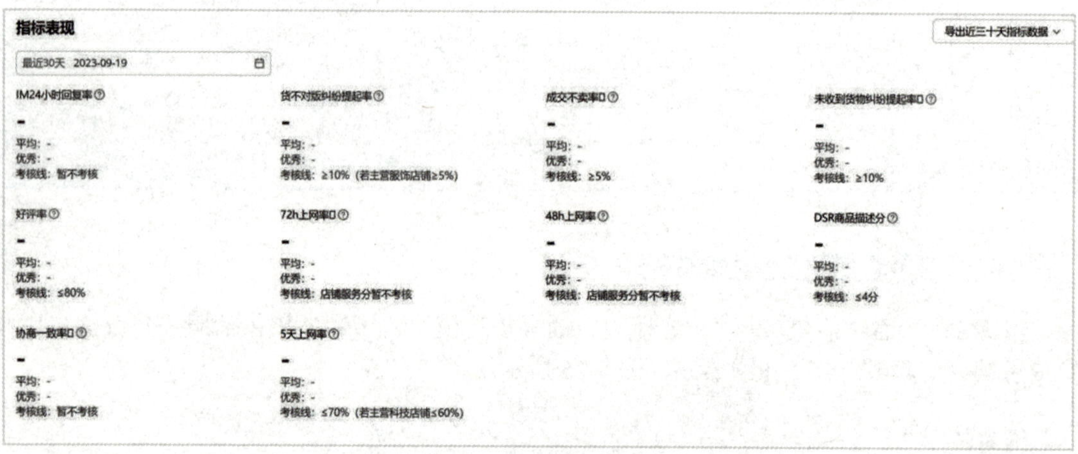

图 5-27　店铺考核——指标表现

结合店铺考核数据信息，填写表 5-3。

表 5-3　店铺考核数据

模　块	指标名	统计范围	得分权重	考核线	店铺得分
商品体检	好评率	近 30 天	25		
	货不对版纠纷提起率	近 30 天	25		
	成交不卖率	近 30 天	5		
物流体验	未收到货物纠纷提起率	近 30 天	10		
	72 小时上网率	近 30 天	30		
咨询体验	IM 24 小时回复率	近 30 天	5		

5

【任务操作3】查看商品诊断数据

步骤1：进入“商品诊断”页面。“商品诊断”模块提供关于预警商品、待优化商品、优化效果的数据统计与建议，可以帮助商家更聚焦商品流量和转化。

步骤2：查看“预警商品”。在“预警商品”部分，对于店铺存在问题的商品进行归类汇总，结合店铺商品数据，列出可能存在的问题，初步预判该商品将出现的不良影响，并给出优化建议，如图5-28所示。

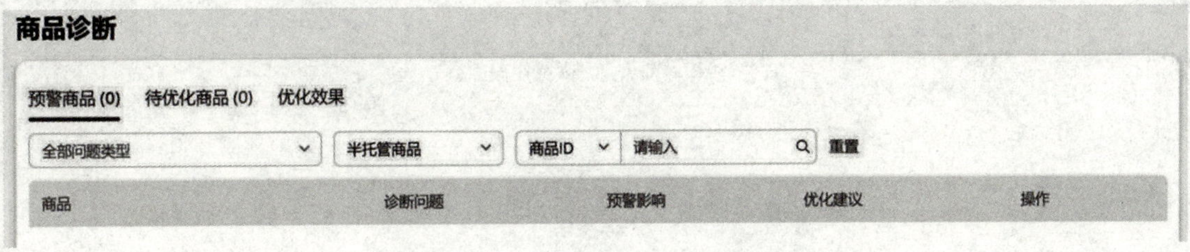

图5-28　商品诊断——预警商品

步骤3：查看“待优化商品”。在“待优化商品”部分，针对流量降权/即将被下架、影响商品转化、营销活动展示受限、广告投放受限四个方面进行诊断、预警，并提出优化建议，如图5-29所示。

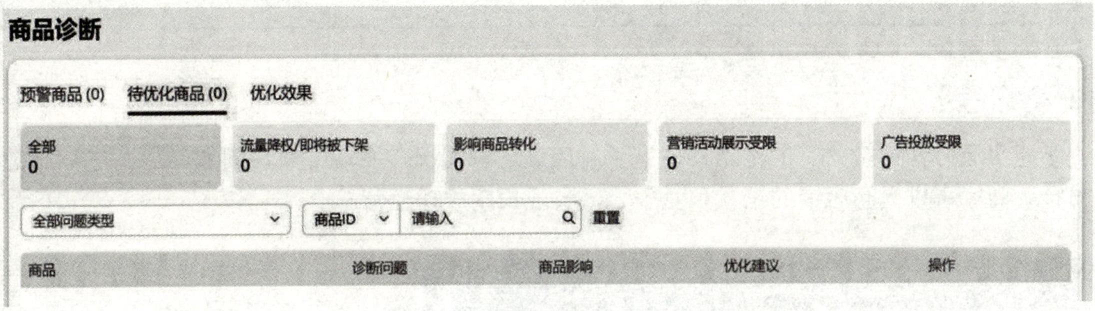

图5-29　商品诊断——待优化商品

步骤4：查看“优化效果”。在“优化效果”部分，商家可以追踪近30天已优化商品的基本情况，包括最后优化时间、近30天商品访客数、近30天支付访客数、近30天支付金额等内容，如图5-30所示。

图5-30　商品诊断——优化效果

结合店铺数据信息，填写表5-4～表5-6。

表 5-4　预警商品信息登记

预警商品	诊断问题	预警影响	优化建议	商家操作
1				
2				
3				

表 5-5　待优化商品信息登记

待优化商品	诊断问题	商品影响	优化建议	商家操作
		□ 流量降权/即将被下架 □ 影响商品转化 □ 营销活动展示受限 □ 广告投放受限		
		□ 流量降权/即将被下架 □ 影响商品转化 □ 营销活动展示受限 □ 广告投放受限		

表 5-6　优化效果数据登记

已优化 30 天的商品	最后优化时间	近 30 天商品访客数	近 30 天支付访客数	近 30 天支付金额
1				
2				
3				

【任务思考】

速卖通店铺体检的目的是帮助商家了解店铺运营情况，发现并解决问题。通过进行店铺体检，商家可以提高店铺的销量和竞争力，实现长期成功经营。

工作子任务三　店铺运营基础数据分析应用

【任务目标】

1. 能够运用适当的数据分析方法解决在运营过程中存在的问题。
2. 能够独立进行相关问题的数据分析。

【任务背景】

电子商务最大的特点就是一切都可以通过数据来监控和改进。通过数据可以看到用户从哪里来，如何组织商品，以实现更好的转化。数据分析方法在企业的数据运营中承担着重要的角色，数据分析方法能帮助我们把零散的想法整理成有条理的思路，分析现象背后的原因，并提出解决方案。

速卖通某店铺主营家居类商品，现在有一款商品需要上架，运营团队准备了两套商品主图，但不确定使用哪一套。运营人员小王准备采取 A/B 测试法来完成商品主图选择，请帮助小王完成该操作。

【任务分析】

该任务的目的是确定使用哪一套商品主图，主要是比较两套商品主图带来的效果上的差异，可以通过点击率这一指标确定，使用 A/B 测试法。

【任务操作】

步骤 1：确定数据分析方法和数据指标。

为确定使用哪一套商品主图，可以采用 A/B 测试法，通过控制其他变量来进行测试。

商品主图可以为商品带来点击，可以通过比较两套商品主图带来的点击率的不同，选择点击率较高的商品主图。

步骤 2：实施 A/B 测试法。

同时上架两个链接，A 链接使用 A 商品主图方案，B 链接使用 B 商品主图方案。这两个链接可以在同一个店铺上线，如果系统不支持，那么分别在两个店铺上线即可。

步骤 3：数据比较分析。

对比 A 链接和 B 链接的点击率，选择点击率较高的链接使用的商品主图作为商品主图方案，并填写表 5-7。

表 5-7　A 方案与 B 方案数据记录

方　案	点击率
A 方案	
B 方案	

【任务思考】

A/B 测试法是用来优化商品功能非常通用的做法，适用于跨境电商数据化运营。请思考，A/B 测试法的注意事项有哪些？

工作子任务四　行业商品热销数据分析应用

【任务目标】

1. 能够对商品数据进行搜集、整理、对比、汇总、分析。
2. 能够对生意参谋中的商品热销属性数据进行分析。
3. 能够利用商品热销属性辅助店铺选品。

【任务背景】

跨境电商店铺运营基础数据分析是指通过对跨境电商店铺的数据进行收集、整理和分析，以获取有关行业热销商品、热搜商品等店铺行业基础数据情况信息。这些基础数据可以帮助商家更直观、更具体地了解市场的发展变化、潜在消费者的搜索喜好、消费者对商品的诉求等，从而制定有效的跨境店铺经营策略和决策。

5

【任务分析】

速卖通平台为了帮助各位跨境商家更精准定位目标品类及对应品类的商品属性，推出了“选品专家”功能，为跨境商家在类目选择及商品选择上提供数据支撑。跨境商家要能够利用好“选品专家”功能，进行商品热销及热搜属性分析，为店铺选品决策提供有力的数据支持。

【任务操作】

下面进行商品热销属性数据分析。

步骤1：进入“选品专家”。在商家后台找到生意参谋板块，在下拉菜单中找到“选品专家”，并单击进入“选品专家”页面，如图5-31所示。

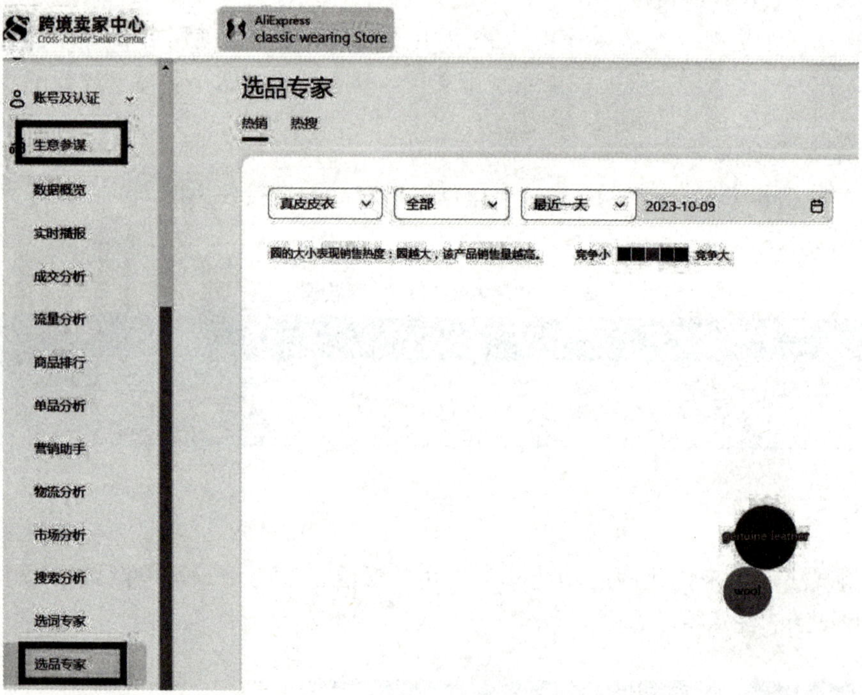

图5-31 “选品专家”页面

步骤2：选择目标类目。商家可以根据自己意向经营的品类进行类目选择，如图5-32所示。其中圈的大小表现销售热度：圈越大表示商品销量越高，颜色越红表示竞争越激烈；商家可以通过不同类目的竞争激烈程度及销量情况选择重点类目。建议商家选择竞争适中且销量高的类目。同时，要注意，为了避免偶发性数据，在选择时间范围时尽可能选择更大的时间范围，比如最近30天。

步骤3：分析目标类目的Top关联产品。以“air freshener”类目为例，单击“air freshener”所在的圆圈，可以查看更详细的分析数据，可以看到对Top关联产品的分析，如图5-33所示。颜色越深，表示竞争力越大；圆圈面积越大，表示商品销量越大；连线越粗，表示消费者同时关注度越高。同时关注：同时浏览、点击、购买综合。建议商家选择销量大、关注度高且竞争力小的类目。

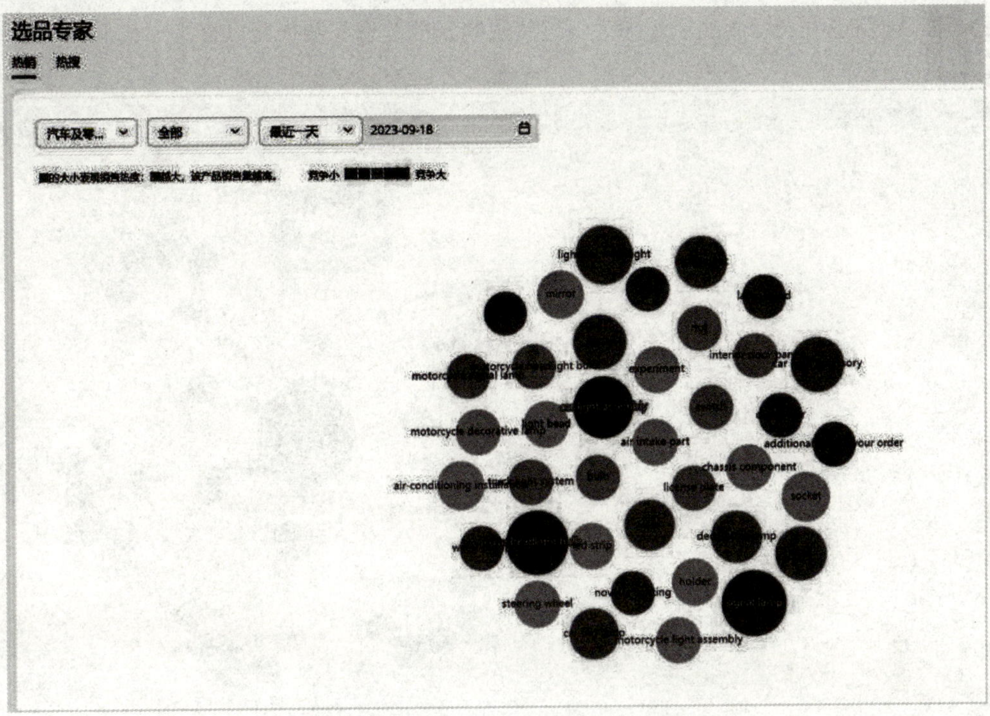

图 5-32　选品专家——热销功能

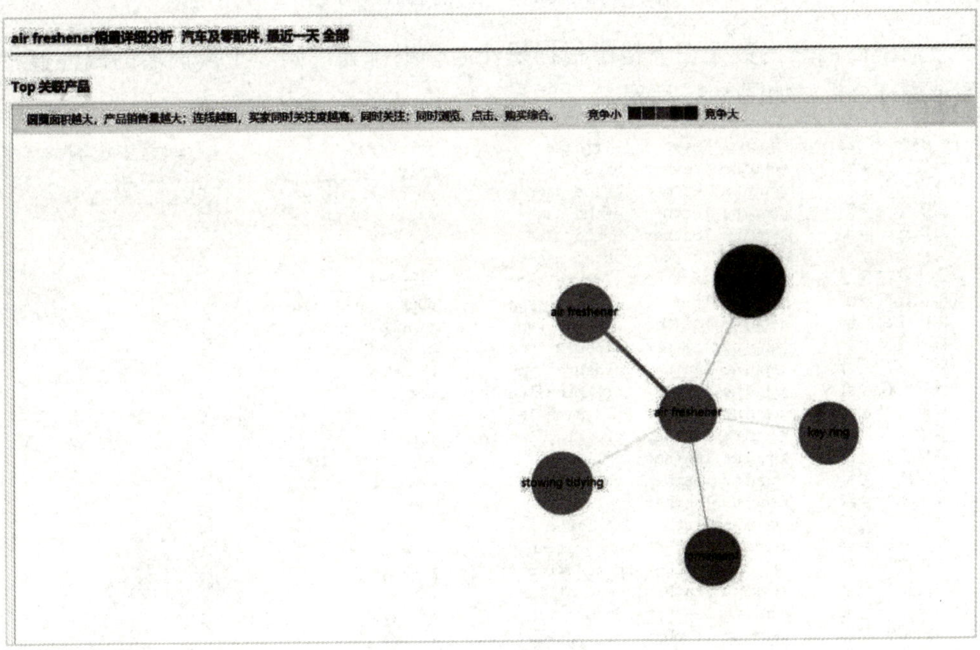

图 5-33　Top 关联产品

步骤 4：分析目标类目的商品 Top 热销属性。

将页面下拉可以查看该类商品的 Top 热销属性，如图 5-34 所示。Top 热销属性展示目标类目下的核心属性及表现，如展示“air freshener”下面的品牌名（brand name）、造型（shape）、容量（item volume）、特性（special features）、材质（material type）、型号（model name）、类型

（type）等。圆圈越大表示商品销量越大。这些热销属性信息及数据可以直接下载。

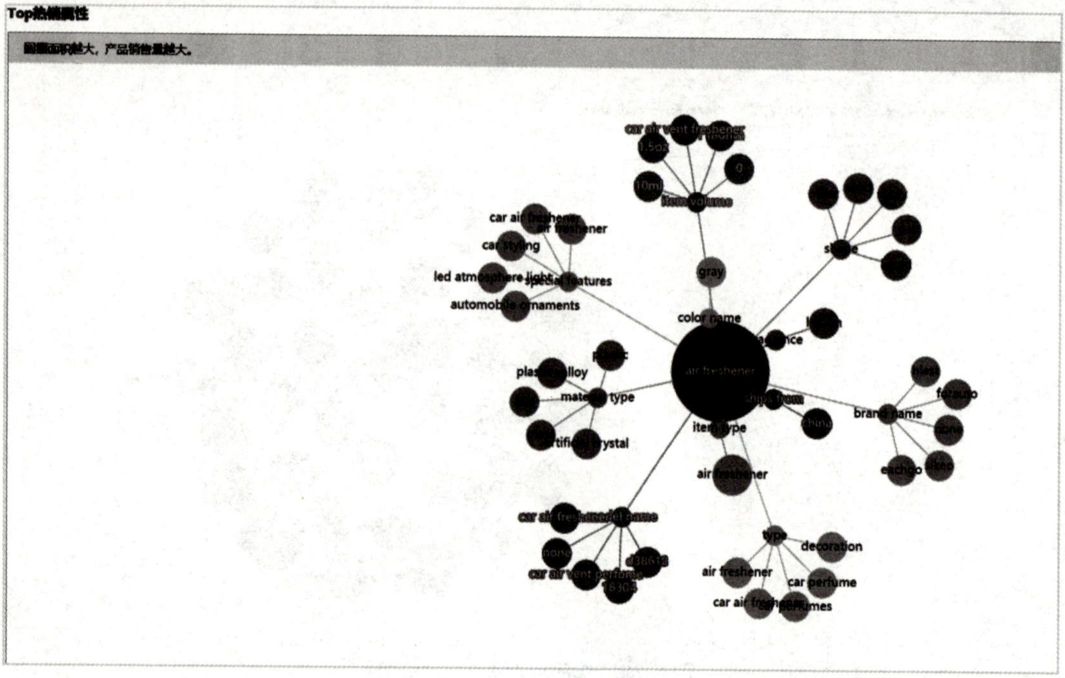

图 5-34 Top 热销属性

下载后的商品热销数据在表格中根据属性名分组排列，同一个属性名的属性值相邻展示，便于进行分析，如图 5-35 所示。

By categ	Country/R	Product Keyword	attrName	attrValue	Transaction Index
真皮皮衣	全部	genuine leather	brand name	only	5
真皮皮衣	全部	genuine leather	brand name	go ballistic ya	2
真皮皮衣	全部	genuine leather	brand name	maomao fur m	2
真皮皮衣	全部	genuine leather	brand name	mlcriyg	1
真皮皮衣	全部	genuine leather	brand name	ayunsue	1
真皮皮衣	全部	genuine leather	closure type	zipper	8
真皮皮衣	全部	genuine leather	closure type	double breasted	1
真皮皮衣	全部	genuine leather	closure type	single button	1
真皮皮衣	全部	genuine leather	closure type	covered button	1
真皮皮衣	全部	genuine leather	closure type	belt	1
真皮皮衣	全部	genuine leather	clothing length	regular	6
真皮皮衣	全部	genuine leather	clothing length	short	5
真皮皮衣	全部	genuine leather	clothing length	long	2
真皮皮衣	全部	genuine leather	collar	turn-down collar	7
真皮皮衣	全部	genuine leather	collar	mandarin collar	3
真皮皮衣	全部	genuine leather	collar	v-neck	2
真皮皮衣	全部	genuine leather	collar	o-neck	1
真皮皮衣	全部	genuine leather	decoration	button	4
真皮皮衣	全部	genuine leather	decoration	pockets	3
真皮皮衣	全部	genuine leather	decoration	zippers	3
真皮皮衣	全部	genuine leather	decoration	adjustable waist	1
真皮皮衣	全部	genuine leather	decoration	sashes	1
真皮皮衣	全部	genuine leather	detachable part	none	7
真皮皮衣	全部	genuine leather	detachable part	lower edge detachable	1
真皮皮衣	全部	genuine leather	gender	women	13
真皮皮衣	全部	genuine leather	lining material	polyester	11
真皮皮衣	全部	genuine leather	lining material	fur	1
真皮皮衣	全部	genuine leather	material	sheepskin	11
真皮皮衣	全部	genuine leather	material	pigskin	1
真皮皮衣	全部	genuine leather	model number	py-31	2

图 5-35 商品热销属性表

步骤 5：分析目标类目的热销属性组合。

将页面再往下拉，可以查看目标类目商品的热销属性组合，相同颜色代表同类属性组合，颜色占比越大表示销量越多，如图 5-36 所示。商家可以将热销属性组合结合供应情况选品。建议选择颜色数量比较多，且圆圈比较大的热销属性组合。

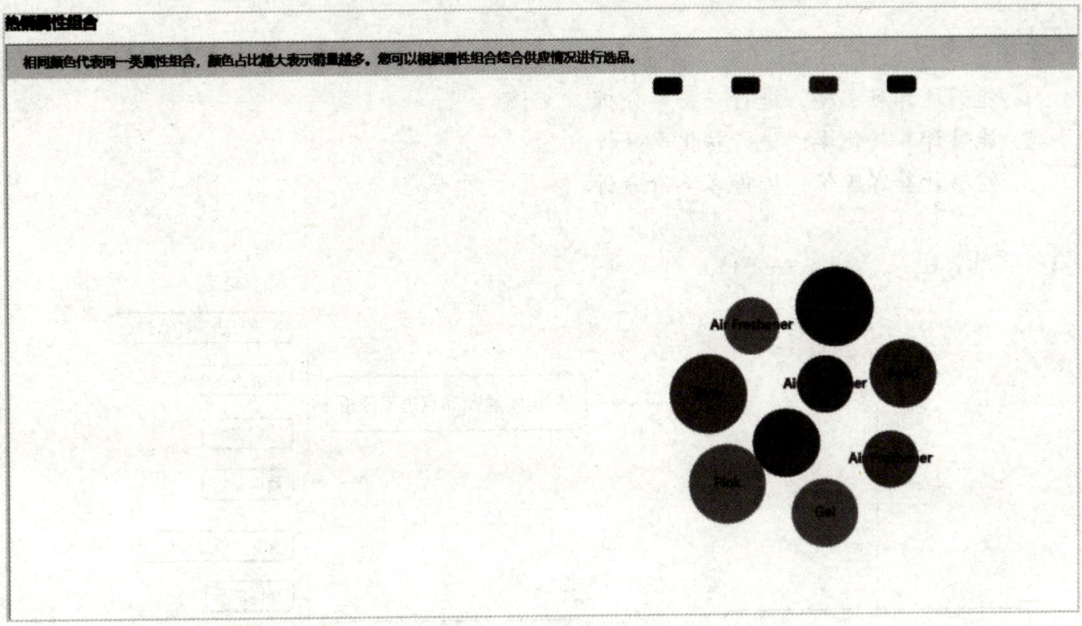

图 5-36　热销属性组合

结合行业数据信息，找出成交指数最高的 10 个商品属性，并填写表 5-8。

表 5-8　商品热销属性登记表

属性值	属性名	成交指数

【任务思考】

数据已成为跨境电商平台商家经营决策的基础支持，但仍然有许多商家不清楚数据化运营的意义，对店铺的众多数据不知道是什么逻辑、不知道如何去看、不知道如何应用。从事跨境电商业务的商家需要学会针对自身经营的平台、行业、商品进行数据分析。

工作任务二　跨境电商核心数据指标分析

【任务目标】

1. 能够计算点击率，进行点击率分析。
2. 能够计算转化率，进行转化率分析。
3. 能够计算客单价，进行客单价分析。

【任务导图】

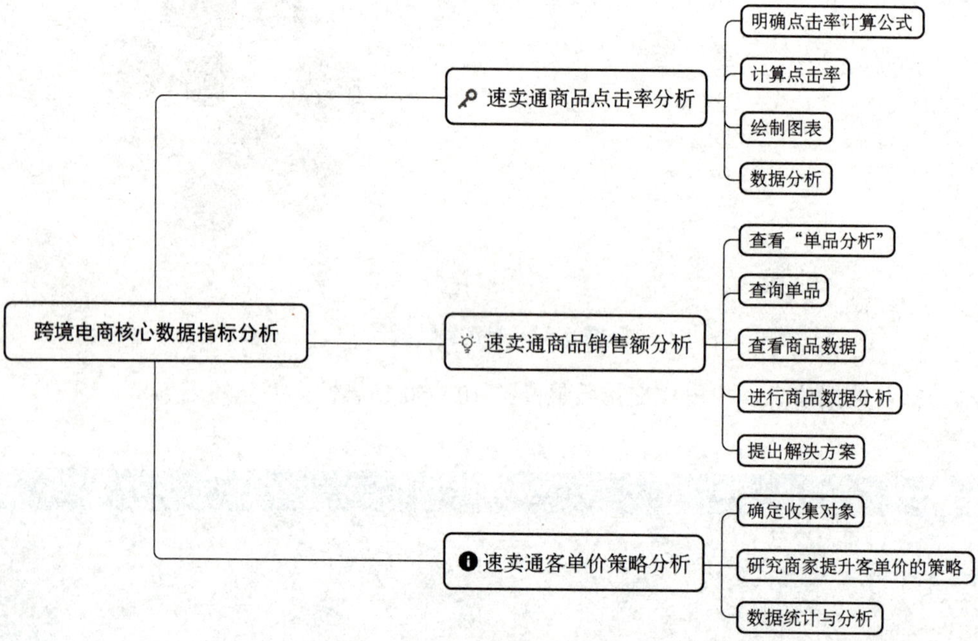

【知识回顾】

跨境电商运营重要的工作任务之一就是提高店铺销售额，根据销售额的计算公式（销售额=访客数×支付转化率×客单价）可以发现，影响销售额的三个主要因素就是访客数、支付转化率和客单价。在曝光量相同的条件下，点击率的高低直接影响访客数量。所以，对点击率、支付转化率和客单价的分析、优化提升是店铺运营的重要工作。

点击率是指在特定时间内，商品信息在搜索结果和按照类目浏览的列表页中获得的点击量与曝光量的比值。点击率=点击量÷曝光量，商品的款式、价格和销量、主图质量、标题关键词等都有可能影响商品点击率。

支付转化率指来访消费者转化为支付客户的比例。根据消费者行为的不同，支付转化率可以分为静默转化率、询盘转化率。静默转化是指消费者不通过咨询，通过比较和搜索等方式直接下单购买商品。有关商品的优化内容能够影响店铺商品的静默转化率，如访客精准度、商品详情页、商品性价比、图片设计、商品布局陈列、销量口碑等因素。而询盘转化是指消费者通过咨询店铺客服人员，由店铺客服人员促成交易，形成的销售转化。询盘转化率的高低与客服人员对消费者的回复速度、服务态度、专业知识、销售技巧等都有一定的关系。

客单价是指平均每位客户购买商品的金额。客单价的计算方式为客单价=支付金额÷支付客户数。商品定价、促销优惠、营销活动等因素都会影响客单价。

工作子任务一　速卖通商品点击率分析

【任务目标】

1. 能够计算商品点击率。
2. 能够进行点击率分析并根据分析结果进行运营优化。

【任务背景】

点击是商品被关键词搜索之后吸引消费者的第一要素，如果消费者没有点击，就无法进入商品详情页查看商品的具体信息，从而产生购买行为。所以，引导消费者点击是成交转化的前提。而跨境电商平台只能给出商品曝光量，商品能否得到消费者点击主要取决于其是否吸引消费者。

某跨境电商企业主营女装类商品，运营人员小王统计了店铺商品的曝光量及点击量数据，如表 5-9 所示。请根据该表帮助小王计算每种商品的点击率并给出是否需要优化商品的意见。

表 5-9　2022 年 12 月 1 日至 12 月 31 日商品曝光量与点击量

商品名称	曝光量	点击量
Autumn Women's Sheepskin Pants	3382	103
Layer Cowskin Pants	3158	153
Warm Long Coats	2716	243
Casual Lapel Genuine Coat	2697	64
Ladies Full Length Cool Slim Pants	2365	113
Pencil Pants	1892	98
Length Trench Genuine Coat	1523	86
Loose Sheepskin Coat	1268	68
Winter Elastic High Waist Pants	1145	54
Lamb Wool Granular Fur Coat	972	43
Leather Suit Coat	821	122
Leather Trench Lace-Up Coat	754	36
Hooded Tops Women Casual Coat	631	27
Fashionable Casual with Belt Coat	420	15
Sheepskin Jacket	370	13

【任务分析】

进行点击率分析，首先要了解如何计算点击率，计算完成后，需要通过曝光量和点击率的对比找到需要进行优化的商品。

【任务操作】

步骤 1：明确点击率计算公式。点击率计算公式为：点击率=点击量÷曝光量。

步骤2：计算点击率。利用点击率计算公式计算得到每种商品的点击率，计算结果如表5-10所示。

表5-10　2022年12月1日至12月31日商品点击率计算结果

商品名称	曝光量	点击量	点击率
Autumn Women's Sheepskin Pants	3382	103	3.05%
Layer Cowskin Pants	3158	153	4.84%
Warm Long Coats	2716	243	8.95%
Casual Lapel Genuine Coat	2697	64	2.37%
Ladies Full Length Cool Slim Pants	2365	113	4.78%
Pencil Pants	1892	98	5.18%
Length Trench Genuine Coat	1523	86	5.65%
Loose Sheepskin Coat	1268	68	5.36%
Winter Elastic High Waist Pants	1145	54	4.72%
Lamb Wool Granular Fur Coat	972	43	4.42%
Leather Suit Coat	821	122	14.86%
Leather Trench Lace-Up Coat	754	36	4.77%
Hooded Tops Women Casual Coat	631	27	4.28%
Fashionable Casual with Belt Coat	420	15	3.57%
Sheepskin Jacket	370	13	3.51%

步骤3：绘制图表。根据计算结果对曝光量和点击率进行分析，作图能够使结果更加清晰，如图5-37所示。

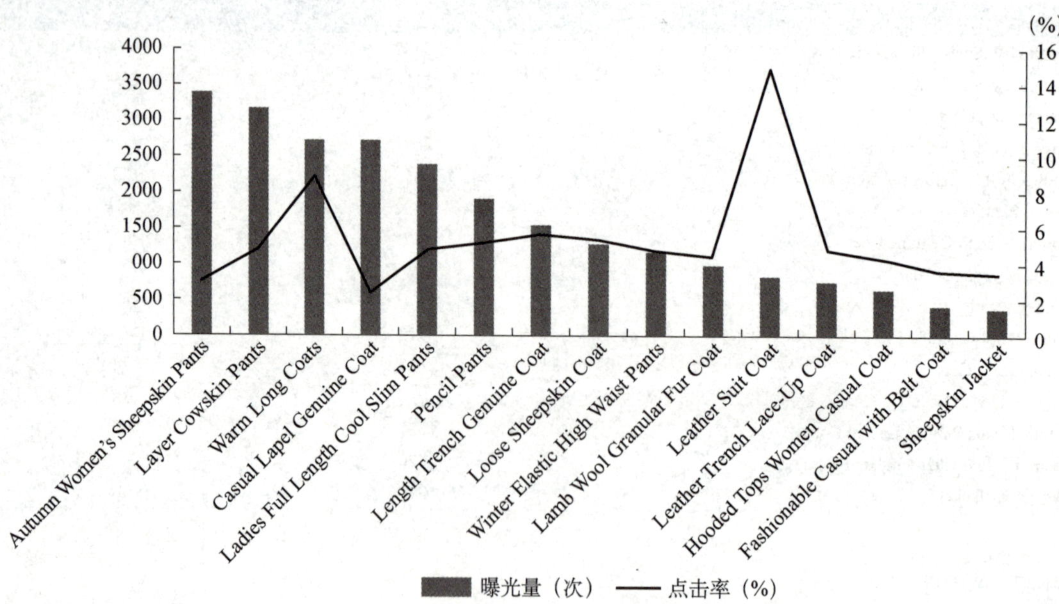

图5-37　曝光量与点击率对比分析图

步骤4：数据分析。根据数据分析结果，填写表5-11，并给出解决方案。

表5-11　数据分析结果及解决方案

商品	可能原因	解决方案
A		
B		

【任务思考】

1. 影响点击率的因素还有哪些？
2. 如何通过优化影响因素来提高点击率？

工作子任务二　速卖通商品销售额分析

【任务目标】

1. 能够独立计算转化率并进行转化率分析。
2. 能够利用生意参谋进行单品转化分析。

【任务背景】

转化率是跨境电商数据运营的一个重要指标，是商家盈利的核心。转化率的提升是商家综合运营实力的体现，每一位商家都需要重点关注转化率。在流量相同的情况下，转化率越高，整体营收越高。

速卖通某店铺主营服装类商品，某商品最近 30 天的销售额比其他商品都要低，运营人员需要对该商品的销售额进行分析，找到可能导致该商品销售额低的原因，并给出优化建议。

【任务分析】

为了找出该商品相较其他商品的薄弱环节，可以了解消费者从点击到支付的各个环节，并且进行对比分析，从而找到该商品在运营中存在的薄弱项。

【任务操作】

步骤 1：查看“单品分析”。首先登录商家后台，进入生意参谋板块，在左侧的导航栏中找到“品类”，进入“单品分析”页面，如图 5-38 所示。

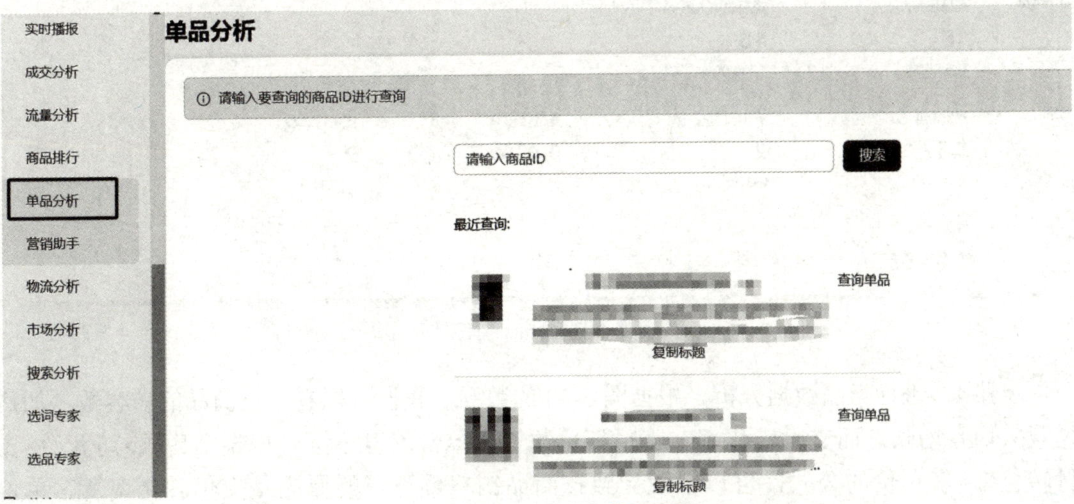

图 5-38　“单品分析”页面

5

步骤2：查询单品。在搜索框中输入商品ID进行搜索，单击“查询单品”命令可以查看商品的详细数据，如图5-39所示。

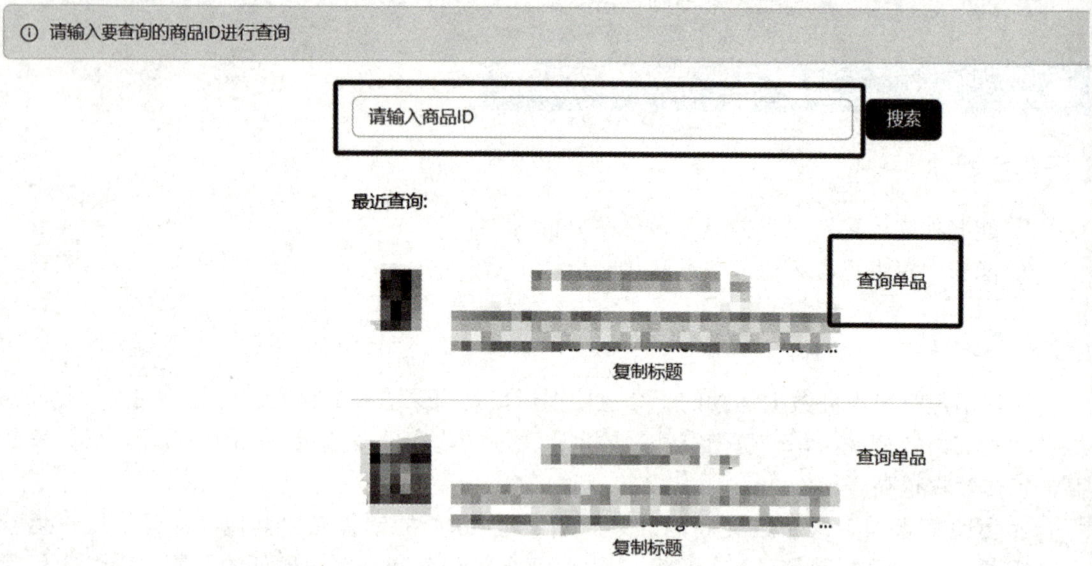

图 5-39　查询单品

步骤3：查看商品数据。进入商品详情页，筛选时间维度为最近30天，即可查看该商品最近30天的相关数据，如图5-40所示。

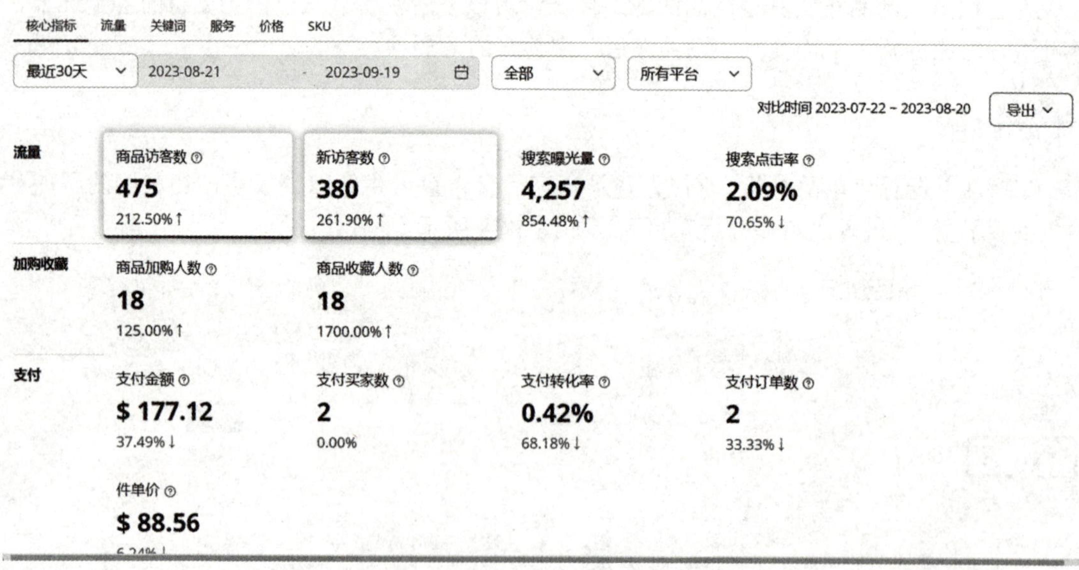

图 5-40　商品详细数据

步骤4：进行商品数据分析。根据图5-40的数据，我们可以看出该商品的访客数、加购收藏数均有增长，而支付转化率、支付订单数、客单价均有下降。根据销售额=访客数×支付转化率×客单价的公式，可以发现导致该商品销售额下降的原因是支付转化率及客单价下降。

步骤 5：提出解决方案。由于商品访客数上升，但支付客户（买家）数并没有上升，从而导致支付转化率下降，而且商品的加购收藏数也有所增加，但支付客户没有增加，可能是因为访客认为该商品价格偏高，优惠力度较低，可以尝试通过提高商品折扣、发放定向店铺 Code 等方式提升支付转化率。同时，该商品客单价也在下降，可以通过关联营销、满减活动等让消费者多选多买，从而提升该商品的客单价。

【任务思考】

通过以上操作，完成对商品销售额的分析。除了上述原因，销售额下降还可能是由什么因素导致的？可以采取什么措施解决？

工作子任务三 速卖通客单价策略分析

【任务目标】

1. 能够独立计算客单价并进行客单价分析。
2. 能够进行客单价分析并提出改进方法。

【任务背景】

解决店铺的流量问题，可以尝试通过拓展流量渠道、进行客户营销等方式；解决店铺的转化率问题，可以通过提高商家的服务质量、加强页面设计美化等方式。但是，客单价是复杂的指标，除了涉及消费者买了多少钱的东西，还涉及店铺定位、商品定价、品牌定位等一系列问题，同时涉及消费者购买频次。速卖通某经营普通女士服装的店铺准备提升该店铺客单价，为此准备先收集行业内高客单价商家的策略，从中找出适合自身的提升策略。

【任务分析】

本任务要求收集同行商家的客单价提升策略。首先是确定合适的收集对象，其次收集该对象提升客单价的方法，并且从中挖掘出对本店铺有利的做法。

【任务操作】

步骤 1：确定收集对象。

该店铺经营商品主要为普通女士服装，客单价在 10～15 美元范围内波动。收集对象应该是和该店铺经营同一类目或相似类目的店铺，目标客户群体相近。在满足上述两个条件的基础上筛选出客单价较高的店铺进行研究。

步骤 2：研究商家提升客单价的策略。

对收集的店铺提升客单价的策略进行分类研究。店铺提升客单价的方法有提供附加价值、价格吸引、套餐、商品详情页关联、客服推荐等几种。每种提升客单价的方法都有特点，可以通过研究这些店铺的商家对上述方法的使用总结出适合自己的方法。

步骤 3：数据统计与分析。将收集的信息填写在表 5-12。

表 5-12 商品信息登记

	商家特征	客单价	策略 1	策略 2	启示
商家 1					
商家 2					
……					

【任务思考】

通过以上操作，收集了高客单价商家同行的做法。除了上述做法，还有哪些方式可以提升店铺销售的客单价？

举报电话：（010）88254396；（010）88258888
传　　真：（010）88254397
E-mail:　　dbqq@phei.com.cn
通信地址：北京市海淀区万寿路 173 信箱
　　　　　电子工业出版社总编办公室
邮　　编：100036